これさえ読めばすべてわかる

# 国際金融の教科書

川野祐司［著］

文眞堂

# はしがき

　本書は金融市場に焦点を当てて解説した国際金融論の入門書である。グローバリゼーションが進んだ今日では，経済活動は国境を越えて展開されており，資金も容易に国境を越えて移動する。日本企業は広く世界に展開しており，外国企業も日本に進出している。各国の年金基金は広く先進国の債券に投資しており，近年は日本国債を購入する外国投資家も徐々に増えている。東京の一等地の不動産を購入する外国人も増えており，国際的な送金業務の重要性は増している。私たち個人も日本のオンライン証券会社を通じてニューヨーク市場でS&P500のインデックスファンドを簡単に購入することができる。外国の金融市場の影響は国内金融市場に直ちに及ぶようになってきており，例えば前夜のニューヨーク株式市場の動向が日本の朝一番の株価に大きく影響する。以前は金融商品といえば株式や債券だったが，現在ではオルタナティブ市場が充実しており，貴金属や外国の不動産にも簡単に投資できるようになった。金融派生商品は今や個人でも簡単に売買できる金融商品であり，暗号通貨も金融資産の仲間入りを果たしつつある。個人で新しい事業を起こして資金を調達したければ，クラウドファンディングを利用することもできる。金融と新しい技術が融合して，国際金融市場はこれまで以上に広がり，深みを増している。

　大学では金融論と国際金融論が並列していることもあり，国内の金融の問題は金融論，国際的な問題は国際金融論と棲み分けられているが，現在では国内と国際を分ける意味はない。特に国際金融論では国際マクロ経済学を扱うところも多く，国際金融市場をきちんと理解する手助けになっていないようでもある。本書は他のテキストとは異なり，株式市場，債券市場，外国為替市場など金融市場を中心に据えてそれぞれの市場の基本的な知識を得られるように作られている。フィンテックなど新しい分野や国際金融規制の最新

動向もカバーしている。

　本書では，金融機関や各種指数などの名前も多く登場する。多くの金融商品の価格や時系列データは各種サイトで無料で手に入る。本文を読むだけでなく，金融市場の動向にも目を配ってみてほしい。第11章では読者のマネープランやアセットマネジメントに役立つように，より実践的な内容を取り上げた。金融論は大学で学ぶ科目の中で知識を実践できる数少ない分野でもある。本書の内容を読者の人生に活用してほしい。本書は入門書であるため，詳細な議論や数式による証明や展開はすべて省略してある。興味のある分野があれば，より高度な内容にステップアップしてほしい。

　文眞堂の前野隆氏，山崎勝徳氏の両氏からは本書の執筆依頼をいただき，原稿の完成を辛抱強く待っていただいた。深く感謝申し上げたい。

# 目　　次

はしがき ……………………………………………………………… i

## 第 *1* 章　金融の役割 …………………………………………… 1

  *1.* 金融とは ……………………………………………………… 2

  *2.* 金融機関 ……………………………………………………… 4

  *3.* 金融システム ………………………………………………… 14

  *4.* 国際収支統計（Balance of Payments：BoP）…………………… 17

## 第 *2* 章　株式市場 ……………………………………………… 25

  *1.* 株式とは ……………………………………………………… 26

  *2.* 世界の株式市場 ……………………………………………… 31

  *3.* 株価の決定 …………………………………………………… 35

  *4.* 株価指数 ……………………………………………………… 45

## 第 *3* 章　債券市場 ……………………………………………… 51

  *1.* 債券とは ……………………………………………………… 52

  *2.* 債券の種類 …………………………………………………… 56

  *3.* 金利と格付け ………………………………………………… 64

  *4.* イールドカーブ ……………………………………………… 69

  *5.* 金利と債券市場の応用 ……………………………………… 72

## 第 *4* 章　外国為替市場 ………………………………………… 79

  *1.* 外国為替市場 ………………………………………………… 80

iv 目　次

*2.* 為替レートと為替制度 ································· 84

*3.* 為替レートと経済 ····································· 89

*4.* 為替レートの決定 ····································· 93

## 第 *5* 章　オルタナティブ市場 ················· 103

*1.* 不動産 ·············································· 104

*2.* 商品 ················································ 107

*3.* プライベートエクイティ ····························· 117

## 第 *6* 章　金融派生商品 ····························· 121

*1.* 金融派生商品市場 ···································· 122

*2.* 先物取引 ············································ 127

*3.* スワップ ············································ 129

*4.* オプション ·········································· 133

*5.* デリバティブ取引の利用 ····························· 138

## 第 *7* 章　フィンテック ····························· 145

*1.* フィンテックのフィールド ··························· 146

*2.* 暗号通貨 ············································ 150

*3.* DLT（分散型台帳技術） ······························ 160

*4.* フィンテックの課題 ································· 165

## 第 *8* 章　国際金融市場 ····························· 169

*1.* 金融商品の相互関連 ································· 170

*2.* 金融市場の参加者 ···································· 174

*3.* 国際金融市場のイベント ····························· 181

## 第 *9* 章　金融危機と金融の安定 ············· 187

*1.* 通貨危機 ············································ 188

目　次　v

*2.* 金融危機 ……………………………………………………… 190

*3.* 金融危機と金融商品価格 ……………………………………… 195

*4.* 金融の安定に向けて …………………………………………… 197

## 第 *10* 章　金融政策と金融市場 ……………………………… 207

*1.* 金融政策とは …………………………………………………… 208

*2.* 金融政策手段 …………………………………………………… 211

*3.* 金融政策と金融市場 …………………………………………… 216

## 第 *11* 章　国際金融投資 …………………………………………… 223

*1.* なぜ国際金融投資が必要か …………………………………… 224

*2.* ポートフォリオ ………………………………………………… 228

*3.* 国際金融投資のトピック ……………………………………… 234

索引 ………………………………………………………………………… 241

# 第1章
# 金融の役割

　本章では，国際金融を学ぶにあたって必要となる基礎知識を概観する。詳しい解説は第2章以降で見ていく。金融とはそもそも何なのか，どのような金融機関があるのか，世界の金融市場の規模はどれくらいなのかを見た後に，国境を越えた資本移動を記録する国際収支統計について解説する。

## *1.* 金融とは

　私たちの社会では資金（お金といってもよい）は重要な役割を果たしている。資金は日用品や光熱費などの支払い手段でもあるが，事業を始めたり進めたりするためにも必要となる。企業だけでなく政府も様々な事業を手掛けているが，必要とされる金額は私たちが日常の買い物で使う金額よりもはるかに大きなことが多い。一方で，多額の資金を保有している人は少なく，一定額を集めるには多くの人から資金を調達しなければならない。また，資金を貸し出した企業がきちんと返済してくれるかどうかも調べなければならない。金融とは資金余剰主体から資金不足主体に資金を受け渡す役割を持っているが，ここで挙げたような様々な問題を解決しなければならず，金融機関の存在が不可欠となる。

　経済には図表1-1のように様々な経済主体が存在している。図の中には資金を必要としている資金不足主体と資金を拠出する余裕のある資金余剰主体

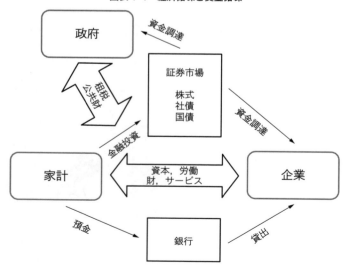

図表1-1　経済循環と資金循環

が存在する。資金を必要とすることを資金需要という。金融市場は資金余剰主体と資金不足主体を結びつける場であり，金融機関が仲介役を担っている。

　家計は労働や資産から所得を得て消費活動を行っている。所得から消費額を引いた残りは貯蓄として蓄えられるが，この貯蓄の部分が余剰資金になる。個々の家計は貯蓄を行うことで資金余剰主体としての役割を果たすが，住宅ローンや消費者ローンなどで資金を借り入れることもある。しかし，経済全体で見ると，余剰資金が借り入れを上回る。

　企業は資金（資本ともいう）や労働を調達して財やサービスを生産する。機械設備は多額になることが多く，一度に支払いができないことも多い。その場合は分割払いにしたり，後払いにしたりすることも検討する必要がある。ボーナスの支払いなどで一時的に資金が必要なこともある。企業には様々な金額や期間に関する資金需要があり，それらのニーズを満たすための資金調達手段が開発されてきた。

　政府は租税を主な原資として様々なプロジェクトを実施する。政府の支出は，公務員の給与や公共サービス維持のために定期的に支出される経常的支出と道路などのインフラ整備などに支出される投資的支出に分けられる。これらの支出を税収で賄えなくなると，借金で穴埋めする。国が発行する借用証書である国債は政府から見ると借金であるが，国債を購入する投資家から見ると元本が保証されて毎期一定の利息を受け取れる金融商品になる。

　経済学の理論では，資金余剰主体から資金不足主体にスムーズに資金が流れると想定されている。両者が金融市場で簡単に出会って交渉することができれば経済全体で効率的な資金の活用が可能になるが，現実には両者が出合う機会は非常に少ない。例えば，300億円調達したい企業が家計を一軒一軒訪ねて資金を集めるには膨大な時間と費用がかかる。1000件訪ねても300億円を調達できないかもしれない。理論上，資金は経済主体の間をスムーズに流れるが，実際には資金をスムーズに流すのは難しい。これを摩擦（friction）という。金融機関は資金の流れをスムーズにして摩擦を取り除く役割を果たしている（図表1-2）。金融機関によってそれぞれ金融市場における役割が異なるため，金融機関同士の資金の移動も頻繁に行われる。

**図表 1-2　金融機関の役割**

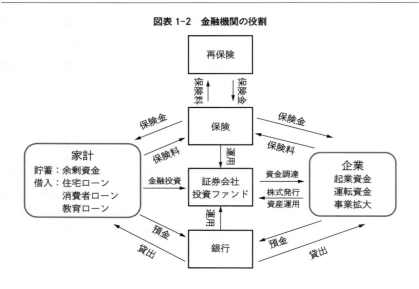

## 2. 金融機関

　金融機関は役割や取引相手によっていくつかに分類することができるが，近年はそれらの垣根が低くなりつつある。新しい金融商品が次々に開発され，新しい技術も登場しているが，これらを法でどのように規定するかで金融機関の在り方が変わってくる。それは，金融機関の業務が法で規定されているためであり，例えば日本では銀行法，EU（欧州連合）では資本要件指令・規則によって銀行の業務が規定されている。国によって金融に関する法律は異なり，毎年のように改正されている。入門書である本書では一般的な金融機関の分類と業務を紹介するが，より深く学びたい読者は各国の法の違いにも目を配ってほしい。

### (1) 銀行

　銀行の基本的業務は家計から預金を預かって企業に貸し出すことであり，預貸業務と呼ばれる。貸出の際には企業の経営状況を詳しく精査し，貸出を

認めるかどうか，貸出の条件をどのように設定するのかを判断している。このような機能を情報生産機能という。日本やドイツなどでは銀行と企業の関係は非常に強く，不況期に企業の経営が困難に陥った時に銀行が支援することもある。次節で見るように，このような銀行と企業の関係（relationship）の強さは国によって異なる。

　銀行はまた，送金業務も担っている。銀行預金は中央銀行の決済システムと接続しており，安全な送金サービスを提供している。しかし，国際送金の分野では各国の制度の差が障害となって，迅速で透明性の高い送金の実現が課題となっている。各国の銀行をリレーのようにつなぐコルレスバンキングという送金方法と暗号通貨や分散型台帳技術を用いた新しい送金方法とが競合しつつある（第7章）。

　その他にも銀行は証券に関わる業務にも従事している。日本では銀行と証券会社が明確に区別されているが，どちらかというと少数派である。アメリカでは，日本の銀行に当たる業務を商業銀行業務（commercial banking），証券会社に当たる業務を投資銀行業務（investment banking）と呼んでおり，どちらにも銀行という名前が付いている。図表1-3のゴールドマン・サックス（16位）は投資銀行業務がメインであり，日本では証券会社と紹介されることもある。

　銀行の収入は，企業への貸出や住宅ローンなどの金利から得られる金利収入，送金や投資アドバイスなどから得られる手数料収入，自ら証券を売買することで得られるトレーディング収入からなる。2010年代には先進国で低金利政策が採られたことにより，銀行の金利収入が減少した。そこで近年は，富裕層向けプライベートバンキング[1]，人工知能や分散型台帳技術などの新しい技術を導入する金融サービスのフィンテック（fintech）などを進めて手数料収入やトレーディング収入を増やす試みが見られる。

---

1　プライベートバンキング（private banking）は，対象となる富裕層の顧客（アセットオーナー）との関係づくりを進めて指針を決めるリレーションシップマネジメントと資産の管理を行うウェルスマネジメントからなる。ウェルスマネジメントはさらに，資産運用に関するアセットマネジメントと税務関係のタックスマネジメントに分けられる。日本でもプライベートバンカー試験が実施されている。

**6　第1章　金融の役割**

**図表 1-3　世界の主な銀行（2019 年 7 月時点）**

| 順位 | 銀行名 | 本店所在地 | 時価総額：億ドル |
|---|---|---|---|
| 1 | JP Morgan Chase | アメリカ | 3687.8 |
| 2 | Industrial & Commercial Bank of China | 中国 | 2956.5 |
| 3 | Bank of America | アメリカ | 2797.3 |
| 4 | Wells Fargo | アメリカ | 2143.4 |
| 5 | China Construction Bank | 中国 | 2079.8 |
| 6 | Agricultural Bank of China | 中国 | 1814.9 |
| 7 | HSBC Holdings | イギリス | 1694.7 |
| 8 | Citigroup | アメリカ | 1635.8 |
| 9 | Bank of China | 中国 | 1511.5 |
| 10 | China Merchants Bank | 中国 | 1333.7 |
| 16 | Goldman Sachs | アメリカ | 787.0 |
| 17 | Banco Santander | スペイン | 754.7 |
| 19 | Morgan Stanley | アメリカ | 739.3 |
| 21 | Mitsubishi UFJ Financial Group | 日本 | 662.0 |
| 25 | BNP Paribas | フランス | 593.6 |
| 29 | Sumitomo Mitsui Financial | 日本 | 498.5 |
| 31 | UBS Group AG | スイス | 459.2 |
| 32 | ING Group | オランダ | 449.7 |
| 48 | Unicredit SpA | イタリア | 268.8 |
| 50 | Deutsche Bank AG | ドイツ | 157.7 |

出所：Banks around the World, World's largest banks 2019.

　図表 1-3 は時価総額ランキングである。時価総額とは発行済み株式数に株価をかけたものであり，各企業の株式市場での価値を表している。JP モルガンチェースの株式を 100％購入して支配下に置きたいのであれば，約 3700 億ドルが必要となる。時価総額ではアメリカの銀行が上位に来ているが，中国工商銀行（2 位），中国建設銀行（5 位），中国農業銀行（6 位），中国銀行（9 位）と中国の 4 大銀行が上位にランクインしている。なお，中国の中央銀行は中国人民銀行（People's Bank of China）という。ヨーロッパ勢ではイギリスの HSBC が 7 位にランクインしており，EU 内ではスペインのサンタン

デールが16位となっている。EUではドイツの経済が最も規模が大きいが，ドイツ銀行は50位と順位が低迷している。これはドイツ銀行が2000年代末の金融危機（第9章）に対する経営改革が遅れていることを株式市場が低く評価しているためである。時価総額は個別行の株価の値動きに大きく左右される。金融株の値動きは金利動向やニュースなどによって変化し，株式市場全体の動向の影響も受ける。時価総額は変動しやすいため，総資産，自己資本・純資産（第2章），貸出総額などで銀行ランキングが作成されることもある。

### (2) 証券会社

　証券会社は株式や債券などに関わる業務を通じて企業の資金調達と家計の資産運用をサポートしている。企業が発行する株式を購入して転売するアンダーライティング（引受業務），企業が発行する株式の市場販売をサポートするセリング（委託販売業務），株式の売買を代行するブローキング（取次業務），自らの資金で証券を売買して収益を上げるディーリング（自己売買業務）などを行っている。

　株式や債券などの伝統的資産だけでなく，先物やスワップなどの金融派生商品やREIT（上場不動産投資信託）などの証券化商品なども手掛ける。これらの金融商品売買や投資顧問業なども含めて，日本では有価証券関連業と呼ばれる。金融商品は資金調達手段でもあるが，リスクを移動させる手段でもある。企業は株式を発行することで資金を調達できるが，株式を購入した投資家は企業業績というリスクにさらされる[2]。企業は株式で調達した資金を投資家に返還する必要がないため，企業が持つ事業リスク（の一部）が投資家に移されたことになる。投資家はリスクを引き受ける代わりに株価の値上がりや配当を要求するが，これらをリスクプレミアム（risk premium）という。このような視点から見ると，金融商品は様々なリスクを「見える化」して販売する商品であるともいえる。イノベーションの余地が大きい分野で

---

2　リスクに「さらされる」ことをエクスポージャー（exposure）という。

8　第1章　金融の役割

あり，新しい商品が次々に生まれている。一方で，投資家が新しい金融商品のリスクを十分に把握せずに購入する懸念も大きい。多くの金融商品は金融危機時に価格が大幅に下落するが，中には購入金額以上の損失が出るものもある。新しい金融商品は複雑な計算や仕組みに基づいて組成されているものが多いにもかかわらず，「損失のリスクがある」という単純な注意しか記載していないこともある。

　本書では基本的な金融商品について解説しているが，本書は金融投資に関する最低限の知識に過ぎない。本書をマスターした後に，より専門的な内容の勉強に進んでいただきたい。

### (3)　保険会社

　保険会社は様々なリスクを引き受ける金融機関である。顧客から保険料を預かって管理・運用し，顧客に保険金を支払う。主に，生命保険，損害保険，医療保険を取り扱っている。生命保険は人の生死にかかわるリスクに対応した金融商品で，生存保険と死亡保険がある。私たちは人生のある時点で現役を引退するが，それにより所得が減少して生活費などが賄えなくなるリスクがある。私たちは現役時代に充分な貯蓄をする必要があるが（第11章），生存保険は貯蓄の一手段を提供する。死亡保険は死亡による所得の断絶リスクに備えるものであり，残された家族に一定の資金を準備するための金融商品である。特に小さな子供がいる場合には，親の死亡後の子供の養育費を手当てしておく必要がある。死亡保険は相続の手段としても利用される。

　損害保険は物に関わるリスクに対応した金融商品であり，様々な種類の保険が存在する。住宅の火災保険や車の任意保険など私たちが購入する可能性が高い金融商品でもある。貿易される財は航空便や船便などで届けられるが，その際に天候の悪化や事故などで荷物が無くなったり傷ついて価値が低下したりするリスクがある。例えば，美術品や宝飾品は輸送の際に傷が付く可能性もあり，絵画では価値に大きく影響する。また，スマートフォンなどに使われるリチウムイオン電池は発火しやすく，過去には飛行機の積み荷のリチウムイオン電池が発火して墜落したこともある。このようなリスクに対

応するために損害保険は欠かせない。損害保険は天候デリバティブ（143
ページ）などと組み合わされて開発されることもある。トラック輸送会社は
冬に大雪が降ると輸送が妨げられて損失が発生する。輸送ができなくなるこ
とにより，荷主から損害賠償請求されるリスクもある。このようなリスクに
備えるために，大雪が発生すると保険金を受け取れる保険契約を結んでおく
必要がある。

　医療保険は病気などの際に医療費や生活費をカバーするための金融商品で
ある。ガンなどの治療には長い期間が必要になることもあり，休職や退職の
リスクが高まる。長期の治療や先進的な治療により治療費が高額になる可能
性があり[3]，支払いできなくなるリスクが高まる。治療費のみをカバーする
保険よりも生活費までカバーする保険の方が保険料（掛け金）が高くなる。

図表 1-4　世界の主な保険会社（2019 年末時点）

| 順位 | 保険会社名 | 本店所在地 | 総資産：億ドル |
|---|---|---|---|
| 1 | Allianz | ドイツ | 10968.7 |
| 2 | Prudential Financial | アメリカ | 8965.5 |
| 3 | AXA | フランス | 8433.2 |
| 4 | Berkshire Hathaway | アメリカ | 8177.2 |
| 5 | Nippon Life Insurance Company | 日本 | 7427.8 |
| 6 | Metlife | アメリカ | 7404.6 |
| 7 | Legal & General Group | イギリス | 7354.0 |
| 8 | Ping An Insurance | 中国 | 7086.4 |
| 9 | Japan Post Insurance | 日本 | 6647.4 |
| 10 | China Life Insurance | 中国 | 6464.9 |
| 12 | Aviva | イギリス | 6034.8 |
| 13 | Assicurazioni Generali | イタリア | 5763.2 |
| 17 | Aegon | オランダ | 4940.5 |
| 22 | Zurich Insurance Group | スイス | 4046.8 |

出所：Reinsurance News, World's Largest Insurance Companies.

---

3　日本では高額医療保険制度がある。収入により上限が異なるものの，一般的な治療法について
は，一定額以上の治療費は社会保険で賄われる。

医療保険は生命保険とセットで販売されることもある。

　保険分野でもアメリカが上位に来るが，アリアンツ（1位），アクサ（3位），中国平安保険（8位）など非アメリカ勢も多く，かんぽ生命保険（9位）など日本の保険会社も上位にランクインしている。図表1-4にはないが，ミュンヘン再保険やスイス再保険などの再保険会社は，保険会社が加入する保険商品を販売している。

　保険会社はリスク中立的に行動しており，確率に基づいて保険料の計算をしている。大量のデータを集めてリスク事象の発生確率を求め，支払金額を計算してから保険料を逆算する。生命保険ではある年齢の人が1年間に死亡する確率を表にした生命表が利用でき，かなり正確に保険料を計算できる。死亡者は毎年数多く発生することからデータを多く集められるためである。しかし，大災害や金融危機などは十分な数のデータを集めることができないことから確率の計算が難しい。加えて，大地震などでは一度に多くの支払い請求が集中するため保険会社の支払いが困難になる可能性もある。このような状況に備えて，保険会社は再保険に加入する。

## (4) 投資ファンド

　投資ファンドに属する金融機関には非常に多くの種類があるが，ここでは，投資信託などの金融商品の販売会社と機関投資家を紹介する。

　投資信託とは投資家から資金を集めて株式などの金融商品に投資する仕組みを指す。資金を預ける投資家は資金額も運用目的も様々であり，多様なニーズを満たすために，株式や債券に投資するもの，ヘッジファンドに投資するもの，不動産などに投資するものなどがある。証券取引所に上場（じょうじょう）されている投資信託もあり，個人でも購入可能なものがある。

　図表1-5は世界の主な運用会社のランキングである。ブラックロック（1位），バンガード（2位），ステートストリート（6位）は様々なインデックスファンド（index fund）を運用している。インデックスファンドとはS&P500などの株価指数，鉱物や穀物などの商品価格などに連動する金融商品であり，少額の資金で指数に投資することができる（第11章）。ピムコ

**図表 1-5　世界の主な投資ファンド会社（2020 年 12 月時点）**

| 順位 | 投資ファンド | 運用資産：億ドル |
|:---:|---|:---:|
| 1 | Black Rock Funds | 70804 |
| 2 | Vanguard | 57000 |
| 3 | Charles Schwab | 42800 |
| 4 | Barlays | 33976 |
| 5 | Fidelity Investments | 33100 |
| 6 | State Street Global Advisors | 31500 |
| 7 | JP Morgan | 26000 |
| 8 | Capital Group | 21000 |
| 9 | Amundi Asset Mgmt | 20296 |
| 10 | PIMCO | 20200 |

出所：Mutual fund directory ホームページ。

（10 位）は債券投資を得意としている。

　2010 年代に入ってから指数に連動するパッシブ型のインデックスファンドへの資金流入が増えているが，これは指数よりも高い収益を目指すアクティブ型ファンドの収益率が低迷したことによる。その背景には，短期的には市場平均を上回ることができてもそれは偶然であり，好調なパフォーマンスはその後の低調なパフォーマンスによって相殺されるという平均回帰の法則がある。投資信託には手数料が必要であるが，頻繁に銘柄を入れ替えるアクティブ型ファンドの手数料は高く，手数料を引いた後の収益率は長期的に見て市場平均を下回ることが観察されている。そうであれば，できるだけ安価な手数料で市場と同じ動きをするインデックスファンドへ投資する方が望ましい。このような理由からインデックスファンドへの投資が増えている。

　運用側のファンドも様々な種類がある。年金基金や保険会社などは一般に機関投資家と呼ばれている。大学も株式などに広く投資をしており，機関投資家といえる。ただし，日本の大学は株式などの運用を積極的に行っておらず収益性が低い。また，しばしば非常に高いリスクを取り，金融危機で大きな損失を被っている。機関投資家は長期的な視点[4]で運営されていることが多い。例えば，生命保険会社は将来の支払いに備えて長期的な運用を目指し

ている[5]。特に，政府による運用基金は SWF（Sovereign Wealth Fund）と呼ばれており，原油などの資源の販売利益などを原資として運用している。

ノルウェーの GPFG は第 11 章でもポートフォリオを詳しく紹介するが，ノルウェーの原油や天然ガスの販売利益を原資に運用している。保守的なポートフォリオを維持しつつも高いパフォーマンスを上げ続けていることでも知られている。ファンドの名前に Pension（年金）とあるが，年金とは直接関係なく，基金の収益の一部は政府の予算に繰り入れられている。

様々な金融商品を機動的に売買することで収益を上げようとするヘッジファンドも機関投資家の一種である。ヘッジとはリスクを回避する行動を指す。金融商品の取引はリスクを取引することでもあるが，リスクを数学的に評価する金融工学の手法を使って独自の投資モデルを創って取引を行ってい

図表 1-6　世界の主な SWF（2020 年 12 月時点）

| 順位 | 投資ファンド | 国 | 運用資産：億ドル |
|---|---|---|---|
| 1 | Government Pension Fund Global | ノルウェー | 12894 |
| 2 | China Investment Corporation | 中国 | 10457 |
| 3 | Hong Kong Monetary Authority Investment Portfolio | 中国香港 | 5805 |
| 4 | Abu Dhabi Investment Authority | UAE | 5796 |
| 5 | Kuwait Investment Authority | クウェート | 5336 |
| 6 | GIC Private Limited | シンガポール | 4532 |
| 7 | Temasek Holdings | シンガポール | 4173 |
| 8 | Public Investment Fund | サウジアラビア | 3994 |
| 9 | National Council for Social Security Fund | 中国 | 3720 |
| 10 | Investment Corporation of Dubai | UAE | 3015 |

出所：SWF Institute ホームページ。

---

4　投資家が持つ時間軸のことをタイムホライズン（time horizon）という。この言葉を使うと，年金基金のタイムホライズンは長期で HFT 業者（179 ページ）のタイムホライズンは非常に短いと表現できる。

5　金融商品の平均残存期間をデュレーションという（55 ページ）。生命保険会社は，将来の保険金の支払い義務（つまり債務）のデュレーションと運用資産のデュレーションを一致させることで時間に対するリスクを削減させることができる。

る。借り入れや先物取引を活用して投資家から集めた資金よりも大きな金額を取引することで収益を高めようともする。手元資金よりも大きな金額を取引することを，レバレッジをかけるという。多くのヘッジファンドは金融商品間の価格差を利用した裁定取引を行っており，金融市場での価格安定に寄与している。しかし，金融危機などのイベント時には価格下落に賭けるなどの投機的取引を行い，金融市場に大きな打撃を与えることもある。近年はコンピューターや AI を使ったアルゴリズム取引も活用しており，人間が気付かない投資機会を得ることもできるが，数秒間から数分間の短期的な価格変動，フラッシュクラッシュを引き起こすこともある（第8章）。

アルゴリズム取引により，取引の頻度を高めることも可能になっている。HFT（高頻度取引）業者は短い時間に頻繁に取引を行うことで収益を上げようとする業者であり，取引の間隔は1000分の1秒から1万分の1秒の世界に突入しつつある。1万分の1秒単位になると光の速度も取引の障害になることから，取引システムを証券取引所に物理的に近づける取り組みも行っている[6]。

ヘッジファンドの戦略は多様化しており，破綻した企業を再建することで収益を上げようとするディストレスト戦略が注目されている。一方で，起業を支援するファンドもある。起業家（アントレプレナーという）にはアイデアや意欲があるが，資金や経営ノウハウがない。このような起業家を支援する個人やファンドもある（第5章）。

### (5) 国際金融機関

融資などの形で金融に携わっている国際機関があり，本書では国際金融機関と呼ぶ。多くは加盟国政府が出資して設立されており，道路や鉄道などの

---

6 光の速さは1秒間に約 30 万 km であるため，1万分の1秒で 30 km しか進むことができない。電子的に発注される取引注文も光の速度に制限される。証券取引所から 150 km 離れた場所から注文を出せば，注文を出してから取引所に届くまでに1万分の5秒かかってしまい，取引機会を失いかねない。日本では HTF 業者の誘致を進めているが，アメリカでは HFT はニュースに対して人間よりもはるかに早く反応することがインサイダー取引に当たるのではないかという議論があり，HFT に対する規制の声が高まっている。HFT については第8章。

14    第1章　金融の役割

図表 1-7　主な国際金融機関

| 機関名 | 日本語名 | 加盟国数 |
|---|---|---|
| International Monetary Fund | 国際通貨基金 | 189 |
| International Bank for Reconstruction and Development | 国際復興開発銀行 | 189 |
| International Development Association | 国際開発協会 | 179 |
| International Finance Corporation | 国際金融公社 | 184 |
| Asian Development Bank | アジア開発銀行 | 67 |
| Asian Infrastructure Investment Bank | アジアインフラ投資銀行 | 87 |
| Inter American Development Bank | 米州開発銀行 | 48 |
| African Development Bank | アフリカ開発銀行 | 83 |
| Arab Monetary Fund | アラブ通貨基金 | 22 |
| European Bank for Reconstruction and Development | 欧州復興開発銀行 | 67 |
| European Investment Bank | 欧州投資銀行 | 27 |

出所：JOI 国際金融機関便覧，各機関ホームページ。

インフラ整備や貧困対策などのプロジェクトに資金を拠出している。

　国際復興開発銀行（IBRD）は世界銀行（World Bank）とも呼ばれている。インフラ整備，人的資本開発，農業開発などの長期プロジェクトに資金を貸し出したり，政策への助言を行ったりしている。

　この他にも，消費者金融，リース，投資顧問などの金融機関もあり，様々な資金ニーズにこたえている。

## 3. 金融システム

　資金余剰主体，金融機関，資金不足主体が集まる場が金融市場だが，金融市場に関する法制度も加えて1国の金融の姿を現したものを金融システムという。各国の金融システムは，法制度，商慣行，家計の資産選好，企業の資金調達政策，税制，歴史的背景などの様々な要因の影響を受けて形成されると考えられているが，主な資金調達方法によって市場型と銀行型，金融機関と企業の関係の強さによってリレーションシップ型とトランザクション型に分類できる。

銀行型と市場型は企業の主な資金調達先によって分かれる。日本やドイツなどでは株式や債券の発行よりも銀行貸出による資金調達が好まれている。一方で，イギリスやアメリカでは証券市場での資金調達が活発に行われている。銀行型では銀行が資金を貸してくれなければ資金調達の道が閉ざされてしまうため，より広い投資家から資金調達できる市場型の方が企業にとって都合がいいように見える。しかし，例えば日本では，格付け（67 ページ）の低い企業の債券を売買する市場が形成されていないため，特に中小企業は市場からの資金調達の道が閉ざされているといってもよい。ヨーロッパ大陸でも同じような傾向が見られるため，EU の資本市場同盟の取り組みによって中小企業の証券市場へのアクセスを容易にしようとしている。市場型は好況期には低金利で資金調達できるものの，不況期には資金が調達できなくなるという問題点もある。不況期や金融危機時には人々が過度にリスク回避的になるため，証券市場で投資をしようとする投資家がいなくなってしまうためである（第9章）。

リレーションシップ型とトランザクション型は，金融機関と企業との関係によって分けられる。リレーションシップ型では，金融機関は企業に資金を提供するだけでなく，経営に関するアドバイスを行ったり企業に役員を派遣したりして関係（リレーションシップ）を強化しようとする。不況期や競合企業との競争などにより経営が悪化すると，金融機関は資金をさらに提供したり役員を派遣したりして企業を支援する。企業側からすると，よりコストが低い資金調達先を見つけても，これまで関係のあった金融機関を利用し続けることになるため，純粋に資金調達コストだけを見るとトランザクション型よりも高くなる可能性がある。一方で，不況期には支援を得やすいというメリットがある。経済全体の視点から見ると，不況期に本来は経済から退出すべき効率の悪い企業が延命されるという問題点もある。このような，本来は経済から退出すべきなのに延命されている企業をゾンビ企業という。また，経営が悪化しても支援が得られると考えてリスクの高い経営を行ったり，必要な改革を先延ばししたりする企業が現れるという問題点もある。このような問題点をモラルハザードという。

トランザクション型では，金融機関や投資家は企業の業績や財務状況などの情報をもとに資金提供の可否を判断する。好況期には投資家の資金提供能力が高まることで提供者間の競争が生じて企業は非常に低いコストで資金調達することができる一方で，不況期には投資家の資金提供能力が落ちて高いコストを支払おうとしても資金が得られないこともある。好況期にはブームを生みやすく，不況期のバストも大きくなりやすい。長期的に見て社会に必要なプロジェクトであっても，十分な収益率が見込めないプロジェクトが資金を調達できない問題もある。

これらの関係は図表1-8のようにまとめられる。日本やドイツは図の右下，アメリカは左上に位置する。この図は金融システム全体にも使えるが，金融機関の分類にも使える。例えば，地域密着型の小規模銀行（日本では信用金庫など）は右下に，ベンチャーキャピタルは右上に位置している。

図表1-9はヨーロッパ各国とアメリカの金融システムを俯瞰したものである[7]。20世紀の初めはフランスやドイツでも証券市場の規模が大きく，必ずしも間接金融優位だったわけではない。しかし，1929年の世界恐慌以降，

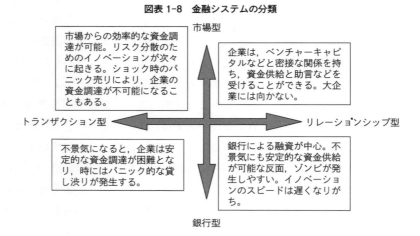

図表 1-8　金融システムの分類

---

[7] この表では直接金融を表す指標に時価総額が使われているが，時価総額は株価変動の影響を強く受ける。一時点だけを見るのではなく，長期的に見る必要がある。

4. 国際収支統計（Balance of Payments：BoP）　17

図表 1-9　間接金融と直接金融のヒストリカルデータ

|  | 1913 | 1929 | 1938 | 1950 | 1970 | 1990 | 2005 | 2015 |
|---|---|---|---|---|---|---|---|---|
| フランス | 42 | 44 | 36 | 24 | 33 | 42 | 52 | 58 |
|  | 78 | — | 19 | 8 | 16 | 24 | 64 | 69 |
| ドイツ | 53 | 27 | 25 | 15 | 29 | 32 | 59 | 66 |
|  | 44 | 35 | 18 | 15 | 16 | 20 | 36 | 45 |
| イタリア | 23 | 21 | 31 | 23 | 54 | 40 | 36 | 60 |
|  | 17 | 23 | 26 | 7 | 14 | 13 | 25 | 22 |
| イギリス | 10 | 288 | 134 | 67 | 33 | 33 | 55 | 63 |
|  | 109 | 138 | 114 | 77 | 163 | 81 | 128 | 115 |
| ユーロ地域 | — | — | — | — | — | — | 51 | 62 |
|  | — | — | — | — | — | — | 44 | 46 |
| アメリカ | 33 | 33 | 44 | 40 | 25 | 19 | 35 | 60 |
|  | 39 | 75 | 56 | 33 | 66 | 54 | 128 | 143 |

注：上段は預金，下段は株式時価総額の GDP 比率。データのカバレッジが異なるた
　め 1990 年と 2005 年のデータは連続しない。ユーロ地域（euro area）とは EU に加
　盟してユーロを導入している国々（19 カ国）を指す。
出所：1990 年までは Rajan and Zingales（2003），"The Great Reversals: The Politics
　of Financial Development in the Twentieth Century," Journal of Financial
　Economics, 69，2005 年からは ECB，LSE，FRB のデータから作成。

ヨーロッパ大陸の国々は間接金融優位の金融システムに移行したが，イギリ
スは一貫して直接金融優位だった。この背景には，世界恐慌への対策の違い
があるといわれている。21 世紀に入ると，フランスでは再び直接金融が伸び
てきているが，ユーロ地域の数字を見るとイギリスを除くヨーロッパはいま
だ間接金融が優位だということができる。

## 4. 国際収支統計（Balance of Payments：BoP）

　国際収支統計（または国際収支表）は，居住者と非居住者との間の取引を
記したものであり，国境を越えた資本移動（資金移動）を概観することがで
きる。取引には貿易のような財やサービスだけでなく，金融取引や国際的な
援助も含まれ，図表1-10のようにまとめられている。数字を記載することを
計上，数字がプラスになることを黒字，マイナスになることを赤字という。

18 第1章 金融の役割

**図表 1-10　日本の国際収支（2020 年）**

（単位：億円）

| 経常収支<br>Current<br>Account | | | | | 175347 |
| --- | --- | --- | --- | --- | --- |
| | 貿易・サービス収支<br>Goods & Services | | | | −7250 |
| | | 貿易収支<br>Goods | | | 30106 |
| | | | 輸出　Export | | 673701 |
| | | | 輸入　Import | | 643595 |
| | | サービス収支　Services | | | −37357 |
| | 第一次所得収支　Primary Income | | | | 208090 |
| | 第二次所得収支　Secondary Income | | | | −25492 |
| 資本移転等収支　Capital account | | | | | **−1842** |
| 金融収支<br>Financial<br>Account | | | | | **153955** |
| | 直接投資　Direct Investment | | | | 112593 |
| | 証券投資　Portfolio Investment | | | | 42339 |
| | 金融派生商品　Financial Derivatives（other than reserves） | | | | 8662 |
| | その他投資　Other Investment | | | | −21618 |
| | 外貨準備　Reserve assets | | | | 11980 |
| 誤差脱漏　Net errors & omissions | | | | | **−19551** |

出所：データは財務省。

経常収支ではお金を受け取る取引がプラス，お金を支払う取引がマイナスに計上され，金融収支では金融商品を受け取る取引がプラス，金融商品を渡す取引がマイナスに計上される[8]。

## ◆経常収支

　経常収支は，貿易サービス収支，第一次所得収支，第二次所得収支からなる。貿易サービス収支は貿易収支とサービス収支に分かれる。2020 年の貿易収支は約 3 兆円の黒字になっているが，これは輸出の方が輸入よりも多いことを示している。日本の貿易収支は黒字になることが多いが，エネルギー価

---

8　国際収支統計は本来は複式簿記の法則に基づいて記録されるが，本書では簡略化のために収支のみ解説する。より詳しい資料は，『項目別の計上方法の概要』日本銀行ホームページ。

4. 国際収支統計（Balance of Payments：BoP）　　**19**

格の上昇により輸入額が急増して赤字になることもある。

　サービス収支は，輸送，旅行，その他サービスからなる。輸送は飛行機や船などで人や物を運ぶ際の運賃等からなる。旅行は滞在先での宿泊費や飲食費，土産物の購入費などからなる。日本人（日本の居住者）が外国の航空会社を使って海外旅行をしてホテルに直接宿泊費を支払うと，飛行機のチケット代は輸送，宿泊費は旅行に分類され，それぞれサービスの輸入として計上され，サービス収支はマイナスになる。その他サービスの部分には，委託加工サービス（電気製品の組み立て加工の委託など）や知的財産権の使用料金，情報通信サービス，音楽や映画などの娯楽サービス，研究開発サービスなどが含まれるが，保険・年金サービスや金融サービスも含まれる。サービス収支には，金融サービスを提供したことによる手数料が含まれる。例えば，外国から出稼ぎのために一時的に滞在している人が，母国の家族に送金するための送金手数料を銀行で支払うと，手数料の部分がサービス収支に計上され，送金されたお金は第二次所得収支に計上される。

　第一次所得収支は，資本や労働などの生産要素に関わる収入や支出を記録するものであり，雇用者報酬，投資収益，その他第一次所得からなる。雇用者報酬には日本企業が非居住者の外国人に支払った給与や日本人が外国企業から受け取った給与が含まれる。計算には農産物の収穫に従事する季節労働者や建設作業員などの越境労働者も含まれる。人々の移動が自由なヨーロッパでは，自宅から国境を越えて隣の国の企業で働く人々もいる。ルクセンブルクの GDP はこのような越境労働者が生み出す付加価値により大きくかさ上げされている[9]。

　第一次所得収支の投資収益は，外国の株式や債券などから得られる配当や金利などが計上される。配当や金利は資本を外国に貸し出したことによる対価である。日本人が外国企業の株式を購入すると，購入資金が金融収支に計上され，配当が第一次所得収支に計上される。その他第一次所得は主に税や補助金が計上される。

---

9　川野祐司『ヨーロッパ経済の基礎知識 2022』第 6 章。

第二次所得収支には移転取引が記載される。通常の経済取引は，お金を払って品物を買う，というように双方向で行われる。移転は対価を伴わない取引を指しており，災害時の援助や家族への送金などが含まれる。先進国は途上国に対して支援を行っているため第二次所得収支は赤字になりやすい。途上国では先進国から支援を受け取ったり，出稼ぎ労働をしている家族からの送金を受け取ったりするため黒字になりやすい。

◆資本移転収支

資本移転は金融商品の移転が記載される。ここには，政府が外国に貸し出した資金の免除（債務免除）や金融商品の国際的な贈与，ライセンスの受け渡しなどが含まれる。日本政府が途上国に返済義務のある資金を貸し出した後に，返済を免除することがある。返済の免除は債務証書（借用書）をタダで途上国に返す行為と同じで，債務証書を渡すのに対価を受け取っていないので移転取引に相当する。同様に，民間企業の間で商標権を無料で引き渡す行為も移転に相当する。このような取引が計上されている。

◆金融収支

金融収支は，金融商品の取引を計上するものであり，直接投資，証券投資，金融派生商品，その他投資，外貨準備からなる。経常収支とは異なり，外国から株式を購入してお金を支払うと黒字に計上される。お金の移動ではなく，金融商品の移動を計上している。

直接投資は経営への参画を目的とした投資を指す。Foreign Direct Investment の略で FDI と呼ばれることが多い。目安として相手企業の株式の 10% 以上を取得すると直接投資に計上される。企業が外国に進出する方法はいくつかある。自前で 1 から工場などの生産拠点や販売網を構築することをグリーンフィールド投資という。何もない緑の草原に工場を建てるイメージでいいだろう。一方，すでにある生産拠点や企業を買収することをブラウンフィールド投資という。こちらはレンガ建ての工場を買収するイメージになる。企業の買収や合併を M&A（Merger and Acquisition）というが，こ

## 4. 国際収支統計（Balance of Payments：BoP）　21

れはブラウンフィールド投資に相当する。すでに存在する企業を買収することにより，相手企業が持つ技術を吸収したり，販売網を構築する時間と費用を削減したりすることができる。近年は，税率の低い国の企業を買収して本社を移すことで，企業グループ全体の税負担を減らす目的での買収案件も見られる。

　証券投資は，株式，投資信託，債券の取引を計上するものである。ここでの株式の購入は経営への参画というよりもむしろ，株式投資による収益の追求が目的となる。金融商品の収益は，

収益＝キャピタルゲイン（ロス）＋インカムゲイン　（1-1 式）

として表される。キャピタルゲインは安く買って高く売ることで得られる値上がり益であり，高く買って安く売ると値下がり損（キャピタルロス）が発生する。インカムゲインは金利や配当収入であり，通常はプラスの収入が得られるが，インカムがない金融商品もある。

　資金を受け入れる国にとって，直接投資と証券投資はどちらも重要である。ただし，外国企業の活動による経済成長を望む途上国にとって，直接投資の重要性は非常に高い。途上国では金融制度に不備があることもあり，好況期に過度に資本が外国から流入してバブル経済が発生し，経済がより脆弱になるケースもある。このような国では，バブル経済の持続可能性や世界経済に変調が見られると急激な資本流出が発生し，経済に大きな打撃を与える。20 世紀末のアジア通貨危機などの例が挙げられる（第 9 章）。直接投資にも同じような傾向があるものの，企業はサンクコスト（埋没費用）を重く見て安易に投資を引き上げないという粘着性が見られる。サンクコストとは，一度構築した販売網や取引先との信頼関係を失うコストを指している。経済危機を理由に撤退する先進国企業を見て，現地の人々は裏切られたと感じるだろう。次の好況期に再進出しても，感情的な理由から協力先を見つけることが難しくなるかもしれない。このようなサンクコストを考慮すると，安易な撤退は難しい。結果として，途上国にとっては，直接投資は証券投資よりも国内に残りやすい投資になる。

22　第 1 章　金融の役割

　金融派生商品は，既存の金融商品の価格などを利用した架空の金融商品を指す（第 6 章）。金融派生商品は国境を越えて取引されることもあり，この項目に計上される。

　その他投資は，持ち分，現預金，貸付（借入），保険・年金準備金，貿易信用・前払い，その他資産（その他負債），SDR（IMF 特別引き出し権）からなる。持ち分には株式の形を取らない組合（リミテッド・パートナーシップ）などへの出資金を計上する。現預金には日常生活で取引に使われる円やアメリカドルなどの現金の移動や預金の移動が計上される。海外旅行のために銀行で日本円の現金をアメリカドルやユーロへ両替することがあるが，銀行などが両替用の外貨（外国の通貨）を日本に持ち込むと黒字に計上される。

　貿易信用は，本書では貿易金融（第 7 章）と表現する。経済理論では貿易は何の障害もなく進められて代金も速やかに支払われると想定されているが，実際には輸送費や通関手続きなど時間や費用がかかる。商品の買い手は商品の到着を確認してから代金を支払いたいが，商品の売り手は代金の受け取りを確認してから発送したい。国境を越えた取引では相手の信用力が必ずしも明らかではなく，安心して取引していいのかどうか分からない。安心できなければそもそも取引が発生しない。このような状況に対応するために，貿易に関する代金の送金には独自の仕組みが取り入れられており，これを貿易金融という。

　外貨準備とは政府や日本銀行が保有する金融資産であり，貨幣用金，SDR，IMF リザーブポジション，その他からなる。

　貨幣用金は金貨を作るための金の在庫という意味だが，日常の取引のための金貨を発行している国はほとんどなく，金貨を記念コインとして発行する国が多い。政府が金を保有しているのは，国際収支が大幅に悪化するなどの問題が発生した時の支払い手段として使うためであるが，先進国では外貨準備ポートフォリオの多様化の目的もある。

　SDR は IMF（国際通貨基金）の特別引き出し権を指している。IMF の加盟国は IMF に対して出資金を拠出しているが，拠出金に応じて SDR という資産を配分される。SDR は国家間で使える金融商品の 1 つといってもよく，

IMFが保有するドルなどの通貨と交換したり，国家間での支払いに使ったりできる。SDRの価値はバスケット通貨の計算方法で決められている（第4章，84ページ）。

その他の項目には証券や預金が計上されているが，外国為替介入によって得たドルを使ってアメリカ国債などを購入するとこの項目に反映される。日本は円売り・ドル買い介入をすることが多いことから，この項目は黒字になりやすい。

2020年の国際収支統計では誤差が約2兆円計上されている。書類の記載ミスや申告漏れ，統計作成時の事務的ミスなどによって誤差が発生するが，意図的な所得隠しも誤差の原因となる。

国際収支統計は，以下の式を満たすように作成される[10]。

経常収支 ＋ 資本移転等収支 － 金融収支 ＋ 誤差脱漏 ＝ 0　（1-2 式）

資本移転等収支が無視できるほど小さく，誤差もほとんどないと仮定すると，経常収支＝金融収支となる。貿易黒字や債券金利収入などで得た外貨を，外国の国債や株式への金融投資に使っていることになる。もちろん，外貨を得た経済主体（例えば輸出企業）と外国の金融商品を購入した経済主体（例えば年金基金）が一致する必要はない。輸出企業は給与を支払う際に従業員の年金の掛け金も支払う。掛け金を受け取った年金基金がアメリカ国債を購入する形で外貨が還流する。

国際収支統計を見る際には注意すべき点がある。経常収支の変化はあまり大きくないが，金融収支の各項目は1年で大きく変化することがある。近年は，数百億円から数千億円にも及ぶ大型のM&Aも発生する。日本企業が5000億円で外国企業を買収すれば，5000億円分だけ直接投資の黒字として計上される。このような案件は毎年継続して発生するわけではないため，あ

---

10　古いバージョン（第5版マニュアル，現行は第6版マニュアル）の国際収支統計では，経常収支＋資本収支＋外貨準備増減＋誤差脱漏＝0となるように作成されていた。日本は2014年に新しいバージョン（第6版マニュアル）に移行した。古い文献を見るときには注意する必要がある。

る年は大幅な黒字になり，次の年には日本企業が買収されて赤字になること
もある。変化が少ない経常収支でも，輸入項目はエネルギー価格の影響を受
けて変動する。原油価格が高騰した年には，原油の輸入量が同じでも購入額
が増えるため，輸入が大幅に増えて貿易収支が赤字になることもある。どの
ような統計でもいえることだが，ただ数字を見るだけでなく，その背景も考
える必要がある。

# 第2章
# 株式市場

　株式は企業の資金調達手段の1つであり，不特定多数の人々から多額の資金を調達できるという特徴を持っている。また，株式は金融投資の中心に据えるべき金融商品であり，株式投資に関する研究は大学や金融機関で盛んに行われている。本章では株式や株式市場に関する基礎用語，世界の株式市場，株価に関するトピックを取り上げる。

## 1. 株式とは

　株式（stock または share）とは企業の持分証券を表す。事業を行うために
は資金が必要だが，自己資金では足りないことが多い。そこで，投資家に出
資してもらい，投資家から集めた資金で事業を行うが，投資家は出資額に応
じて企業の利益を配分される権利を持つ。企業は投資家に対して出資しても
らったことを証明する証書を発行するが，これが持分証券である。株式会社
の持分証券は株式だが，事業体には株式会社だけではなく相互会社や組合形
式などの法人もある。これらの法人では株式は発行されず，出資証券などが
発行される。

　株式を保有する人を株主（日本の法律では社員）という。株主は企業の共
同所有者であり，いくつかの権利を保有している[1]。議決権は企業の経営方
針や取締役を選任する権利であり，株主総会での投票権である。投票は1人
1票ではなく1株1票[2]であるため，過半数の株式を買い占めれば残りの株主
全員の反対を押し切ることができ，企業を支配下に置くことができる。配当
請求権は企業が得た利益を配当として受け取る権利であるが，全ての企業が
配当を支払っているわけではない。成長期にある企業は利益を配当として株
主に配るよりも，利益を事業に再投資して事業拡大のスピードを上げようと
する傾向にある。残余財産請求権は企業が解散する時に企業に残った財産を
株主で分け合うことができる権利を表している。この他にも，保有株式数に
応じた役員解任請求権などの権利がある。

　近年は様々な種類の株式が日本でも発行されており，例えばトヨタ自動車
が2015年に発行したAA株は5年間の売却制限期間がある。その代りに，
発行から5年後にトヨタが発行価格での買取りを保証したり，配当額が毎年
0.5％ポイントずつ増えたりするなどの特徴がある。外国では議決権が2分の

---

1　日本企業の株主の権利は会社法で規定されている。
2　日本の株式は100株単位で売買するため，100株で1票となっている企業が多い。

1 や 10 分の 1 などに制限された株式や議決権がない株式などがある。配当に関しても，普通の株式よりも優先的に配当を受け取れる優先株や逆に配当を受け取る順位が普通株よりも低い劣後株などがあり，日本でも発行されている。

　企業の資金調達には，手元の資金の活用，銀行からの借り入れ，債券の発行，株式の発行などいくつかの手段がある。手元資金の活用は最も簡便で企業は自由に決断できるが，手元に資金が余っていなければそもそも活用することができない。銀行からの借り入れは特に中小企業にとっては重要なチャネルであり，銀行と強固な関係を築くことで経営難の時に支援してもらえる可能性が高くなる。一方で，業績のいい企業にとっては債券発行よりも借り入れコストが高くなる。日本のように間接金融が優位な国では債券を発行できない企業も多いが，債券は銀行借入よりも自由に条件を設定でき，様々な債券が発行されている（第 3 章）。

　株式によって調達した資金は原則として返却しなくてもよいため企業にとって都合がいいように見えるが，株主にとっては希薄化という問題点がある。企業が株式を発行して資金調達することを増資という。すでに 1 万株発行している株式会社が新たに 5000 株を市場で売却する形で増資すると，株式数は 1 万 5000 株になる。これまで 3000 株保有していた株主の議決割合は 30 ％（＝ 3000 ÷ 10000）から 20 ％（＝ 3000 ÷ 15000）に低下する。同様に配当の受け取り割合も 30 ％から 20 ％に低下する。株数が 1.5 倍に増えれば，株価は約 66 ％に下落する。増資は既存の株主にとって不利になるため，増資は株主に反対されて実現できないこともある。株式市場で不特定多数の人に株式を販売することを公募増資というが，既存の株主に増資分の株式を購入してもらう株主割当増資であれば株式の希薄化はない。ただし，株主割当増資では多額の資金を増資で賄うのが難しい。

## ◆株式の売買

　株式の中には証券取引所に上場（listing）して売買されている公開株式と，証券取引所では取引されていない非公開株式（または未公開株式）がある[3]。

28 第 2 章 株式市場

非公開株式は発行企業や既存の株主から相対（あいたい）で購入する。証券取引所など公開株式を売買する場を株式市場という。ここでは，日本の株式市場を例にして，個人による公開株式の売買を見ていく。

日本には東京証券取引所（東証）など 5 つの取引所がある[4]。個人は証券取引所（証取ともいう）で株式を売買できないため，証券会社に開設した口座を通じて株式を売買する。複数の証券取引所に上場している株式や，証券会社などが開設した私設取引所（PTS）で売買されている株式もある。複数の市場で売買可能な場合，証券会社が顧客にとって最も条件の良い市場（株式購入では最も価格が低い市場，株式売却では最も価格が高い市場を証券会社が選択する）で売買するため，通常は個人は市場の選択を心配することはない。

東京証券取引所は平日の午前 9 時から午後 3 時まで開いている。図表 2-1 のように，午前を前場（ぜんば），午後を後場（ごば）という。午前 11 時 30 分から 12 時 30 分までは昼休みになる。午前 9 時の価格を寄付（よりつき），午前 11 時 30 分の価格を前引（ぜんひけ），午後 3 時の価格を大引（おおひけ）という。基本的にはこの時間内で売買するが，私設取引所ではより長い時間の売買が可能となっている。

株式を購入する際には，売買する株式のコード（ticker symbol），株数，株価などの条件を指定する。日本の株式には，トヨタ自動車 7203，花王 4452

図表 2-1　株式市場のタイムスケジュール（東証）

| 前場（ぜんば） | | 昼休み | 後場（ごば） | |
| 寄付（よりつき） | 前引（ぜんひけ） | | 後場寄付 | 大引（おおひけ） |

9:00　　　　　　　　　11:30　　　　　　12:30　　　　　　　　15:00
始値（はじめね）　　　　　　　　　　　　　　　　　　　　　　終値（おわりね）

---

3　非公開株式はプライベートエクイティ（Private Equity：PE）とも呼ばれる。プライベートエクイティは株式会社以外の持分も指し，非上場の事業体に投資するファンドをプライベートエクイティファンドという。詳細は第 5 章。

4　日本取引所グループ（JPX）の傘下に東京証券取引所と大阪取引所があり，本書ではこれらを 2 つとカウントしている。その他には，札幌，福岡，名古屋に取引所がある。

のように 4 桁のコードが割り当てられており，売買の際にはこのコードで申し込む。外国では日本のように数字で表す国や，アルファベットでコードを割り当てる国もある。例えば，アメリカではアップル（コードは AAPL：ナスダック市場），コカコーラ（KO：ニューヨーク市場 NYSE）などとアルファベットになっている。インデックスファンドにもコードが付けられており，SPDR S&P 500 ETF（SPY：NYSE Arca 市場）のようになっている。イギリスも HSBC（HSBA：ロンドン証券取引所 LSE）のようにアルファベットのコードである。企業名のことを銘柄（めいがら）という。

　日本では 2018 年 10 月より，東証での株式の売買単位が 100 株に統一された。そのため，ある銘柄の価格が 200 円の場合は，200 円×100 株＝2 万円単位で売買することになる。注文方法には，売買したい価格を指定する指値（さしね）と価格は指定せずに取引を早く確定させようとする成行（なりゆき）がある。指値では希望の価格で売買できるが，市場価格が希望価格と離れていると売買が成立しない。例えば，1 株 2000 円で買い注文を出しても，市場価格が 2200 円であれば取引が成立しない。また，1 株 2000 円での買い注文が集中すると，取引は早い注文から処理されるため，注文を出すのが遅いと成立しない可能性がある。一方，成り行き注文は取引が成立する可能性が高いが価格は確定しない。市場価格が 1 株 2000 円であるのを見て成り行き注文を出しても，注文が市場に届くまでに 2200 円に値上がりしている可能性があり，この時には 2200 円で買うことになる。状況に応じて選択する必要がある。日本では株式口座には一般口座，特定口座，NISA 口座があり，購入した株式をどの口座に入れるのかも指定する。口座によって税金の扱いが異なる（第 11 章）。


◆**株価のグラフ**

　株価は刻々と変化する。1 日の取引時間中に大きく価格が変動することもあれば，値動きが小さいこともある。取引時間中の株価の変動を株価の分析に利用する人もいることから，株価には株価チャートというグラフが使われる。株価チャートは図表 2-2 の左図のような形をしている。取引時間中の株

図表 2-2　株価チャート

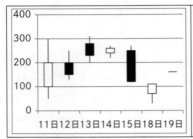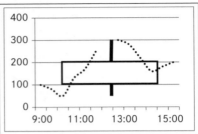

価変動は白と黒の箱（ローソクという）と箱から飛び出ているひげ（足という）で表現される。ローソクが白の日は始値よりも終値の方が高いことを表しており，黒は始値よりも終値の方が低いことを表している。ローソクの色は前日との比較ではなく，当日の値動きによって決められる。左図では 13 日は前日（12 日）よりも株価は上がっているが，始値よりも終値の方が低いため黒になっている。同様に，18 日は前日よりも株価は値下がりしているが，ローソクは白になっている。なお，株式市場は土日祝日は休場（きゅうじょう）になり取引がないため日付が飛んでいる。日本ではローソクを白黒で表するが，外国では値上がりを緑，値下がりを赤で表すことが多い。

　ローソクから飛び出た足は取引時間中の高値と安値を表している。右図は 11 日の株価の推移を表しているが，寄付で 100 円を付けた後に株価は下落したが前場の途中で切り返して上昇し，後場寄付で 1 日の高値を付けている。その後はいったん下落したものの大引けにかけてやや持ち直して 200 円で引けている。下に出た足は一時的に始値よりも値下がりしたことを表しており，上に出た足は一時的に終値よりも高値を付けたことを表している。左図の 15 日は下に足が出ていないが，終値と安値が同じだったことを表している。

　株価チャートには様々なテクニカル指標が追加されて表示されることもある。例えば，過去 1 カ月や 3 カ月の平均値を折れ線グラフで加えることで，過去数カ月のトレンドを知ることができる。チャート分析の指標は数多く開発されており，将来の株価動向を知るための情報だと主張されているが，実

図表 2-3 株価の推移

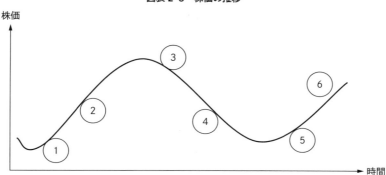

際には予測力はほとんどなく，特にタイムホライズンが長期に渡る個人投資家にとっては何の意味もないため，本書では解説しない。

　図表 2-2 のような細かいデータが不要であれば，終値だけをグラフで表してもよく，図表 2-3 のようになる。前日と比べて株価が上昇，下落という言い方の他に，前日と当日の株価変動を表すための言葉がいくつかある。反発は前日まで株価が下落していた時に，当日の株価が上昇したことを表す（図表 2-3 の①と⑤）。前日が上昇して当日も上昇すると続伸（②と⑥），上昇から下落に転じると反落（③），下落が続くと続落という（④）。株価チャートや価格に関する用語はいずれも，株式投資に対する短期的な視点（近視眼的という）を反映している。近視眼的な視点による株式投資はギャンブルと同じであり，資産形成には全く役に立たない（第 11 章）。

## 2. 世界の株式市場

　企業は株式を発行して得た出資金を返還しない[5]。そこで，株主は株式市場で株式を売却して資金を回収する。図表 2-4 は世界の株式市場の規模を表

---

5　株主に資金を返還する方法の一つに，企業が自社の株式を購入してその代金を支払う自社株買いがある。

32　第2章　株式市場

図表 2-4　世界の株式市場の時価総額（兆ドル）

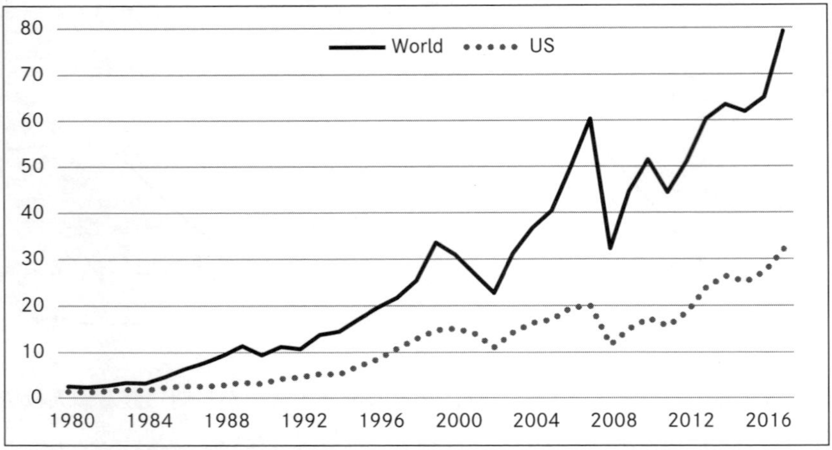

出所：データはWorld Bank。

している。株式市場の規模には，発行済み株式数×株価で計算される時価総額を用いる。

　時価総額が大きく下がっている場面がいくつかあるが，1990年ごろの世界的な金融危機（アメリカのS&L危機や日本のバブル崩壊，北欧の金融危機など），2000年のITバブル崩壊や2001年の同時多発テロ，2008年の金融危機（リーマンショック），2011年のギリシャ債務危機などにより株価が大きく下落している。一方で，1990年代にはアジアなど新興国の経済成長，2000年代には先進国の低金利と資源価格上昇による新興資源国の成長，2013年以降は先進国と途上国での経済成長などにより株価は上昇している。グラフにはないが，2018年後半に入ると2017年までの株価上昇がピークアウトして，下落傾向に転じている。アメリカの株式市場は1980年代前半には50%以上の世界シェアを占めていた。直近ではシェアは40%程度に低下しているものの，アメリカのプレゼンスが依然高いことが分かる。

　アメリカには規模の大きな証券取引所がいくつもある。図表2-5は証券取引所の時価総額ランキングだが，ニューヨーク証券取引所（1位），ナスダック市場[6]（2位）と上位を占めており，他の取引所の規模を圧倒している。ア

メリカには，商品や株価指数などを取引しているシカゴマーカンタイル取引所（CME），ETF やオプションなどを上場している NYSE Arca，ナスダックフィラデルフィアなどの市場もある。ヨーロッパも上位にあるが，近年はアジアの市場がランキングを上げてきている。16 位以降は，シドニー（16位），台湾（17 位），ヨハネスブルク（18 位），マドリード（19 位），サンパウロ（20 位），シンガポール（21 位）となっている。

　図表 2-5 の一番右列は，日本時間に換算した証券取引所の取引時間であるが，株式市場は 24 時間途切れなく開いていることが分かる[7]。日本が夜の間

図表 2-5　世界の主な証券取引所

| 市場名 | 所在地 | 時価総額 | 上場銘柄数 | 取引時間 |
|---|---|---|---|---|
| NYSE | ニューヨーク | 24.22 | 2286 | 23:30—06:00 |
| NASDAQ | ニューヨーク | 11.86 | 2949 | 23:30—06:00 |
| 日本取引所（JPX） | 東京 | 6.18 | 3604 | 09:00—16:00 |
| 上海（SSE） | 上海 | 4.39 | 1396 | 10:30—16:00 |
| Euronext | アムステルダム | 4.38 | 1300 | 17:00—02:40 |
| ロンドン（LSE） | ロンドン | 4.24 | 2485 | 17:00—01:30 |
| 香港（HKEX） | 香港 | 4.11 | 2118 | 10:30—17:00 |
| 深圳（SZSE） | 深圳 | 2.69 | 2089 | 10:30—16:00 |
| トロント（TSX） | トロント | 2.29 | 1501 | 11:30—06:00 |
| フランクフルト（FSX） | フランクフルト | 2.11 | 502 | 16:00—04:00 |
| ボンベイ（BSE） | ムンバイ | 2.00 | 3878 | 12:45—19:00 |
| インド国立（NSE） | ムンバイ | 1.97 | 1897 | 12:45—19:00 |
| 韓国（KRX） | ソウル | 1.66 | 2134 | 09:00—15:30 |
| スイス（SIX） | チューリッヒ | 1.60 | 264 | 17:00—01:30 |
| ナスダック OMX | ストックホルム | 1.52 | 970 | 17:00—01:30 |

注：時価総額は兆ドル（2018 年 11 月）。上場銘柄数は 2017 年末。取引時間はコアタイムを
　　日本時間（GMT＋9，冬時間）で表示。
出所：Banks around the World, World's largest stock exchange, Stockmarketclock.com.

6　NASDAQ は，The National Association of Securities Dealers Automated Quotations の略称。
7　図表 2-5 にはないが，日本時間の朝 6 時から 9 時の間にはウェリントン（ニュージーランド）
　　やシドニーが開いている。また，通常，株式市場は土日祝日は休場している。

もアメリカ市場では取引が行われており，夜間の経済ニュースがアメリカの株価に影響を与えている。夜間に日本に関するニュースが発生すると，日本に進出しているアメリカ企業の株価が反応し，その影響が翌朝の日本の株式市場まで残ることもある。日本に関連するニュースがなくても，アメリカの株式市場が全体的に下落すると翌朝の日経平均株価が影響を受けることもある。図表2-6は，アメリカNYSE（ニューヨーク証券取引所）のダウ工業株指数（DJIA）の値動きが，翌朝の日経平均株価にどの程度影響しているのか相関係数を取ったものである[8]。

図表2-6は2010年1月から2018年10月までの106カ月分を対象にした。期間全体の相関係数は0.68と両者の相関関係は高いといえる。106カ月のうち0.6を上回った月は81カ月であり，期間全体の76％の月では両者に関係があるということができる。0.6を下回った月でもほぼゼロといえる月は3カ

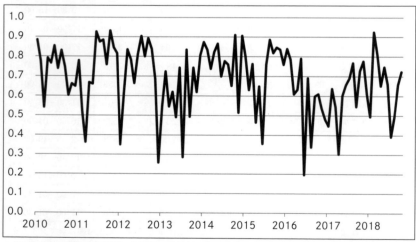

**図表2-6　DJIAと日経平均の相関**

注：DJIAの終値（前日比）と日経平均株価の前日終値と当日始値の差を対象に相関係数を月ごとに計算した。
出所：データはInvesting.com。

---

8　図表2-6の場合，両者が全く同じ方向に動くと相関係数は1，バラバラに動くと0，完全に逆方向に動くと−1になる。本書では，0.6を超えると相関が高く，両者には関係があると考える。

月しかなく，相関係数がマイナスになった月はない。DJIAと日経平均株価に含まれる銘柄には重複するものが1銘柄もないにもかかわらず，短期的には両者の株価変動に密接な関係があるといえる。

図表2-6はアメリカと日本の株式市場が時間的に連動していることを示したが，CMEとSGX（シンガポール取引所）には日経平均先物が上場されている。日経平均株価はほぼ24時間取引され続けており[9]，日本時間の夜間も値動きがある。

## 3. 株価の決定

金融商品の価格を完全に予測することは不可能であり，明日の株価を予測することもできない[10]。株価は当該銘柄の需要と供給によって決まるものの，市場参加者が持っている情報，相場観，余裕資金，リスク回避度などがそれぞれ異なっているだけでなく，それらが刻々と変化するため[11]，予測は不可能だといってよい。しかし，企業の財務諸表からは株価に関する基礎的な情報が得られる。これにニュースや長期的見通し，企業のガバナンス（corporate governance：企業統治）に関する情報などを加えて株価の長期的な見通しを立てようとする試みがある。また，株式市場だけでなく債券市場などの情報も加えて現在の株価が割高か割安かを評価する試みもある。

---

9　CMEの取引時間は日本時間で08:00-翌日07:00であり，日本時間の朝7時まで日経平均先物が取引されている。SGXでの株式の取引時間は日本時間で10:00-18:00だが，日経平均先物は08:30-15:25まで取引されている。その結果，CMEの終値が朝7時に決まり，1時間後の午前8時には翌日のセッションが始まる。それを受けてSGXが日本よりも30分早く8:30に取引を始め，その後9時に日本の取引が始まるという流れになる。

10　これは単に株価などの金融商品の価格がランダムに動くから，という直感的なものにとどまらない。様々な研究で使われた統計分析でも株価を予測することが困難であることも分かっている。より詳細な議論はアング『資産運用の本質』第8章。

11　リスク回避度は個々人によって異なるが，個人を取り巻く状況によっても変化する。失業すればリスク回避度は高くなり，宝くじに当選すればリスク回避度は低下する。また，市場が上昇傾向にあればリスク回避度は低下し，市場でパニック的な売りが出るとリスク回避度は一気に高くなる。

36　第2章　株式市場

## ◆企業の財務諸表

　企業の財務諸表は，企業の資産と負債の状況を計上した貸借対照表（バランスシート，B/S：Balance Sheet），会計上の利益と損失を計上した損益計算書（P/L：Profit and Loss statement），資金の流出入を計上したキャッシュフロー計算書（CF：Cash Flow statement）などからなる。財務諸表の作成方法である会計基準には，日本基準，アメリカ基準（USGAAP），国際会計基準（IFRS：アイファース）があり，グローバルに活動する日本企業の間で IFRS への移行が進みつつある。

　貸借対照表は左側の合計額と右側の合計額が一致するように，左側に資産，右側に負債と純資産（古い言い方では自己資本）を記入する。IFRS では財政状態計算書（statement of financial position）と呼ばれる。通常は，資産の方が負債よりも大きいため純資産の項目はプラスになるが，負債の方が大きい債務超過の企業では純資産がマイナスになる。流動資産は簡単に現金化できるもの，固定資産は現金化に時間がかかるものが計上される。無形資産とは物理的な形は見えないものの，企業に収益をもたらすものが含まれ，特許なども含まれる。非常に優れた人材も企業にとっては無形資産ではあるが，貸借対照表には計上されないため，この部分を重視すれば財務諸表

### 図表 2-7　貸借対照表（日本基準）[12]

| 資産（Asset） | 負債（Liability） |
|---|---|
| 資産<br>**流動資産**<br>　現金・預金・売掛金など<br>**固定資産**<br>　有形固定資産：機械，建物，土地など<br>　無形固定資産：ソフトウェア，のれんなど<br>　投資など：投資有価証券など<br>**繰延資産** | 負債<br>**流動負債**<br>　短期借入金，CP，未払い金など<br>**固定負債**<br>　長期借入金，社債など |
| | 純資産（Net Asset）<br>**株主資本**（資本金，資本剰余金，利益剰余<br>　　　　　　金，自己株式）<br>**評価・換算差額等**<br>**新株予約権** |

---

12　図表2-7の貸借対照表は企業のものであり，銀行では主な資産が貸し出し，主な負債が預金というように企業とは異なる（第9章）。

以上の企業価値があるという評価もあり得る。

のれんは営業権（goodwill）とも呼ばれ，企業買収によって生じる。時価総額 3000 億円の企業を 5000 億円で買収すると，2000 億円の余分に支払った金額（プレミアムという）をのれんとして資産に計上する。日本基準では 2 年から 20 年かけて償却という処理を行うが，IFRS では定期的な償却を行わず，時価で評価することになっている[13]。のれんの償却とは，売却時に余計に支払ったプレミアムを損金として時間をかけて処理することであり，先ほどの例では最大の 20 年で償却する場合は毎年 100 億円ずつ利益から償却費を差し引くことになる。のれんを償却すると，損益計算書上は利益が低くなるが，企業から実際にお金が流出するわけではない（買収時にすでに支払っている）。企業の会計では実際の支払いと計算上の支払いの時期がずれることがあり，これを利用して決算を都合よく見せることもできる。

負債側には借金が計上される。純資産の部には株式を発行して調達した資金や利益の積み立てなどが計上される。純資産は企業を清算した場合に株主が受け取ることのできる金額を表している。時価総額が純資産よりも大きけ

図表 2-8　損益計算書（日本基準）

| | |
|---|---|
| | ＋　売上高<br>－　製造原価（材料費，労務費，経費） |
| **売上総利益（損失）** | |
| | －　販売費および一般管理費（給与，販売促進費，減価償却費など） |
| **営業利益（損失）** | |
| | ＋　営業外収益（受取利息，受取配当金）<br>－　営業外費用（支払利息） |
| **経常利益（損失）** | |
| | ＋　特別利益（土地の売却益など）<br>－　特別損失（工場の火災など） |
| **税引前当期純利益（損失）** | |
| | －　法人税等 |
| **当期純利益（損失）** | |

---

13　今後，IFRS でものれんの償却が認められるという見通しもある。

38 第2章 株式市場

れば，株式市場は企業の将来の成長性や貸借対照表に記載されていない無形
資産などを評価していることになる。

　損益計算書は企業の会計上の損益を計上している。IFRS では包括利益計
算書（statement of comprehensive income）と呼ばれる。損益計算書の作成
方法は日本基準と IFRS で大きく異なるため，分析対象の企業がどちらの基
準を採用しているのか確認が必要になる[14]。

　企業に発生する様々な損益を製造現場から販売や経理，財務へと他の部署
に徐々に範囲を広げる形で計上している。日本企業を対象にした分析では，
本業のもうけを示す営業利益と財務活動まで含めた経常利益がよく用いられ
ている。

　キャッシュフロー計算書は企業活動に伴うキャッシュ（現金や預金など）
の移動を記したものであり，日本基準と IFRS 基準はほぼ同じものとなって
いる。営業活動によるキャッシュフローの中には減価償却費が入っている。
減価償却とは，機械などの固定資産の購入費を計算上，複数年に分散させる
処理を指す。2015 年に社用車 10 台を 2500 万円で購入した場合，2015 年に
2500 万円支払った分のキャッシュが流出するが，損益計算書上は毎年 250 万

図表 2-9　キャッシュフロー計算書（日本基準）

| | |
|---|---|
| | 　　税引前純利益<br>－　利息の支払額<br>＋　利息の受取額<br>＋　減価償却費<br>－　法人税等の支払額 |
| **営業活動によるキャッシュフロー** | |
| | －　固定資産や有価証券の取得<br>＋　固定資産や有価証券の売却 |
| **投資活動によるキャッシュフロー** | |
| | －　借入金の返済<br>＋　新たな借入金（現金が増える） |
| **財務活動によるキャッシュフロー** | |
| 現金同等物の増減（＝キャッシュフロー） | |

---

14　日本基準でも IFRS のような包括利益を表示することになっている。

円ずつ 10 年に渡って支払ったことにする。4 年後の 2019 会計年度の初めの段階では，計算上 1500 万円が未払いになり，2019 年にも計算上 250 万円の支払いが発生する。これを減価償却費という。損益計算書上は減価償却費を支払って利益が減少するが，実際には支払いは購入時に済んでおり，企業からキャッシュが流出するわけではない。そこでキャッシュフロー計算書では，実際には支払いがない減価償却費を足し戻している。

　営業活動によるキャッシュフローと投資活動によるキャッシュフローを足したものをフリーキャッシュフロー（FCF）という。フリーキャッシュフローは，企業の活動によって生み出された株主への配当可能金額を表しており，近年は利益ではなくフリーキャッシュフローを株式投資の指標として用いることが多くなっている。


　これらの財務諸表をもとに株式の評価を行うことができる。例えば，PBR（株価純資産倍率：Price Book-value Ratio）は，株価を 1 株当たり純資産[15]で割ったものであり，企業の解散価値を表している。PBR が 1 倍ということは純資産と時価総額が等しいということであり，株式を全て購入したうえで企業を解散する（廃業する）と，株式購入に費やした金額と同じだけの金額を手に入れることができる。これを基準として，PBR が 1 倍未満であれば割安，1 倍を超えていれば割高と判断することもできる[16]。

$$PBR = \frac{株価}{1 株当たり純資産} = \frac{時価総額}{純資産} \qquad (2\text{-}1 式)$$

　企業の収益力を表す指標を使って株価を評価することもできる。ここでは ROA（総資産利益率：Return On Asset）と ROE（株主資本利益率：Return On Equity）を紹介する[17]。ROA は企業が保有するすべての資産を使ってど

---

15　1 株当たり純資産を BPS（Book-value Per Share）という。
16　PBR が 0.5 倍など 1 倍を下回っている企業が割安であれば，そのような企業の株式への需要は高まり，株価が上昇することで 1 倍未満の状態は解消されるように思われるが，実際には 1 倍未満の状態が放置されている銘柄が多い。将来性への懸念などのため，PBR が低くても割安とは評価されていないためである。

れくらいの利益を稼いでいるのかを表す指標であり，ROE は株主に対して
どれくらいの利益を還元する能力があるのかを表す指標である。共にパーセ
ント（％）で表示する。両者には，法人税を無視すると（2-4 式）のような
関係がある。

$$ROA = \frac{事業利益}{総資産} = \frac{営業利益 + 受取利息・配当金}{総資産} \quad （2-2 式）$$

$$ROE = \frac{当期純利益}{純資産} = \frac{EPS}{BPS} \quad （2-3 式）$$

$$ROE = \left( ROA + (ROA - 借入金利) \times \frac{負債}{純資産} \right) \quad （2-4 式）$$

注：EPS(Earnings Per Share)は 1 株当たり当期純利益。

　これらの指標は同じ業界内での比較に用いられる。同じ額の利益を上げて
いても，固定資産が多い製造業では ROA が低くなりがちである一方，ソフ
トウェア企業では固定資産が少なく ROA が高めになるためである。製造業
でも固定資産を持たないファブレス企業（製品の企画のみを担当して製造は
他社に業務委託する企業）の ROA は高めになるため，対象企業を詳しく調
査してから評価しなければならない。
　株主にとっては ROE が高ければ高いほど，いい企業ということになる。
しかし，ROE を高めるには借金を多くすればいいという問題点もある[18]。借
金を増やし過ぎて企業が倒産しても，株主は純資産（つまり株式の購入代
金）だけを負担すれば済み，借金には責任を負わないためである。株主が短
期的な利益だけを経営者に要求するのであれば，借金をどんどん増やせばよ
い。しかし，長期に渡って経営を続けるゴーイングコンサーン（going con-
cern）を重視する企業は，借金を一定程度に抑える必要がある。株主が長期

---

17　ROA の分子の部分には経常利益や当期純利益など様々な指標が使われ，それによって値が異
　　なるため，分析の際には計算式の確認が必要となる。これらの指標の他には，近年は ROIC（投
　　下資本利益率：Return On Invested Capital）も参照されることが多い。
18　正確には，借入金利が ROA よりも低いときにだけ，借り入れを増やすことで ROE を高めるこ
　　とができる。

的な利益を目指しているのであれば，ROE よりも ROA を重視する方が望ましい。

　PER（株価収益率：Price Earnings Ratio）は，株価を 1 株当たり純利益（EPS）で割って求める。単位は倍であり，PER が 20 倍ということは 20 年分の純利益で 1 株を購入することができることを表しており，低い方が割安であることを示している。これらの指標を用いると，

$$PER = \frac{株価}{EPS} \text{ という関係から，}$$

株価 = PER × EPS = PER × BPS × ROE　（2–5 式）

となり（EPS の部分に 2–3 式を代入），ROE が高くなればなるほど株価が上昇することが分かる。さらに ROE の部分に 2–4 式を代入すれば，ROA が高くなればなるほど株価が上昇すること，負債を増やせば増やすほど株価が上昇することが分かる。負債÷純資産をレバレッジというが，レバレッジの高い企業はゴーイングコンサーンの観点からは問題があるものの，少なくとも短期的には株価にとって上昇要因となる。

◆**金融市場から株価を考えるモデル**

　多くの投資家は，株式だけでなく債券などの金融資産にも金融投資している。株価は大きく変動するリスクがあるため，投資家はリスクに見合ったリターンを要求する。つまり，現在の株価が債券に比べて十分に低く，将来の値上がり益が見込める場合に株式を購入する。このような関係から株価を算出しようとする試みがあり，その 1 つに割引配当モデルがある。

$$株価 = \frac{配当金}{金利 + リスクプレミアム - 期待株価成長率}　（2–6 式）$$

　最も単純な債券価格の算出方法は，利子であるクーポンを市場金利で割って求める方法であり（第 3 章），2–6 式はこの式を変形して株価を説明しようとしている。株式投資にはリスクがあるため，このリスクの分だけ株価は割

42 第2章 株式市場

り引かれる（リスクプレミアムを分母に足すと，2-6式の分母が大きくなるため株価は低くなる）。一方で，将来の成長が予想される場合には，今の株価が少々高くても構わない（分母の期待株価成長率にはマイナスが付いているため，期待成長率が高いほど分母が小さくなって株価は高くなる）。「期待」というのは予想を意味する経済用語であるが，日常用語と違って都合の悪い予想も期待という。このモデルでは，配当を行わない企業や配当性向（当期純利益のうち何％を配当金として株主に支払ったかを表す指標）の低い企業では株価をうまく計算できない。配当性向は米国では高く，日本では低い傾向がある。そこで，配当金の代わりに EPS（1株当たり純利益）を使うなどの工夫が必要となる。

　個別銘柄の株価を株式市場全体の動きから評価する CAPM（資本資産価格モデル：Capital Asset Pricing Model，キャップエムと呼ばれることが多い）もある。これは，

個別銘柄の期待リターン
　　　　＝無リスク金利＋ベータ×市場ポートフォリオの期待超過
　　　　リターン　（2-7式）

で表される。無リスク金利には，短期国債の利回りなどが用いられる。政府が発行する短期国債は，返済が滞るリスクがほぼゼロだと考えられているため，リスクのない投資とみなされている。市場ポートフォリオとは株式市場全体を表す指標であり，TOPIX（東証株価指数）や S&P500 などが用いられる。超過リターンは，株式のリターン（つまり値上がり益）から無リスク金利を引いたものであり，株式で運用するというリスクを取ったことに対する報酬を表している。ベータは個別銘柄と市場ポートフォリオとの連動性を表す指標であり，ベータが1であれば（2-7式）は，

個別銘柄の期待リターン
　　　　＝無リスク金利＋1×（市場ポートフォリオのリターン－無リスク金利）
　　　→個別銘柄の期待リターン＝市場ポートフォリオのリターン

となり，個別銘柄の値動きと市場全体の値動きは等しくなる。仮にアメリカ市場でアルファベット（Google）のベータが1であれば，S&P が 2500 から 2525 に 1%上昇するとアルファベット株も 1000 ドルから 1010 ドルに 1%上昇する。ベータが 2 であれば個別銘柄は市場全体の 2 倍，ベータが 0.1 であれば 0.1 倍上昇する。

　CAPM は市場ファクターで評価する 1 ファクターモデルになる。ファクター（factor）とは価格の変化に影響を及ぼす要因のことであり，価格変動幅の大きさを表すボラティリティや金利などもファクターになり得る（172ページ）。CAPM は簡単な形をしているためテキストではよく採用されているものの，研究の結果，CAPM は成り立たないといわれている。そこで，実務ではファクターの数を増やした FF4 モデル（Fama and French 4 factor model）も用いられている。FF4 モデルは，

個別銘柄の期待リターン
$$= 無リスク金利 + 市場ファクター + サイズファクター + バリューファクター + モメンタムファクター　（2-8 式）$$

で表される。FF4 は市場ファクターを用いる CAPM に 3 つのファクターを追加している。サイズファクターは時価総額の低い小型株と時価総額の高い大型株のリターンの差，バリューファクターは割安なバリュー株のリターンと成長性が見込めるグロース株のリターンの差を表している。小型株は時価総額が小さいために，規模の大きな投資ファンドは購入しづらく株価が割安に放置されていることがあり，大型株よりもリターンが高いのではないかという前提に基づいて設定されている[19]。バリュー株とは企業の財務諸表分析などにより株価が割安だと判断された銘柄を指す。現在が割安であれば，将来は株価が上昇する可能性が高い。一方でグロース株は財務諸表分析などか

---

19　例えば，日々，1 億円分取引されている銘柄に対して投資ファンドが 2 億円分の株式を購入しようとすると，買い注文が一気に通常の 3 倍（通常の取引 1 億円＋投資ファンドの買い注文 2 億円）に膨れ上がることになり株価が急上昇する。これをマーケットインパクトという。価格が急上昇することが分かっていれば投資妙味がなくなり，ファンドに組み入れられないため，割安株が放置される。

ら株価が割高だと判断された銘柄であり，将来の成長を見込んで現時点ですでに株価が高くなっているため，将来の値上がりがあまり見込めないと考えられている。

モメンタム（momentum）とは株価のトレンドを表す用語であり，株価が一定期間上がり続けたり下がり続けたりする性質を利用している。過去6カ月間に株価が上昇傾向にあると，それに続く期間も上昇しやすいことが観察されている。同じように価格の下落も一定期間続くことが知られている。そこで，上昇モメンタムが続いている銘柄を買い，下落モメンタムが観察される銘柄を売るモメンタム戦略もある。

アメリカの株式市場の研究では，サイズファクターは観察されておらず，バリューファクターが強く観察されている。モメンタムファクターも強く観察されており，FF モデルは当初は3ファクターモデルだったが，モメンタム効果が広く知られるようになってからはモメンタムファクターも含めて4ファクターで利用されることが増えている。

このような基本的モデルに，経済のファンダメンタルズ情報を加えて株価が評価される。ファンダメンタルズ情報には，GDP などマクロ経済に関わるものに加えて，金融政策（第10章）や財政政策などの政策要因，外国の経済の動きなどが含まれる。グローバリゼーションが進んだ今日では，外国の金融市場の情報や値動きが自国の金融市場に波及するケースが増えており，国内要因だけで株価を評価することは適切ではなくなってきている。さらに，近年では企業の社会的責任（Corporate Social Responsibility：CSR）なども考慮されるようになってきている。第11章で見るように，温室効果ガスを多く排出して環境を悪化させる産業や企業の株式を売るダイベストメント（divestment）も活発になっており，このような銘柄の株価を評価する際には，財務諸表分析やモデル分析で算出される株価の理論値に下方修正を加える必要がある。

## 4. 株価指数

　CAPM や FF4 では，個別銘柄の株価を評価するために市場ファクターとして市場全体の値動きを示す指標が必要となる。このような指標を株価指数という。

　次ページの図表 2-10 は各国の主要な株価指数であるが，アメリカの株価指数は世界中の投資家に注目されている。DJIA（Dow Jones Industrial Average）は日本ではダウ工業株平均と呼ばれており，NYDow と表記されることもある。ダウ・ジョーンズ社が公表する指数にはダウ商業株やダウ銀行株など様々な指数がある。DJIA にはウォルトディズニーや VISA のように製造業以外の銘柄も多く含まれているため，本来はダウ産業株平均と呼ぶ方がいいだろう。S&P500 は，スタンダードアンドプアーズ社（Standard & Poor's）が算出するアメリカ企業 500 社の指数であり，アメリカの株式市場を代表する指数として知られている。ナスダック市場にはハイテク銘柄が多いとされている。ラッセル指数やウィルシャー指数はより多くの銘柄を含めた値動きを表すものであるが，ラッセル指数には国際的な投資家にはなじみの薄い中小型株が多い。

　日本では，東証に上場されている 225 銘柄からなる日経平均株価と全銘柄から算出される TOPIX（東証株価指数）が主要な株価指数だが，両者の性格は異なる。日経平均は 225 銘柄の平均値に係数をかけて計算するが，TOPIX は時価総額を用いている。時価総額方式に比べて平均値方式の方が価格の高い銘柄が価格の低い銘柄よりも指数に大きな影響を与えやすい。株価が 10000 円と 1000 円の 2 銘柄の平均値は 5500 となる。価格が低い銘柄が 1000 円から 1100 円に 10％上昇すると指数は 5500 から 5550 に上昇するが，価格が高い銘柄が 10000 円から 11000 円に 10％上昇すると指数は 5500 から 6000 に上昇する。このような指数の値動きに大きな影響を与える銘柄を値嵩株（ねがさかぶ）という。図表 2-10 では 30 − 50 銘柄で構成される指数が多いが，これらの指数の値動きだけでは株式市場全体の動きを見るのは難しい

46 第2章 株式市場

**図表 2-10 世界の主な株価指数**

| 指数 | 国 | 主な構成銘柄 |
|---|---|---|
| 日経平均株価 | 日本 | トヨタ，ソフトバンク，NTT ドコモ，三菱 UFJFG |
| TOPIX | 日本 | NTT，ソニー，キーエンス，KDDI，ファーストリテイリング |
| DJIA | アメリカ | アップル，ウォルトディズニー，コカコーラ，ナイキ，VISA，マイクロソフト |
| S&P500 | アメリカ | アルファベット，FOX，GAP，IBM，デュポン |
| Nasdaq 総合 | アメリカ | アップル，シスコシステムズ，ヤフー，ユナイテッド航空 |
| Russell2000 | アメリカ | エレクトロサイエンティフィック，エンドサイト，アメリカンレイルカー |
| Wilshire5000 | アメリカ | アルコア，アムジェン，ハイアットホテル，オラクル，ティファニー |
| S&P500VIX | アメリカ | S&P のボラティリティ指数 |
| FTSE100 | イギリス | HSBC，BP，アストラゼネカ，GSK，ボーダフォン，テスコ |
| DAX | ドイツ | シーメンス，アリアンツ，VW，バイエル，BASF，アディダス |
| CAC40 | フランス | トタル，ロレアル，サノフィ，エアバス，BNP パリバ，ルノー |
| OMX30 | スウェーデン | ノルデア銀行，ボルボ，エリクソン，エレクトラックス |
| EUROSTOXX50 | ヨーロッパ | ユニリーバ，ルイヴィトン，SAP，インディテックス，ノキア |
| タダウル指数 | サウジアラビア | SABIC，サウジテレコム，Al-rajhi bank，サウジ電力 |
| 上海総合 | 中国 | 中国建設銀行，中国銀行，佛山市海天調味食品，中国国際航空 |
| ハンセン指数 | 香港 | テンセント，中国工商銀行，ハンセン銀行，香港中華煤気 |
| STI | シンガポール | ジャーディンマセソン，DBS，シンガポールテレコム |
| SENSEX | インド | タタ，マヒンドラ，エアテル，ICICI 銀行，マルチスズキ |
| ASX200 | オーストラリア | コモンウェルス銀行，BHP，ANZ 銀行，テルストラ |
| ボベスパ | ブラジル | ペトロブラス，イタウウニバンコ，ヴァーレ，エンブラエル |

ため，複数の指数を見る必要がある。日本では TOPIX 以外にも日経 300 指数などの時価総額指数があるため，日経平均株価とこれらの指数から総合的に市況を判断する。イギリスの FTSE100 はグローバルに活動している企業が多く含まれている。そこで，国内企業も含めた FTSE250 も併せて参照することでイギリス市場の動向をよりよく知ることができる。さらに，各国では産業別の指数も多く作成されており，金融株指数や自動車産業株指数などの推移を全体の指数と比較したり，国をまたいで比較したりできる。

S&P500VIX は価格ではなくボラティリティを指数化したものである。ボラティリティとは価格のばらつきを表し，標準偏差（または分散）が用いられる。VIX は恐怖指数とも呼ばれることがあり，VIX が高まっているときには株価が大きく下落していることが多いが，株価が大きく上昇しているときにもボラティリティは大きくなる。本書は入門書であるため省略するが，長期的な金融投資には株式だけでなく株式のボラティリティにも分散投資する方が望ましい。少なくとも，株価の大幅下落が予想されるときには，VIX に分散投資をすることで株価下落の損失を VIX の上昇で穴埋めすることができる。

EUROSTOXX は欧州全体をカバーする指数で，図表の 50 の他にも 600 やSmall200 などがあり，通信，自動車，フットボールなどの産業別指数もある。STOXX 社やダウ・ジョーンズ社，MSCI 社などは各国別の指数だけでなく広域をカバーする指数も多く開発しており，先進国，新興国，アジア，ヨーロッパなどを対象とした指数は国際的にもよく参照されている。地域や産業別の指数に加えて，ESG（Environment, Social, Governance, 234 ページ）スコアリングなども手掛けている。

S&P500 に投資することは，アメリカの株式市場全体に投資することを意味しているが，一般的な投資家が 500 銘柄を購入するのは容易ではなく，多額の資金が必要となる。そこで，これらの指数と同じ値動きをする ETF（Exchange Traded Fund：上場投資信託）や ETN（Exchange Traded Note：上場投資証券）が販売されており，これらを購入することで市場ポートフォリオを保有することができる。株価指数は単なる分析ツールではな

く，金融投資の対象にもなっており，積極的に購入を検討すべき対象でもある（第11章）。株価指数に連動する ETF はインデックスファンドとも呼ばれている。

◆株価指数のベンチマークとしての利用

投資家は様々な株式からなるポートフォリオを保有しているが，ポートフォリオのパフォーマンスを評価するためのベンチマーク（基準）として株価指数が利用されている。図表 2-11 は投資家のポートフォリオとベンチマークを比較したものである。左図ではポートフォリオはベンチマークを一時的に下回っているものの，次第にベンチマークとの差が大きくなっている。このポートフォリオは非常にいいパフォーマンスを示しているといえるだろう。ベンチマークとの差をアルファというが，左図は高いアルファを実現させている。ポートフォリオのアルファは市場ポートフォリオよりも優れた銘柄選択を行ったことから発生しているが，それは大型株よりも小型株を選んだからなのか，バリュー株や上昇モメンタムを持つ銘柄を多く組み入れたからなのか，FF4 によって推測することができる[20]。

図表 2-11　ベンチマークとの比較

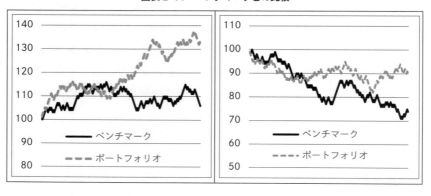

20　FF4 の市場ファクターがアルファの源泉になる可能性もある。無リスク金利で借金をしてそれを株式に投資することでアルファを生み出すことができていれば，アルファは単にリスクを取ったことにより得られた報酬であり，銘柄選択は関係ないと解釈できる。

ベンチマークを上回るということは，必ずしも資産が増えることを意味しない。図表2-11右図のように，ベンチマークが大きく値下がりしているときにポートフォリオの値下がりが小さければ，ポートフォリオのパフォーマンスは良かったことになる。金融市場ではこのような解釈が一般的であるものの，値下がりしたポートフォリオのパフォーマンスをいいと感じるかどうかは投資家によるだろう。

　ポートフォリオのパフォーマンスを測る指標の一つにシャープレシオ（sharpe ratio）がある。

$$\text{シャープレシオ} = \frac{\text{ポートフォリオのリターン} - \text{無リスク金利}}{\text{ポートフォリオの標準偏差（ボラティリティ）}} \quad \text{(2-9 式)}$$

　シャープレシオはリターンが高ければ高いほど大きくなるが，同じリターンであってもリスク（標準偏差）が大きくなればなるほど小さくなる。より安定的にリターンを生み出すポートフォリオの評価が高くなるように数値が作られている。

　なお，多くの金融商品は平均回帰することが知られている。過去のパフォーマンスが非常に良かったポートフォリオ（例えば投資信託）はその後のパフォーマンスが悪化することが知られている。

◆ランダムウォーク

　図表2-11の4つのグラフは，実は全てランダムウォークしている。ランダムウォークとは次の一歩が確率によって決まる動きのことであり，事前に予測することができない。図表2-11のグラフは，以下のように作成されている。スタート地点の数値を100として，Excelに0から1の乱数を発生させて，0から0.5までなら+1，0.5から1までなら-1を加える。この操作を200回繰り返している。+1と-1が出る確率は50％ずつだが，図表2-11左図はベンチマークもポートフォリオにも上昇傾向があり，右図ではどちらも強い下落傾向があるように見える。特に，右図のベンチマークは71まで下落して74で終わっており，最終的には+1よりも-1の方が26回多く出てい

50　第2章　株式市場

図表2-12　このようなグラフになる可能性は低い

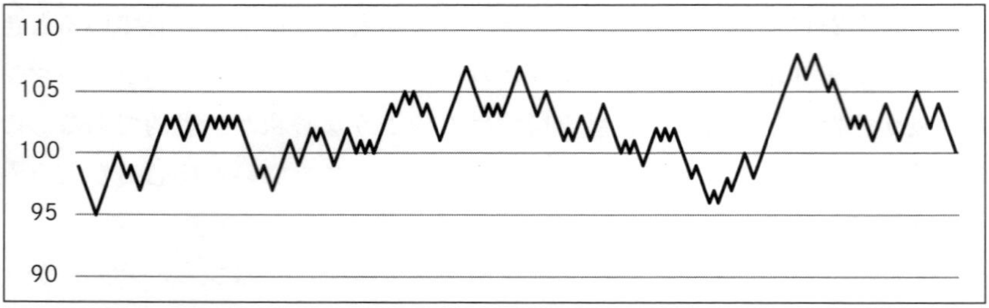

る。＋1 と −1 が出る確率がそれぞれ 50％であれば，図表 2-12 のようにグラフが 100 の近辺で推移するように思われるが，このようなグラフになることはあまりない。図表 2-12 は Excel で 50 回以上再計算してようやく登場した。つまり，ランダムウォークする場合，上昇や下落の傾向が見えることが普通であり，株価のグラフに何らかの傾向が見えたとしてもそれは単なる偶然かもしれない[21]。

　チャートの動きを見るだけで株価を予想しようとする人々（チャーチスト）がいるが，ランダムウォークを考慮すればこの作業には意味がないことが分かる。ランダムウォークは予測することができないため，チャートの動きを見ながら金融投資をして短期的な利益を狙うことは一時的には可能であっても（しかも，それは偶然にすぎない），長期的に利益を上げ続けることは不可能である。個人が行う金融投資は短期的な値動きを追わずに，インデックスファンドを中心に投資して長期的な果実を手にすることが望ましい。

---

21　ランダムウォークする系列がスタート地点で推移する可能性は低いことをアークサインの法則という。詳しくは神永正博『直感を裏切る数学』講談社ブルーバックス。

# 第3章

# 債券市場

　国際金融市場では債券の取引も活発に行われている。債券の種類は非常に多く，新しい債券が次々に登場している。本章では基本的な債券をいくつか取り上げる。債券は市場で売買されており，債券価格と債券利回りには密接な関係がある。国債などの指標となる債券の利回りは市場金利と呼ばれる。金利の計算は金融にとって最も重要なものであるため，本章では金利やイールドカーブについても詳しく見ていくことにする。

## 1. 債券とは

　債券 (bond) とは負債証券であり，資金を借り入れたことを証明する証券である。元本（借入額），クーポン（利息），返済期限などが記載されており，近年は様々な条件が設定された債券も多く存在する。債券の発行者は債務者となり，金利や元本の返済義務を負う。債券の購入者は債権者となり，金利や元本を受け取る権利を持つ。

　債券は発行，流通，償還というサイクルを経る。債券の発行市場を発券市場（プライマリー市場）といい，企業や政府が債券を発行して投資家に売却する。投資家は債券と引き換えに代金を支払うが，この取引は政府や企業などの債券発行者が債券と引き換えに投資家から資金を借り入れていることに相当する。債券の換金を希望する投資家は，流通市場（セカンダリー市場）で債券を売却する。債券の満期が到来すると，発行者は債券の保有者に資金を返還するが，これを償還という。引き続き資金が必要な場合は，償還と同時に新たに債券を発行するが，これを借り換え（ロールオーバー）という。

　債券発行者が破綻すると，債券の元本を返還することができなくなる。これをデフォルト (default) という[1]。債券は株式よりも返済の順位が高い，つまり，破綻企業の手元資金はまず債券保有者などの債権者に返却され，それでも余りがあれば株主が受け取ることができる。ただし，通常，デフォルトした企業には株主に支払う資金の余裕はなく，債権者にも十分に資金が返却されない。債券にも返済の順位が付いているものがあり，劣後債 (subordinated bond) は通常の債券への支払いの後に返済手続きに入る。

### ◆債券の仕組み

　一般的な債券は図表 3-1 のように，元本とクーポンの 2 つの部分からなっ

---

1　財務状況が悪化すると，まずはクーポンの支払いが滞る。クーポンが支払われなくなった時点でデフォルトとする評価方法もある。

**図表 3-1　債券のイメージ**

| 額面（元本）：100 | | | |
|---|---|---|---|
| クーポン | クーポン | クーポン | クーポン |
| クーポン | クーポン | クーポン | クーポン |
| クーポン | クーポン | クーポン | クーポン |
| クーポン | クーポン | クーポン | クーポン |
| クーポン | クーポン | クーポン | クーポン |

ている。借入額を元本または額面という。債券の額面は発行者が決められる。例えば100億円借りたい企業が1億円の債券を100枚発行したり，1000万円の債券を1000枚発行したりできる。これでは計算が複雑になるため，債券市場では元本を100に基準化する。クーポンは金利を受け取るための引換券であり，投資家はクーポンを発行者に渡して金利相当額を受け取る。

　図表3-1の債券にはクーポンが20枚付いているが，半年に1枚ずつクーポンを引き換えると10年間借りていることになる。これを満期（maturity）といい，満期が10年の債券を10年債と呼ぶ。それぞれのクーポンには期限が書いてあり，期限が来ると金利に交換できる。先進国では債券の多くが電子化されており，クーポンの支払いは自動的に行われる。

　クーポンを額面で割ったものを表面利率という。クーポンが1年で2であれば，表面利率は2％（＝2÷100）となるが，表面利率が関係するのは発行市場で債券を買った投資家だけであり[2]，流通市場では他の指標が必要となる。債券の流通市場では需給によって価格が変動するため，クーポンを市場価格で割った利回りが重要になる。図表3-2のように，価格が80円に下落すると利回りは2.5％に上昇し，価格が120円になると1.67％に下落する。

　債券価格と利回りには，

---

2　債券は元本の100から割引（ディスカウント）されて発行されることもある。割引された債券の購入者にとっても表面利率は関係ない。

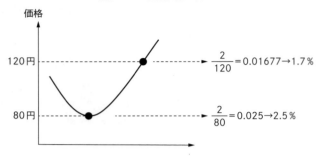

図表 3-2　債券価格と利回り

$$利回り = \frac{クーポン}{債券価格} \quad (3\text{-}1 \text{ 式})$$

という関係がある[3]。クーポンが変動する債券もあるが，本章ではクーポンが一定の債券を主に取り上げるため，債券価格と利回りには逆比例の関係がある。

市場では5年債や10年債など様々な債券が取引されている。5年国債の利回りを5年金利，10年国債の利回りを10年金利と呼ぶ。政府が最も信用度が高いと考えられることから，国債の利回りが市場金利として用いられ，様々な金融取引に用いている。

5年債が発行されてから2年経った時点で投資家が流通市場で債券を買うと，この債券の満期までの残り期間は3年となる。これを残存期間という。残存期間は債券発行時が最も長く，発行後は日々短くなる。日本では10年国債の利回りを長期金利として用いているが，10年国債の発行翌日の残存期間は9年359日となる[4]。ただし，実務上は10年国債として扱われる。

---

3　この式は永久債のものであり，通常の満期のある債券の利回りと価格の式は，

$$利回り = \frac{クーポン + \frac{償還額 - 債券価格}{残存期間}}{債券価格}$$

となりやや複雑になる。しかし，債券価格と利回りが逆比例の関係にあることには変わりはない。

4　金融市場では1年を365日として計算する場合と360日として計算する場合がある。本書では360日を採用している。

平均残存期間（またはデュレーション）という用語もある。これは，債券のキャッシュフローに基づいた残存期間の計算方法であり，債券の価格変動リスクを管理するために用いられる[5]。債券を購入すると，投資家は満期が来るまで資金を回収することができない。図表3-3は債券投資家のキャッシュフローを表している。購入時（現在時点と呼ぶ）では債券を購入して資金を発行者に渡すため，キャッシュフローはマイナスになっている。その後，クーポンの支払いがあるたびに投資家は資金の一部を取り戻すことができ，満期の時点で全ての資金を取り戻す。図表3-3の債券は5年債だが，1年後から4年後までの間にクーポンという形で少しずつ資金を取り戻していることから，投資家は4.7年といったように5年よりもわずかに短い期間だけ債券を保有していると考えることができる。これを平均残存期間という。

デュレーションは1つの債券だけでなく複数の債券に投資した時にも計算できるため，債券ポートフォリオ全体のデュレーションを求めることができる。5年間投資をしたい投資家は5年債を買うことで資金を効率よく管理できる。しかし，5年債が手に入らないときには，4年債や6年債などを購入して平均残存期間が5年になるように投資を行うこともできる。5年後の支払いに備えて平均残存期間を5年になるような投資を行うことをイミュナイ

図表3-3　債券投資のキャッシュフロー（クーポンが年1回払いの場合）

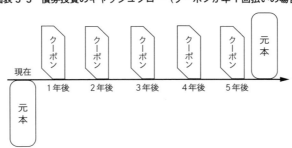

注：下向きは支払い，上向きは受け取りを表す。

---

5　デュレーション（duration）は債券価格を金利で微分したものであり，テイラー展開という方法で1次の項まで計算して求める。本書では詳しい計算方法は省略する。デュレーションの誤差が問題となるケースでは2次の項まで計算するが，これをコンベクシティ（convexity）という。

56　第3章　債券市場

ゼーション（immunization）といい，保険会社や年金基金などで利用されている。

## 2. 債券の種類

　発行体によって債券の名前は異なる。政府機関が発行する債券を公債という。中央政府の場合は国債，地方自治体の場合は地方債と呼び分けることもある。日本では，県が発行すれば県債，都が発行すれば都債というような呼び分けも用いられる。一般に，地方債は国債に比べて流動性が極めて低い。流動性とは売却による換金のしやすさを表しており，上場株式は流動性が高く，農場などの不動産は流動性が低い。地方債は種類が多く，市場参加者が少ないことから流動性が低くなる。

　企業が発行する債券は社債といい，銀行が発行する債券は金融債と呼ばれるが，これらの債券には様々な条件を付けることができる。

### ◆金利の支払い方法による分類
　これまで取り上げてきた債券は利付債と呼ばれ，元本とクーポンからなっている。元本とクーポンを切り離して別々に流通させることができる債券もあり，ストリップス債（Separate Trading of Registered Interest and Principal of Securities：STRIPS）という。

　クーポンが付かない債券を割引債（zero coupon bond または discount bond）という。割引債は元本よりも低い価格で発行されて元本価格で償還されるため，元本との差額が金利に相当する。例えば，元本100円の1年債を98円で発行すれば，投資家は98円で購入して100円で償還されるため利回りは約2％（＝2÷98）となる。割引債は，満期までの期間が短い債券でよく採用されている。

### ◆満期による分類
　満期が1年未満の債券を短期債，1年から数年を中期債，10年を超えると

長期債という。国債の場合，短期国債（Treasury Bill：TB），中期国債（Treasury Note：TN），長期国債（Treasury Bond：TB）と呼び分ける[6]。日本では期間1年未満の国債を国庫短期証券という。アイルランドなどでは満期が100年の国債も発行されている。満期がさらに伸びると永久債になる。永久債は償還がない債券であり，発行者は保有者から買い戻して償還しない限りクーポンを払い続けることになる。イギリスではコンソル債という名前で発行されたが，近年は買い戻しを行っている。

　満期の1年未満の社債はコマーシャルペーパー（Commercial Paper：CP）と呼ばれている。満期1カ月や3カ月などが多く発行されており，割引債として発行されることが多い。

### ◆権利付きの債券

　債券にはクーポン以外にも様々な条件を付けることができる。転換社債（convertible bond）[7]は社債として発行されるが，途中で株式に転換するか，そのまま満期まで社債として保有するか選択できる。図表3-4のAB社の転換社債は満期5年，1枚100万円で発行され，年に2万円のクーポンが付くものとする。この転換社債には発行から2年後から4年後までの間であればいつでも発行企業のAB社の株式1000株に転換できるという条件が付いている。社債を株式に転換すればクーポンをもらうことができなくなるが，株式から配当をもらうことができるようになる。

　投資家にとってはAB社の転換社債から毎年2万円のクーポン収入が見込める。AB社株の配当金が1株当たり20円と予想される場合には，インカムゲインだけを考えると転換社債でも株式でもどちらを保有しても同じであり，株式に転換するかどうかは株価によって決まることになる。1株1000円（＝1000株で100万円相当）を超えているときには転換社債を株式に転換し

---

6　中期と長期の分類は人によって異なる。日本やアメリカでは国債をBondというが，ドイツではBund，イギリスではGiltと呼ばれている。

7　日本では転換社債のことを転換社債型新株予約権付社債，後述するワラント債を新株予約権付社債という。

図表 3-4　転換社債とワラント債

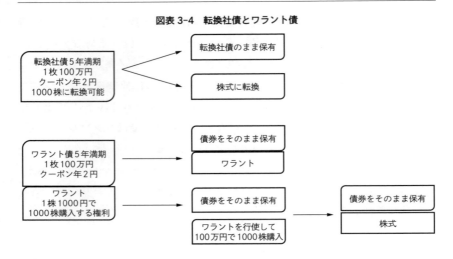

て株式市場で売却すると利益が得られる。

　ワラント債（warrants）は，通常の社債に株式を購入する権利が付いたものである[8]。AB 社が満期 5 年，1 枚 100 万円でクーポン年 2 万円のワラント債を発行する例を考えよう。このワラント債には AB 社株を 1 株 1000 円で 1000 株購入する権利が付いており，この権利の部分をワラントという。投資家は 100 万円でワラント債を購入して AB 社から 5 年に渡って合計 10 万円のインカムゲインを得られるが，AB 社株が 1 株 1000 円を超えるときにはワラントを行使して，100 万円（＝1000 円×1000 株）で AB 社株を購入して，すぐに市場で売却することで差額を利益として得ることができる。もちろん，AB 社株を長期に渡って保有してもよい。転換社債の場合には社債からのインカム収入がなくなるが，ワラント債では社債が手元に残ったままで株式を購入することができる。ただし，株式の購入費用（この例では 100 万円）が別途必要になる。

　転換社債やワラント債は投資家にとって有利な金融商品だといえるが，なぜ企業がこのような債券を発行するのか，その理由は 2 つある。第 1 は，資

---

　8　つまり，自社株のコールオプション（134 ページ）が付いた社債ということになる。

金調達コストの引き下げである。AB社が5年債を発行する際に最も重要なのは，この5年債が売れるかどうか，ということである。投資家に買ってもらうためには魅力を高める必要がある。5年物の市場金利が3%の時には，クーポンも年3%以上に設定しなければ社債を買ってくれる投資家を見つけられない。しかし，転換社債やワラント債は株価の動向次第では投資家に追加の利益が発生する。その可能性の分だけクーポンを引き下げることができ，資金調達コストを引き下げることができる[9]。

第2の理由は純資産（自己資本）の強化である。転換社債が転換されたりワラント債の権利が実行されたりするのは，企業から見ると株式を発行したことと同じ効果がある。転換社債が転換されると社債を返済しなくてもよくなるというメリットもある。一方株主から見ると，これらの債券は株式の希薄化の可能性があるため，株価の下落要因となる。

転換社債やワラント債は投資家に権利がある債券だが，CoCo債（Contingent Convertible bond）は発行者に権利が付いた債券である。偶発転換社債という訳語があるが，あまり的を射ていないので本書ではCoCo債（ここさい）と呼ぶことにする。2009年11月にロイズTSBが発行したのが初めだとされており，銀行の自己資本を強化する目的で発行される特殊な債券である。CoCo債には自己資本が低下すると株式に転換されたり元本が削減されたりする条件が付いている。2009年から2015年末までに731機関が5210億ドル相当のCoCo債を発行している[10]。「CET1と呼ばれる自己資本が5.125%を下回ると，CoCo債の返済義務がなくなる」というのが典型的な条件であり，発行者の銀行にとっては経営が悪化すると返済義務がなくなる有利な債券である一方，投資家にとっては非常に大きなリスクのある債券であるため，通常の債券よりもクーポンが多かったり額面から割引して発行されたりする[11]。

---

9　ワラント債を発行することは，企業が自社株のコールオプションを売ったことと同じであるため，コールオプションの価値の分だけクーポンの引き下げが可能となる。

10　Stefan Avdjiev, Bilyana Bogdanova, Patrick Bolton, Wei Jiang and Anastasia Kartasheva, "CoCo issuance and bank fragility", BIS Working Papers, No. 628, Nov. 2017.

60 第3章 債券市場

　劣後債は通常の社債よりも返済の順位が低い債券であり，純資産に算入することができる。企業や銀行が破綻すると，まずは通常の社債（普通社債）の返済が行われ，その後資金が余っていれば劣後債が返済される。さらに資金が余っていれば優先株，普通株の保有者が残余財産を受け取ることができるが，破綻した時には資金がないため劣後債が返済されない可能性が高い。投資家にとってはリスクが高いが，普通社債よりもクーポンが高い。

**◆クーポンや元本が変動する債券**

　変動利付債（floating rate bond）はクーポンが変動する債券であり，市場金利に連動して増減する。債券のクーポンは通常固定されているが，金利の変化が見込まれるときには投資家は債券の購入をためらう。例えば，現在の金利が低く，近い将来市場金利が上昇すると見込まれているときには，債券の購入をためらうだろう。変動利付債であれば投資家が買いやすくなり，債券発行者は資金調達が容易になるが，クーポンの支払い負担が増減して確定しなくなるデメリットもある。

　インフレ連動債（inflation indexed bond）は，元本やクーポンがインフレ率に連動して増減する債券である。図表3-5は，年120円のクーポンが得られる固定利付債であるが，1年後に物価が1.5倍に上昇すると120円の購買力は80円相当に下がってしまう。1年後のクーポン収入120円を名目値，80円を実質値といい，

$$実質値 = \frac{名目値}{物価変動幅} = \frac{120}{1.5}$$

で表される。物価が高くなればなるほど，実質値は低くなる。

　クーポンがインフレ率に連動する債券であれば，1年後のクーポンは180円となり，実質値120円を確保することができる。元本もインフレ率に連動

---

11　CoCo債は経営が悪化すると株式に転換もできることから，銀行の自己資本（AT1またはT2）に算入できる（第9章）。

## 2. 債券の種類

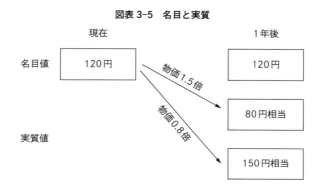

図表 3-5 名目と実質

する債券であれば，インフレによる目減りリスクを完全に回避（ヘッジという）することができる。通常の債券の場合，インフレが生じると実質値での返済額が下落するために債券発行者（つまり債務者）が有利となり，債券の投資家（つまり債権者）が不利となる。物価が下落するデフレでは，債権者が有利となり債務者が不利となる。物価が20％下落して物価が0.8倍になれば，120円のクーポンの実質価値は150円に上昇する。インフレやデフレは経済主体間の富の配分を変えるが，インフレ連動債は物価による富の配分を変えない金融商品であるといえる。

　名目と実質の関係が変化率（％）で表される場合には，

実質変化率＝名目変化率－物価上昇率（インフレ率）　　（3-2式）

を用いる。これをフィッシャー式という。将来の名目金利や実質金利を予想する場合には，期待インフレ率を用いる。期待とは予想を表す経済用語だが，良い予想も悪い予想も期待という。

◆**外債の呼び名**
　非居住者（外国の政府や企業など）が国内で発行する債券を外債という。例えばアメリカの企業が日本で円建て[12]の社債を発行するとサムライ債（samurai bond）と呼ばれ，ドル建てなど外貨建てで発行するとショーグン債（shogun bond）と呼ばれる。このような名称はその国のシンボルを利用

**62　第3章　債券市場**

して付けられる。アメリカで発行される外債ではドル建てのものをヤンキー
債（yankee bond），イギリスで発行されるポンド建て外債をブルドッグ債
（bulldog bond），中国で発行される人民元建て外債をパンダ債（panda
bond）という。アメリカ外で発行されるドル建て債券をユーロダラー債
（eurodollar bond）という。

◆その他

　インフラ債（infrastructure bond）は，水道，鉄道などのインフラのため
の投資資金の調達に用いられ，インフラに関わる公益事業からの収益を元本
やクーポンの返済原資とする。例えば，発電所や電力網の整備には莫大な費
用がかかるため，先進国の地方政府や途上国の政府には費用を準備すること
が難しい。そこで，インフラ債を発行して国内外から資金を集めてインフラ
整備の資金に充てる。投資家にとっては，インフラ債は国債よりもリスクが
高い。工事が難航して事業が計画通りに進まないリスクや，事業から見通し
通りに収益が上がらないリスクがある。また，満期が30年など非常に長いも
のもあり，その間に経済環境が変化するリスクもある。さらに，国債に比べ
て流動性が低い。これらのリスクがあるものの，電力などの公益事業の収益
は企業収益よりも安定しているため，不況期にクーポンの支払いが停止にな
るなどの不況期のデフォルトリスクが低い。

　グリーンボンド（green bond または climate bond）は，再生可能エネル
ギー（風力や太陽光発電など）の整備，既存の発電所のリノベーション，輸
送部門の効率化，エネルギー効率のいい建物の建設など，気候変動などの環
境問題に対応するための事業資金の調達に用いられる。2018年には320機関
から1543種，1673億ドルのグリーンボンドが発行されている[13]。エネル
ギー，建設，輸送，水などの分野の発行が多く，アメリカ，フランス，中国
が上位3カ国を占めている。2016年以降はアジア太平洋地域での発行が急増

---

12　円建てとは300円のように円で表示すること，ドル建ては2.5ドルのようにドルで表示するこ
　　と。

13　Climate Bonds Initiative, 2018 Green Bond Market Summary, Jan 2019.

しているが，リトアニアやインドネシアでも発行されている。2018年はセーシェル諸島で持続可能な漁業や海洋保護のためのブルーボンド（blue bond）が発行されて話題となった。その他にも，環境や社会問題に配慮したプロジェクトの資金調達手段として，SDG[14]債（2018年に210億ドル発行），社会債（142億ドル）なども発行されている。

　スクーク（Ṣukūk）はイスラム債とも呼ばれ，イスラム世界での金融，イスラム金融（islamic finance）の商品の一つである。イスラム教の教義であるシャリアでは，利子や金利の受け渡しが禁止されている。そのため，通常の債券はイスラム世界では発行することができない。そこで，資金を貸すのではなく投資をして投資された事業や資産からの配当を受けるという形で債券が発行される。こうして発行された債券をスクークという。銀行による資金の貸出も利子が禁止されているため，銀行が企業の製品を安く買って預金者に当たる顧客に高く売ることで収益を得ている。イスラム金融では配当は許されているため，株式は他の地域と同じように取引されている。

図表 3-6　イスラム金融の規模（億ドル，2019年）

| 地域／商品 | 銀行資産 | スクーク | イスラムファンド | タカフル | 合計 |
|---|---|---|---|---|---|
| GCC | 8540 | 2045 | 364 | 117 | 11066 |
| 東南アジア | 2405 | 3033 | 267 | 30 | 5735 |
| 中東・南アジア | 5843 | 191 | 165 | 114 | 6313 |
| アフリカ | 339 | 18 | 16 | 6 | 379 |
| その他 | 531 | 147 | 211 | 4 | 893 |
| 合計 | 17658 | 5434 | 1023 | 271 | 24386 |

注：GCC（Gulf Cooperation Council）は湾岸協力会議に加盟しているアラブ首長国連邦（UAE），バーレーン，クウェート，オマーン，カタール，サウジアラビアの6カ国，イスラムファンドは投資信託，タカフル（Takāful）はイスラム保険。
出所：Islamic Financial Services Board, Islamic Financial Services Industry Stability Report 2020, p. 12.

---

14　国連の持続可能な開発目標（Sustainable Development Goals：SDGs）は2030年までに達成させるべき17分野からなる国際目標である。水（目標6），エネルギー（目標7），気候変動（目標13），海洋資源（目標14），陸上資源（目標15）など環境に関する項目も多く設定されている。

## 3. 金利と格付け

　債券価格とクーポンから金利が計算されるが，本節ではまず金利の計算方法について見ていこう。債券は発行・購入した時点からクーポンの計算が始まるが，このような金利をスポットレート（spot rate）という。それに対して，現在は債券購入の契約だけしておいて1年後など後から購入すると，クーポンの計算は1年後からスタートする。このような金利をフォワードレート（forward rate）という。

　資金を2年間運用する計画がある場合に，2年債を購入する選択肢と，現在時点で1年債を購入し1年後に新たに1年債を購入する選択肢（このような取引をロールオーバーという）がある。裁定取引（93ページ）が行われれば，どちらの方法でもトータルの運用収益は同じになるはずであり，2年間のスポットレート＝1年間のスポットレート＋1年後からの1年間のフォワードレートの関係から，フォワードレートを計算することができる。現在の市場で適当な2年債が見つからないときには，1年債のロールオーバーが選択肢となる。本書ではスポットレートのみ取り上げる。

　金利には単利と複利もある。単利とは元本に対してのみ金利の計算を行う方式であり，100の元本に対して金利が年利10％であれば，金利収入は毎年10で変わらない。一方，複利では元利合計に対して金利の計算を行う方式で

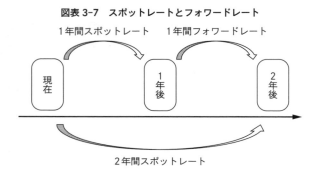

図表3-7　スポットレートとフォワードレート

あり，1年目は元本 100 に対して金利収入が 10，2年目は元利合計 110 に対して金利収入が 11，3年目は元利合計 121 に対して金利収入が 12.1 と，金利収入が徐々に増えていく。3年目まででは単利と複利の違いがあまりないように見えるが，図表 3-8 のように期間が長くなると差が大きくなっていく。また，複利では，1%の金利の差も長期では大きな違いとなる。

　時間を将来に進めれば進めるほど元利合計の数値は大きくなる。この関係を逆転させれば，時間を過去に戻すと元利合計は小さくなる。元利合計を求める計算は，

元利合計＝元本×$(1+金利)^{年数}$　（3-3 式）

で表すことができる。この式では金利は%ではなく小数（2%なら 0.02）を用いる。両辺を $(1+金利)^{年数}$ で割ると，

$$元本 = \frac{元利合計}{(1+金利)^{年数}} \quad \rightarrow \quad 現在価値 = \frac{将来の金額}{(1+割引率)^{年数}} \quad （3-4 式）$$

となる。3-4 式を右側のように読み替えると，将来の金額を現在価値（present value）として表すことができる。このような計算をするときには金利のことを割引率（discount rate）と呼ぶ[15]。金利または割引率が 5%の時，10 年

図表 3-8　元本 100 の複利計算

|  | 1% | 3% | 5% | 10% | 18% |
|---|---|---|---|---|---|
| 1 年後 | 101.0 | 103.0 | 105.0 | 110.0 | 118.0 |
| 2 年後 | 102.0 | 106.1 | 110.3 | 121.0 | 139.2 |
| 3 年後 | 103.0 | 109.3 | 115.8 | 133.1 | 164.3 |
| 4 年後 | 104.1 | 112.6 | 121.6 | 146.4 | 193.9 |
| 5 年後 | 105.1 | 115.9 | 127.6 | 161.1 | 228.8 |
| 10 年後 | 110.5 | 134.4 | 162.9 | 259.4 | 523.4 |
| 20 年後 | 122.0 | 180.6 | 265.3 | 672.7 | 2739.3 |
| 30 年後 | 134.8 | 242.7 | 432.2 | 1744.9 | 14337.1 |
| 単利 30 年後 | 130.0 | 190.0 | 250.0 | 400.0 | 640.0 |

後の120の現在価値は73.7（＝120÷1.05^10）になる。「^」はべき乗を表す。現在価値の計算をするのは，満期が異なる複数の債券の価格を比べる際に，現在時点に戻して比較をするのが最も便利だからである。現在の市場金利が5％の時に，5年後に110のキャッシュフローがある債券，7年後に118のキャッシュフローがある債券，10年後に120のキャッシュフローがある債券の現在価値はそれぞれ，86.2，83.9，73.7となり，1番目の債券が最も価値が高いということが分かる。債券投資に限らず，企業のプロジェクトへの投資や企業が抱える年金債務などでも現在価値の計算が使われる。

◆ **格付けと金利**

社債は同じ満期でも異なる金利が付いている。それは，企業によってデフォルトするリスクが異なるためである。デフォルトリスク（または信用リスク）が高ければ高いほど金利も高くなる。ここでは銀行貸出を例に考えてみよう。図表3-9の銀行は，100人中2人が破綻するリスクの低いグループと100人中10人が破綻するリスクの高いグループに1人につき1000を，つまりそれぞれのグループに合計10万を貸し出して，各グループから1000の収益を得ようとしている。貸出期間は1年間として，各グループに対して何％の金利を設定すればいいだろうか。

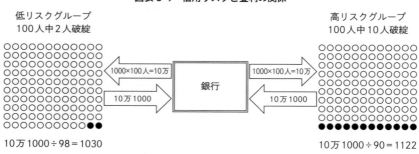

図表 3-9　信用リスクと金利の関係

---

15　本書は入門書であるため，将来価値を計算する際の金利（アドオンレートともいう）と現在価値を計算する際の割引率を同じものとして扱っている。実際には，アドオンレートと割引率は異なる数値になる。

リスクの低いグループでは98人が返済してくれるため，10万1000を98で割って，1人当たり1030を返済してもらえばよい（1030×98＝10万0940で少し足りなくなるが）。金利は3.0％ということになる。リスクの高いグループでも同じように，10万1000を90で割って1人当たり1122となればよいので，金利は12.2％となる。このように信用リスクが高ければ高いほど金利も高く設定される。また，信用リスクがあまりにも高いとそもそも資金を貸すことができなくなる。例えば，100人中50人が破綻するグループでは金利は102％になり，現実的ではない。このような企業が社債を発行しても買ってくれる投資家はいないだろう。

100人中2人が破綻するということは，破綻確率が2％ということになる。これまでのデータや企業の財務諸表などから企業の破綻確率を予測することができれば，投資家はどれくらいの金利を要求すればいいのか分かりやすい。しかし，投資家が企業の破綻確率を予測するのは難しい。そこで，投資家は格付け（rating）を利用する。国際的には，Moody's，S&P，Fitch の3社がよく知られており，Morningstar も含めてアメリカ勢のプレゼンスが高い。日本では格付投資情報センター（R&I），日本格付研究所（JCR）がよく知られている。

格付けは A，B，C などのアルファベットで表される。A格は投資適格を意味しており，AAA（トリプルエー），AA（ダブルエー），A（シングルエー）などに分かれており，AA⁺ や Aa2 などさらに細分化されている。BBB までは投資適格とされており，それ以下のB格は投資不適格となる。近年は先進国全体での金利低下を受けて BB 格やそれ以下の格付けへの投資が増えている。破綻すると格付けは D（Moody's では C）になる。図表3-10のように，格付けが低くなればなるほど破綻確率が高くなる。C格では1年以内の倒産確率でも25％以上，5年後には50％近くが破綻する。

格付機関は企業などから依頼を受けて格付けを行うこともあるが，依頼がなくても国債や社債などの格付けを行うこともあり，勝手格付けという。依頼を受けた格付けでは評価先企業から料金を受け取っていることにより，評価が甘くなる可能性があることに注意が必要である。

68　第 3 章　債券市場

図表 3-10　格付け別の企業の破綻確率（％）

|  | AAA | AA | A | BBB | BB | B | CCC/C |
|---|---|---|---|---|---|---|---|
| 1 年後 | 0.00 | 0.02 | 0.05 | 0.16 | 0.63 | 3.34 | 28.30 |
| 3 年後 | 0.13 | 0.11 | 0.22 | 0.75 | 3.46 | 11.75 | 43.42 |
| 5 年後 | 0.34 | 0.30 | 0.46 | 1.54 | 6.43 | 17.35 | 48.58 |
| 10 年後 | 0.70 | 0.70 | 1.20 | 3.24 | 11.64 | 24.62 | 52.76 |

出所：S&P, 2020 Annual Global Corporate Default Study and Rating Transitions, p. 56.

図表 3-11　国債の格付け比較

| 国 | Moody's | S&P | Fitch |
|---|---|---|---|
| ドイツ | Aaa | AAA | AAA |
| アメリカ | Aaa | AA＋ | AAA |
| フランス | Aa2 | AA | AA－ |
| イギリス | Aa3 | AA | AA |
| UAE | Aa2 | AA | AA－ |
| 中国 | A1 | A＋ | A＋ |
| 日本 | A1 | A＋ | A |
| インド | Baa2 | BBB－ | BBB－ |
| 南アフリカ | Ba2 | BB－ | BB－ |
| トルコ | B2 | B＋ | BB－ |
| アルゼンチン | Ca | CCC＋ | CCC＋ |

出所：contryeconomy.com，2021 年 1 月時点の情報。

　図表 3-11 は国債に対する主要 3 社の格付け比較を表している。表にはないが，AAA などの格付けに加えて将来の方向性も表される。方向性は，ポジティブ，安定的，ネガティブの 3 つが用いられ，AAA だがネガティブという格付けがされていれば，将来，AA 格に格下げされる可能性があることを意味している。

　格付機関による格付けが信頼できるのかという問題は国際金融市場に大きな影響を及ぼす。実際に，2000 年代にはサブプライム証券などに高い格付け評価が与えられていたことが金融危機の原因の 1 つになっている。この点については，第 9 章でも振り返る。

# 4. イールドカーブ

　様々な満期の金利を満期の短い方からグラフにしたものをイールドカーブ（yield curve）という。

　イールドカーブの左端にはオーバーナイト金利（O/N金利）をプロット（グラフに点を打つこと）する。オーバーナイト金利とは，今日借りて明日返すという満期1日の取引の金利を指す。オーバーナイト金利が0.36％である時に100万ドルを1日だけ借りると，受け渡しの金額は100ドルになる。オーバーナイト金利は年率で表されるため，1日当たりの金額を計算するためには360で割る必要がある。オーバーナイト金利は，日本ではコールレート，アメリカではFFレート，ユーロ地域では€STR（Euro Short-Term Rate），イギリスではSONIA（Sterling OverNight Index Average），スイスではSARON（Swiss Average Rate OverNight）などの名前で呼ばれている。

　満期が1年未満の資金貸借市場をマネーマーケット（money markets）という。1週間，2週間，1カ月，2カ月，3カ月，6カ月，12カ月などが取引されている。マネーマーケットでは，銀行などの金融機関同士での資金貸借，国債などを担保にしたレポ取引（repurchasing agreement），スワップ（swap，第6章）などが行われており，マネーマーケット金利を形成している。レポ取引とは，国債などの証券を買い戻し条件付きで売買する取引である。A銀行からB銀行に国債を売って1カ月後に買い戻すという約束をすると，B銀行からA銀行に国債の代金が支払われ，1カ月後にA銀行からB銀行に国債の代金が支払われる。この取引は，国債を担保にしてB銀行がA銀行に1カ月間資金を貸したことと同じことになる。

　さらに満期が長くなると，国債の利回りが参照され，イールドカーブの右端は30年程度まで延長される。

◆イールドカーブの形状

　イールドカーブは図表3-12のような形をしているが，3つの部分に分けることができる。第1はイールドカーブの左端の高さを決めるオーバーナイト金利である。オーバーナイト金利が上昇するとイールドカーブ全体を引き上げる。第10章で見るように，オーバーナイト金利は中央銀行が設定する政策金利に強い影響を受けるため，イールドカーブは金融政策の影響を受けて上下することになる。

　第2はタームプレミアム（term premium）である。今日借りて明日返すオーバーナイトの取引では，満期が来る前に相手が倒産して貸した資金が返済されなくなるリスクは小さいとみなせる。しかし，満期までの期間が長くなればなるほど返済が滞るリスクは高くなる。信用リスクの一種ではあるものの，期間（term）によって決まるリスクであるという意味でタームプレミアムと呼ばれている。本書では，タームプレミアムは右上がりの直線として描いているが，金融市場の状況によってはもっと複雑な形にもなり得る。

　第3は期待形成による部分である。将来の金利が低くなる（＝債券価格が高くなる）と市場参加者が予想すれば，満期の長い債券は高い価格で取引されるようになる。その結果，タームプレミアムの右上がり効果を相殺してイールドカーブが右下がりになることもある。また，1年後など近い将来の金利上昇と数年後の金利低下が見込まれていれば，イールドカーブはコブを

図表3-12　イールドカーブ

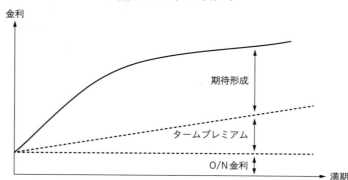

持つ形状にもなる。イールドカーブの形状を分析すれば，市場参加者が将来の金利についてどのような見通しを持っているのかを知ることができる[16]。

図表 3-13 のドルのイールドカーブは，2015 年に比べて 2019 年の方が上にあるが，これはアメリカの FRB（Federal Reserve Board）が 2015 年 12 月以降，2018 年末までに 9 回の利上げを行ったことが影響している。また，ドルのイールドカーブの傾きがよりフラットになっているが，短期国債が売られている一方で長期国債が買われていることを示している。イールドカーブが平坦に近づくことをフラット化（flattening），より急になることをスティープ化（steepening）という。

ユーロのイールドカーブの左側がマイナス圏にあるが，これはユーロの金融政策を担当している ECB（欧州中央銀行）によるマイナス金利政策の影響を受けたものである。マイナス金利政策は 2014 年 6 月に導入され，その後も 3 回に渡って政策金利が引き下げられたためにイールドカーブが下にシフトしている。また，2 年先までは更なる金利の低下が予想されており，金利がプラスに戻るのは 8 年後だと予想されている。金利がマイナスということは，資金の貸し手が金利も支払うということであり，20 世紀には金利の非負

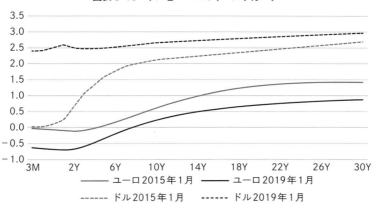

図表 3-13　ドルとユーロのイールドカーブ

出所：データは U.S. Department of the Treasury, European Central Bank。

---

16　イールドカーブについてのより詳しい説明は，ショウドリー『イールドカーブ分析』東洋経済。

制約（zero lower bound）としてあり得ないことだとされていた。しかし，21世紀に入るとマイナス金利が市場で見られるようになってきた。

イールドカーブは各年限（正確には残存期間）の国債の利回りをプロットして作成されているため，特定の残存期間の国債に人気が集まって価格が高くなったり（＝金利は低下），特定の国債が過度に売られたり（＝金利は上昇）することがある。変わった形が見られる場合は1日だけのイールドカーブで判断せず，前後の日のイールドカーブを見る必要がある。

イールドカーブは国債利回りで作成されていることから，一国内で最もリスクの低い金利をプロットしたものとみなすことができる。企業は政府よりも破綻確率が高いことから，社債のイールドカーブと国債のイールドカーブのスプレッドは社債のリスクを表している。社債のスプレッドは，AAA格は国債＋0.1％，AA格は国債＋0.3％などのように表される。地方債と国債のスプレッドも通常はプラスになる。イールドカーブは住宅ローンなどの金利の設定にも利用される。例えば，満期30年の住宅ローン金利は，イールドカーブの30年物金利に住宅ローン申込者のリスクを勘案したスプレッドを上乗せして設定される。

## 5. 金利と債券市場の応用

債券市場では様々な債券が日々取引されており，金利（または債券価格）が決まっている。金利（または債券価格）は市場参加者の見通しを表しており，債券市場から得られる金利の情報は利用価値が高い。本節では，長短スプレッド，ブレークイーブンインフレ率，クレジットデフォルトスワップの3つを見ていこう。

### ◆長短スプレッド

スプレッド（spread）とは差を意味する用語であり，債券市場だけでなく金融市場で広く用いられる。長短スプレッドは長期金利と短期金利の差を表しており，イールドカーブが右上がりであれば長短スプレッドはプラスにな

る。長短スプレッドはイールドカーブの形状を簡略化して表す指標であり、様々な場面で用いられる。例えば、オーバーナイト金利と長期金利のスプレッドを見ると、銀行の預貸業務の収益性の判断に役立つ。銀行が調達する主な資金は預金であり、オーバーナイト金利に影響される。住宅ローンなどの長期の貸付金利は長期金利を参考に設定される。そのため、イールドカーブがスティープ化しているときには銀行は利鞘を得やすく、フラット化しているときには利鞘が小さくなる。

アメリカでは、10年物国債利回りから3カ月物国債利回りを引いて求める長短スプレッドがマイナスになると、景気後退入りのサインだとみなされる。図表3-14からこれまでの実績を見てみると、長短スプレッドがマイナスになった後に景気後退期（図の影の部分）に陥っている。2019年6月にも長短スプレッドはマイナスとなり、2020年2月に景気後退期を迎えた。GDPのピークは2018年だったことから、感染症の影響がなくても景気後退期に陥っていた可能性があり、長短スプレッドがそれを予測したともいえる。

景気は波を描くように上下していることから、不況期に入る少し前には景気はピークに達している。景気のピークでは個人消費や企業投資が過熱しており、インフレを避けるために金融政策は引き締められ、利上げが実施され

図表3-14 アメリカの長短スプレッド（％、影の部分は景気後退期）

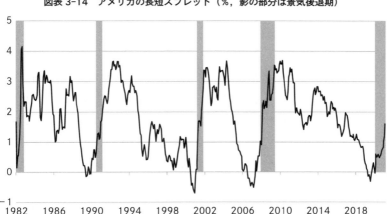

出所：FRED Economic Data.

る。金融引き締めは金利の上昇につながるため，イールドカーブの左側は上にシフトする。一方で，景気のピークとその後の不況を予測する投資家はリスクを回避するために株式を売って長期国債を買うようになる。この動きが強まると長期国債の価格が上昇し（＝長期金利は低下し），イールドカーブの右側は下にシフトするようになる。こうして，長短スプレッドがマイナスになるころには多くの投資家が近い将来の不況を確信しており，景気後退が始まる。


◆ BEI（Break-Even Inflation rate）

　BEI（ブレークイーブンインフレ率）とは，債券市場の参加者によるインフレ見通しである。名目金利と実質金利の差は期待インフレ率になることから，61ページの（3-2式）を利用してBEIを求めることができる。

BEI（期待インフレ率）

　　　＝名目金利－実質金利＝国債利回り－インフレ連動債利回り

　　　（3-5式）


　通常の国債はインフレによる元本やクーポンの調整がなく，利回りは名目金利である。インフレ連動債の元本やクーポンはインフレ率に応じて変動するため，インフレ連動債の利回りは名目金利からインフレ率を引いた実質金利とみなすことができる。そこで，両者の差を取ることで期待インフレ率を計算することができる。

　図表3-15はアメリカの5年債利回りから5年インフレ連動債の利回りを引いて求めた5年BEIである。市場参加者による今後5年間のインフレ予想を表している。インフレ率実績は当該月から5年先までの平均インフレ率である。グラフを見る限り，5年BEIはおおむねその後の5年間のインフレ率を予測しているように見えるが，両者の相関係数は0.32しかない。2000年代前半には資源価格高騰による物価上昇を予測できず，BEIは低めで推移した。2008年には金融危機の影響により債券が過度に買われている。2010年代に入ると，その後のディスインフレを予測できずにBEIは高めに推移してい

図表 3-15　アメリカの BEI とインフレ実績値（％）

出所：FRED Economic Data.

る。期待インフレ率を知ることは難しいため BEI はよく用いられるが、インフレ予測の精度が必ずしも高くないということに注意する必要がある。

　期待インフレ率はマクロ経済の分析によく用いられる。合理的期待仮説によれば、期待インフレ率は人々のインフレ予想の平均値であるため、一人一人の予測が外れても問題はなく、多くの人々の予測の平均値が実績値と等しくなる。BEI は債券市場の参加者のみの予想であり、経済全体の予想の平均値ではないために実績値と異なると解釈することができる。過去の経済データで分析する際には、インフレの実績値を期待インフレ率として利用することもできる。例えば、2000 年時点での 1 年後の期待インフレ率には 2001 年の実績値を代用すればよい。しかしこの方法では、現在を起点にして将来をシミュレーションすることができず、何らかの補正をしたうえで BEI を使うことになる。

　しかし、BEI が教えてくれるもっと重要なことは、人々は合理的に未来を予測できないということである。その理由は 2 つある。第 1 に、人々は心理的な影響から逃れることはできず、上昇トレンドが続いているときにはもっと上昇すると考える現状維持バイアスがあり、また、市場環境の変化に直面するとパニックに陥る。事実、2008 年には 5 年後のインフレ予測がパニック

の影響を受けている。第2に，将来を出来るだけ正確に予測しようとしても，自然災害，社会運動，法制度の変化などの市場に大きな影響を与えるにもかかわらず予測不可能な要因がある。これらはショックと呼ばれるが，通常は予測する際にはショックは考慮されない，というよりもショックが生じるかどうか分からないため考慮できない。誤った前提やモデルによる予測は誤った答えを導く。予測された数値を見る際には，どのような前提条件で計算されたのか確認しなければならない。

◆ CDS（Credit Default Swap）

CDSとは，債券のデフォルトに備えた保険商品である。債券の発行者がデフォルトすると，債券の投資家は損失を被る。CDSはこの損失をカバー（プロテクションという）するための保険の役割を果たしている。図表3-16のように債券の投資家はCDSを購入する。CDS発行者はCDS価格（プレミアムと呼ばれる）を受け取る。もし債券がデフォルトされなければ，CDS価格分の収益を得る。債券がデフォルトされると，CDS発行者は投資家に支払いを行い，投資家はCDSにより債券の損失を穴埋めできる。

CDSは元々相対で取引されており，条件も自由に設定していたが，近年はISDA（国際スワップ・デリバティブ協会：International Swaps and Derivatives Association，イスダ）が定める標準契約条項に準拠して取引さ

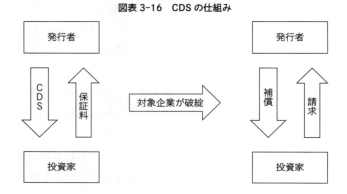

図表3-16　CDSの仕組み

れるようになってきており，CDS は市場で売買されるようになってきている。債券発行者がデフォルトして額面の 30％だけ支払うことを決めると，額面の 70％が債券保有者の損失になるため，70％の部分を CDS 発行者が補償する，というような設計も多い。

　CDS は社債だけでなく，政府の信用を対象にすることもあり，後者をソブリン CDS と呼ぶ。アメリカの CDS，ドイツの CDS という用語の使い方はソブリン CDS を指している。CDS は市場で取引されているため，対象となる債券を保有していなくても CDS のみを購入することができる。ある国の市場環境の悪化を予想する投資家は，その国のソブリン CDS を購入しておき，市場環境が悪化して CDS 価格が高くなったところで売却すれば収益が得られる。また，債券インデックスファンドを長期保有している投資家が市場環境の悪化局面でも売却したくないと考えている場合には，インデックスファンドを保有したまま CDS を購入しておくことでインデックスファンドの値下がりを CDS の値上がりで穴埋めすることができる。

　CDS 価格は保証料ともいわれ，ベーシスポイント（bp，100 ベーシスポイントで 1％）で表示される。AC 社の社債の CDS が 80 bp であった場合，10 万ドル分の AC 社債をプロテクトするためには 10 万ドル×80 bp＝800 ドルの CDS 保証料を支払う必要がある。CDS を長期保有するためには，毎年保証料を支払う。

　社債は国債よりも CDS 価格が高いことから，国債と社債の CDS スプレッドを見ることで社債のリスクを評価することができる。社債のリスクは格付けでも見ることができるが，格付機関が格付けの変更を公表するまでデータが更新されないのに対して，CDS は市場で取引されているものであればリアルタイムでリスクを評価することができる。

　また，ソブリン CDS を比較する方法もある。例えば，ヨーロッパではドイツの信用リスクが最も低い。そこで，ドイツを基準として，各国の CDS からドイツの CDS を引いた CDS スプレッドが用いられる。2008 年の金融危機や 2011 年のギリシャ危機では，ドイツの CDS も上昇したが，南欧諸国の CDS の方がより大きく上昇したため，南欧諸国の CDS スプレッドが高まった。

# 第4章
# 外国為替市場

　日本の法定通貨は円でありアメリカの法定通貨はドルであるため，日本の投資家がアメリカの金融商品を購入するためには円をドルに交換しなければならない。各国の通貨を交換する場が外国為替市場であり，交換比率が為替レートになる。外国為替市場ではアメリカドルが重要な役割を果たし，為替レートも1ドルを基準に表示されることが多い。為替レートの変動は金融市場だけでなく実体経済にも影響を及ぼす。為替レートはどのようにして決まるのかも見ていこう。

## 1. 外国為替市場

　外国為替市場（foreign exchange market）は日本円やアメリカドルなどの各国の通貨を取引する市場である。略してFX市場と呼ばれることもあるが，金融派生商品を使って通貨を取引する市場に限ってFXという用語を使うこともある。株式や債券の取引は証券取引所で行われている。近年は証券会社などが設置する私設取引所（PTS）のシェアが高まっているものの，多くの証券は取引所という限られた空間（現在はインターネット取引が主流であるためサイバー空間）で売買されている。それに対して，外国為替の取引は参加者の幅が広く，取引されている場所も多い。私たちが旅行のために銀行の窓口で両替[1]するのも外国為替の取引といえる。外国為替市場という言葉からは取引所をイメージするが，実際には実社会からサイバー空間にまで広がったネットワーク全体を指す。しかし，本書の読者は図表4-1のようなイメージを持てばいいだろう。

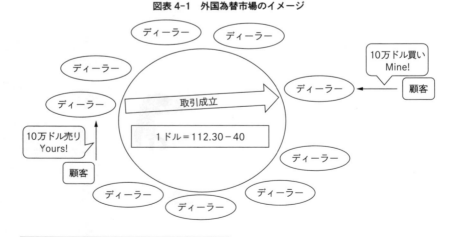

図表4-1　外国為替市場のイメージ

---

[1]　異なる通貨同士を交換することをexchange，お釣りをもらうことをchangeというが，日常用語ではどちらを使っても構わない。

図表 4-1 のような取引所が国内にも存在する。取引所では，現在の為替レートが提示されており，売買希望者を募っている。銀行などの参加者は直接取引をせず，ディーラーが仲介する。ドルを必要とする顧客はディーラーに買い注文を出す。一方で，手持ちのドルを売りたい顧客はディーラーに売り注文を出す。両者の価格と金額が一致すれば，取引が成立する。

外国為替も株式と同じように 24 時間取引されている。日本が夜になってもヨーロッパの市場で円は取引されており，その後はアメリカやオーストラリアなどで取引されて日本に戻ってくる。

外国為替市場では，様々な種類の通貨が取引されているが，最も取引の多い（これを厚みがあるという）通貨はアメリカドル（以下，本章では単にドルと表記する）であり，ドルをペアとしない通貨間の交換はより困難となる。例えば，ケニアシリングからタイバーツに交換するためには，同額をタイバーツからケニアシリングに交換したいという相手を見つけなければならない。そこで，ケニアシリングをドルに交換し，次にドルをタイバーツと交換する。ケニアシリングからドルに交換する方がタイバーツよりも相手をはるかに見つけやすい。ドルはこの取引では為替媒介通貨（vehicle currency）としての役割を果たしている。現時点では，ドルが為替媒介通貨としてもっともすぐれているため，ドルとの交換比率を為替レート（exchange rate），ドルをペアとしない通貨の交換比率をクロスレート（cross rate）という。同様に，ドルとの取引を為替取引，ドルをペアとしない通貨の交換をクロス取引というが，本書では区別せずに為替レート，為替取引と呼ぶことにする。クロス取引は 2 回の取引を行うため，手数料が高くなる傾向にある。この傾向は個人が旅行などの際に現金を両替する際の手数料でも見られる。

通貨名は 3 文字の ISO コードで示される。先ほどの例に出てきたケニアシリングは KES，タイバーツは THB というように，通常は初めの 2 文字が国名，3 文字目が通貨名を示している。近年はビットコインなどの暗号通貨（第 7 章）も 2—4 文字のコードで表示される。

通貨名は地域や国の歴史などから決められているものも多いため，近隣諸国で似たような名前の通貨が流通していることもある。例えば，北欧ではク

82　第4章　外国為替市場

図表4-2　為替レートとクロスレート

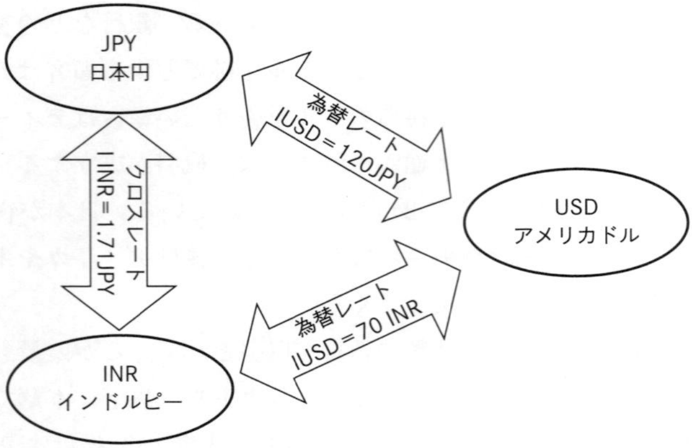

図表4-3　主な通貨名とコード

| コード | 通貨名 | 国 | コード | 通貨名 | 国 |
|---|---|---|---|---|---|
| USD | ドル | アメリカ | CNY | 元 | 中国 |
| JPY | 円 | 日本 | BRL | レアル | ブラジル |
| EUR | ユーロ | ユーロ地域 | INR | ルピー | インド |
| GBP | ポンド | イギリス | ZAR | ランド | 南アフリカ |
| CHF | フラン | スイス | TRY | リラ | トルコ |
| AUD | 豪ドル | オーストラリア | HKD | 香港ドル | 香港 |
| NZD | NZドル | ニュージーランド | SAR | リヤル | サウジアラビア |
| SEK | クローナ | スウェーデン | MYR | リンギット | マレーシア |
| CAD | 加ドル | カナダ | BTC | ビットコイン | |
| KRW | 韓国 | ウォン | ETH | イーサリアム | |

注：中国元は RMB という表記も使われる。これは人民元の中国読みに由来している。

ローナ（スウェーデン：SEK，アイスランド：ISK）やクローネ（デンマーク：DKK，ノルウェー：NOK），中南米ではペソ（メキシコ：MXN，アルゼンチン：ARS，チリ：CLP など），中東ではディナール（イラク：IQD，クウェート：KWD，バーレーン：BHD など）やリアル（イラン：IRR，カタール：QAR）などがある。また，シンガポールドル（SGD）などドルが付いた通貨名も多い。

通常は，1カ国で1通貨だが，複数の国で同一通貨を使っている地域もある。ユーロ，CFA フラン（XOF），CFP フラン（XPF），東カリブドル（XCD）などは複数の国で法定通貨として流通している。一方で，ジンバブウェではジンバブウェドルが2009年に廃止され，アメリカドル，南アフリカランド，イギリスポンド，中国元などが使われている。アメリカドルはエルサルバドル，パラオ，ミクロネシア連邦などでも使われている。このようにアメリカドルを自国通貨として利用することをドル化（dollarization）という。また，ユーロはモンテネグロなどでも使われており，こちらはユーロ化（euroization）と呼ばれている。その他にはリヒテンシュタインがスイスフランを使う例もある。経済危機などにより自国通貨が維持できなくなった，国の経済規模が小さすぎるために自国通貨を維持するのは妥当ではないなどの背景がある。

図表4-4は BIS（Bank for International Settlements：国際決済銀行）による為替ペアの取引ランキングであるが，ドルをペアとした取引が圧倒的に多い。左側で見ると，ドルは40％以上のシェアであり，ユーロや円の2倍以上の取引がある。また，右側の通貨ペアで見ても上位10ペアはすべてドルが介在している。USD/EUR はドルとユーロの取引を表しているが，24.0％と

**図表4-4　為替取引ランキング（2019年）**

| 為替ランキング | ペアランキング |
|---|---|
| USD（44.2%） | USD/EUR（24.0%） |
| EUR（16.1%） | USD/JPY（13.2%） |
| JPY（8.4%） | USD/GBP（9.6%） |
| GBP（6.4%） | USD/AUD（5.4%） |
| AUD（3.4%） | USD/CAD（4.4%） |
| CAD（2.5%） | USD/CNY（4.1%） |
| CHF（2.5%） | USD/CHF（3.5%） |
| CNY（2.2%） | USD/HKD（3.3%） |
| HKD（1.8%） | USD/KRW（1.9%） |
| NZD（1.0%） | USD/INR（1.7%） |

出所：BIS Triennial Central Bank Survey 2019.

いう数値はドルの項目にもユーロの項目にも足されることになり，同じ数値が2回計算されることになる。BISでは為替ランキングではシェアの合計が200％になるように報告されているが，本書では2で割ってシェアの合計が100％になるように調整している。

◆ SDR（Special Drawing Rights）

SDRは特別引出権といい，IMF（International Monetary Fund：国際通貨基金）が創設した資産であり，IMFが加盟国に配分している。SDRの価値は，

$$1SDR = 41.73\% \times USD + 30.93\% \times EUR + 10.92\% \times RMB + 8.33\% \times JPY$$
$$+ 8.09\% \times GBP$$

で算出される。計算式は2021年9月に見直される。SDRは通貨ではないが，国際的な計算単位として機能している。例えば，WTO（World Trade Organization：世界貿易機関）のルールでは，中央政府が10万SDR以上の物品を購入する際には国内の業者だけでなく外国の業者も入札に参加させなければならない。

SDRのように複数の通貨を使って価値の計算をすることをバスケット方式といい，バスケット方式で価値を決める通貨をバスケット通貨（basket currency）という。ユーロは旧ドイツマルクやフランスフランなどから算出されたバスケット通貨である。為替レートは常に変動するために，ドルやユーロなどの特定の通貨を計算に使うと日本円などに換算した時に変動が大きくなる。バスケット通貨では，ドルが高くなった時にユーロが安くなるなどバスケットの中身がそれぞれ別方向に変動して互いに相殺し合うために，価値が安定しやすい。

## 2. 為替レートと為替制度

円とドルの為替レート（USD/JPY）は，1ドル＝113.40－50などのように

**図表 4-5　為替レート**

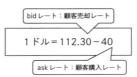

表示されている。幅がある表示になっているが，この幅のことをスプレッドという。

スプレッドの数値の小さい方をビッドレート（bid rate），大きい方をアスクレート（ask rate，またはオファーレート offer rate）という。顧客の立場で見て，ドルの購入にアスクレート，ドルの売却にビッドレートが適用される。アスクというのは尋ねるという意味であるので，ドルを買いたいと伺いを立てるイメージを持つと分かりやすい。買う時は高い価格が，売る時は低い価格が適用される。

スプレッドの大きさは，取引の厚みやボラティリティなどの要因によって変動する。取引量が多くて売買が活発なことを厚いというが，取引が厚い時には競争原理が働いてスプレッドは狭くなる。逆に取引が薄い時にはスプレッドが広くなる。ボラティリティが大きく価格の変動が激しい時にはスプレッドは広くなり，ボラティリティが小さい時にはスプレッドが狭くなる。ドルをペアとしない通貨の取引はドルよりも薄いため，クロスレートのスプレッドは広くなる。

銀行では，ビッドレートやアスクレートに手数料を加えたレートを表示しており，顧客から見てドルの購入レートを TTS（Telegraphic Transfer Selling rate），売却レートを TTB（Telegraphic Transfer Buying rate）という。外国為替市場でのスプレッドよりも広く設定されているため，TTS と TTB の間を取った仲値の TTM（Telegraphic Transfer Middle rate）を為替レートの代表値としている。

日本円とドルの交換は，

86 第4章 外国為替市場

$$JPY = 為替レート \times USD \quad または, \quad USD = \frac{JPY}{為替レート} \quad （4-1 式）$$

で表すことができる。USDの部分にユーロなどを入れると、様々な通貨との交換比率を計算できる。日本から見ると、為替レートの数値が大きくなることを円安、小さくなることを円高という。一般のニュースなどでは円高・円安という言い方が多いが、金融市場ではドル安・ドル高が好んで用いられ[2]、経済学の理論では増価、減価がよく用いられる。切り上げや切り下げは政策などで人為的に為替レートを動かしたときに用いられる。

　為替レートの数値の低下：円高、ドル安、円の増価、円の切り上げ
　為替レートの数値の上昇：円安、ドル高、円の減価、円の切り下げ

　1ドル＝110円から120円になると円安だが、数値が大きくなるのに安いというのは直感に反するように思われる。これは、日本円の為替レートをドルや外国通貨を基準に表示しているからであり、1ドル＝110円は両辺を110で割ると1円＝0.0091ドル、1ドル＝120円は両辺を120で割ると1円＝0.0083ドルとなり、確かに円が安くなっている。円高や円安という用語は為替レートの変化に対して用いる。ビジネスの現場では、1ドル＝110円は円高水準だ、などの使われ方をするが、これは110円という水準が主観的に高いと思っているか安いと思っているかを表現したものであり、正しい使い方ではない。100円から110円になれば円安、120円から110円になれば円高というのが正しい使い方である。

#### ◆為替相場制度

　日本やアメリカなどの多くの先進国では、為替レートが市場の需要と供給によって変化する変動相場制度（floating exchange rate system）を採用し

---

2　日本の政策や経済ニュースなどが原因で変化したと考えられる時には円高・円安、アメリカが原因だと考えられる時にはドル安・ドル高と呼び分けることもある。

ている。途上国では，ドルやSDRなど特定の通貨との為替レートを固定させるペッグ制度（peg）を採用している国もある。途上国通貨の市場規模は小さく，取引が薄いために買いや売りのまとまった注文が入ると為替レートが大きく変動しやすい，つまりボラティリティが大きくなりやすい。ボラティリティが大きいと，貿易や証券売買などでの収益見通しの計算が不明確になり，貿易や投資をためらう動きが出かねない。そのため，ドルなどの主要通貨にペッグさせている。

為替レートをペッグさせるためには介入（intervention）という操作が必要になる。介入とは，外国為替市場での需給バランスを変化させるために，政府や中央銀行が為替取引を行うことである。図表4-6は外国為替市場の需給を表している。需要や供給は円ではなくドルが基準となる。為替レートは上に行くと円安（ドル高），下に行くと円高（ドル安）になる。

左図ではドルの需要が高く，ドルの需要曲線が右にシフトし，ペッグさせたい水準よりもドル高になっている。そこで，政府や中央銀行がドルを売ることでドルの供給曲線を右にシフトさせてドル安方向に誘導する（右図）。これをドル売り介入という（日本で行えば，円買い・ドル売り介入）。逆にドル高に誘導するためには，政府や中央銀行が市場でドルを買ってドルの需要曲線を右にシフトさせる。これをドル買い介入という（日本円を使えば円売り・ドル買い介入）。

ドル買い介入をするためには，自国通貨（日本の場合は円）を売ればよ

図表4-6　介入

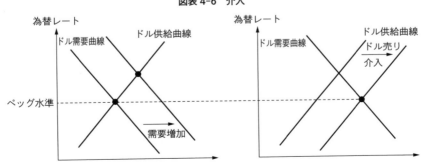

い。自国通貨は政府の意思で増やすことが可能であるため，ドル買い介入は無制限に続けることができる。一方で，ドル売り介入は政府が手元に保有しているドルの量に制限され，手持ちのドルを全て売ってしまうとそれ以上は介入できなくなる。ドル売り介入をするのは，自国通貨が売られて安くなっている（ドルが買われて高くなっている）からであるが，自国通貨安を止めるためには十分な額のドル（外貨準備）が必要となる。20世紀にはこの性質を利用した通貨売り投機が頻発して通貨危機が発生した。第9章で取り上げる。

　ドル買い介入であれば無制限に実施できるものの，ドルを買うということは自国通貨を売るということであり，自国通貨の量が増加する。日本であれば円の量（マネーストック）が増加する。マネーストックの増加は債券市場や株式市場にも影響を与えるだけでなく，銀行の貸出市場や最終的にはマクロ経済全体に影響を与える。マネーストックの増加による「カネ余り」はバブルの原因になりかねず，副作用が大きい[3]。外国為替市場全体の取引高は1日当たり5兆ドルに相当するが，政府が介入できる金額は数百億ドルにすぎず，外国為替市場での影響力は小さい。

　介入の効果を高める制度をカレンシーボード制（currency board）という。カレンシーボード制は，国内の通貨流通量と同じ額の外貨準備を保有する制度であり，ドル売り介入をすると国内の自国通貨量も減少するため，自国通貨の希少性が増して国内金利が上昇する。国内金利が上昇すると，外国から資本が流入して自国通貨買いの動きが出てくるため，通貨の売り投機と相殺される。通貨の売り投機を無力化することができる一方で，国内の金利が急上昇するという副作用もある。

　ペッグ制やカレンシーボード制などをまとめて固定相場制（fixed exchange rate system）と呼ぶ。本来，固定相場制はすべての通貨に対して

---

3　ドル買い介入と公開市場操作（第10章）などでの円の吸収を組み合わせる政策を不胎化介入というが，不胎化介入をすると円のマネーストックが減少して円の希少性が高まるため円高圧力がかかる。つまり，不胎化介入をすると介入の効果が見込めなくなる。あえて不胎化介入をしないという意味の非不胎化介入という用語もある。

ペッグさせることを指すが，世界には変動相場制の通貨もあるため実現できない。

## 3. 為替レートと経済

　為替レートは国際的な経済活動で重要な役割を果たす。本節では，貿易や金融取引にどのような影響を与えるのか見てみよう。

### ◆為替レートと貿易

　輸出と輸入は為替レートの影響を受けるが，一般に輸出の方がより大きな影響を受けると考えられており[4]，為替レートが減価すると輸出が増加する。1個2400円の商品をアメリカに輸出するケースを考えてみよう。1ドル＝100円であれば，1個2400円の商品は1個24ドルになる。1ドル＝120円になれば，1個2400円の商品は1個20ドルになる。円で表示した円建て価格では2400円のままであっても，為替レートが変わるとドル建て価格が変化する。円安になるとドル建て価格は下落し，円高になるとドル建て価格は上昇する。同じ商品であれば価格が低い方が売れ行きが良くなるため，円安は輸出を増加させる。

　実際には，円安に合わせて値下げすることは可能でも，その後の円高に合わせて値上げをするのは難しい。また，価格の改定には顧客への周知などのメニューコストがかかる。このような理由から，輸出企業が為替レートの変化に合わせて頻繁に価格を改定することはない。円安の効果はドル建て価格ではなく円建て収入によってもたらされる。1個20ドルの商品の円建て収入は1ドル＝100円の時には2000円，1ドル＝120円の時には2400円になる。アメリカでの販売収入は現地で店舗の改装などに再投資されることも多く，必ずしも日本に還流するわけではないが，日本企業の決算は円建てで行われ

---

4　輸入は国内景気の影響をより強く受けると考えられている。輸入品のうち，宝飾品などの高級品は景気動向に左右されやすい。エネルギーは不況であっても一定量の輸入が必要だが，好景気になるとエネルギーの消費量は大きくなり，輸入も増える。食品にも同じような傾向がある。

るために，円安は企業収益にプラスに作用する。また，円建てでの輸出額も増加する。輸出企業の収益が好転すれば，輸出企業の株価が上昇する。輸出企業銘柄を多く取り入れている株価指数も上昇する。日本の大手企業では，1円の円安で数億円から数十億円の増収要因になる。

　一方で，輸入企業にとっては，円安により仕入れ価格が上昇してしまうために減収要因になる。円安に応じて値上げすることは難しいため，円安による仕入れ価格の上昇分だけ利益が減少し，株価の下落要因となる。

　為替レートと輸出の関係は21世紀に入ってより複雑になってきている。20世紀には完成品の貿易が多かったが，21世紀に入るとグローバルなバリューチェーンの構築に伴って資本財（capital goods）や中間財（intermediate goods）の貿易が急増している。バリューチェーンとは，製品の製造過程が複数の場所を経由することであり，国境を越えてチェーンが展開されることも多い。製品の企画や基幹部品の生産は先進国で，汎用部品の生産や組み立ては途上国で行うことにより，輸送コストを支払った後でもトータルの製造コストを削減させることができる。21世紀に入ると技術革新により物流（logistic）やデータの転送がより効率的に，低コストで実現できるようになったことが背景にある。資本財とは機械設備やロボットのような生産設備のことであり，中間財は部品などの材料を指している。これらはグローバルなバリューチェーンを維持するためには必要不可欠であり，為替レートが変化したからといって輸出入を止めることはできない。日本からロボットや部品を輸入して東南アジアで生産している企業にとっては，少々円高になったからといって部品の輸入を止めるわけにはいかない。輸入を止めるとチェーン全体が止まってしまうためである。そうすると，円高になっても日本の部品の輸出はあまり影響を受けないことになる。

　為替レートと輸出入の関係では，マーシャル＝ラーナー条件が重要な役割を果たす。マーシャル＝ラーナー条件とは，輸出品の売買が価格に大きく左右される場合にのみ，円安で輸出が増加するというものである[5]。完成品の販売は価格に左右されるものが多いが，資本財は価格の影響を受けにくい。高度な技術が使われているロボットなどは他の国から代替輸入することがで

きないためである。中間財もバリューチェーンの維持に必要であるために価格の影響を受けにくい。

　為替レートと貿易の関係を考えるには，どのような製品が主に取引されるのかを考慮する必要がある。途上国では主要な輸出品が1-2種の商品（commodity）という国もある。このような状況をモノカルチャー（monoculture）ともいう。モノカルチャー経済では農産物や鉱物などが主要な輸出品になっているケースが多いが，為替レートの増価により価格が高くなってしまうと，他の途上国に需要が移ってしまいやすく，輸出が大きく減少してしまう。レアアース[6]のような他の国での代替が難しい商品ではこのような問題が起きないが，代替が簡単にできる商品を輸出している国では為替レートは重要な問題となるため，ペッグ制の採用が検討される。

◆**為替レートと投資**

　次に為替レートと投資の関係を考えてみよう。第1章で見たように，投資には直接投資と証券投資がある。このうち，直接投資は為替レートの影響を比較的受けにくい。特にグリーンフィールド投資は計画の策定から資金調達，投資の実施まで多くのプロセスを経て実行されるため，為替レートがよほど大きく変化しない限りは滞ることはない。一方で，国内経済や企業業績の急激な悪化などの影響を受けやすい。

　証券投資は為替レートの影響を受けやすい。投資収益のインカムゲインとキャピタルゲインの双方とも為替レートの影響を受ける。アメリカの投資家がインドに投資する例を考えてみよう。1ドル＝70ルピーで100万ドル投資すると，ルピー建てでは7000万ルピーになる。利回りが5%のインドの1年

---

5　より正確には，円安により貿易収支が黒字方向に動くための条件は，輸出品の価格弾力性と輸入品の価格弾力性を足して1を超える，というものである。価格弾力性とは価格が1%上昇した時に消費が何%減少するのかを表す指標であり，価格が変化しても消費量が全く変化しなければ価格弾力性は0になる。

6　ネオジム，ジスプロジウムなどの希土類元素を指す。ネオジムやジスプロジウムは強力な磁石を作るために用いられる。リチウム，インジウムなどのレアメタルとともに，産業に重要な元素であるが，生産地が偏っているものが多い。詳しくは第5章。

物社債に投資をし，税や取引手数料を無視すると1年後には元利合計が7350万ルピーになる。しかし，この投資期間中にルピー安が進んで1ドル＝77ルピーになると，7350万ルピーは約95万4500ドルとなり，元本割れしてしまう。このケースでは，1ドル＝73.5ルピーよりも，つまり5%を超えてルピー安になると元本割れする。1年後に大幅なルピー安を予想する投資家はインドへの投資を行わないだろうし，投資の途中でルピー安が進めば，満期を待たずに社債を売ってドルに換金しようとするだろう。為替の減価は輸出に好影響を与えるが，一方で外国の投資家にとっては損失をもたらす。国内の資金が不足し外国からの投資に頼っている国では，為替の減価は株価や不動産価格の下落につながりかねない。第10章でもう一度考えよう。

◆**実質為替レート，実効為替レート**

　外国為替市場で表示されている為替レートは名目為替レート（nominal exchange rate）という。物価水準を考慮して表示した為替レートを実質為替レート（real exchange rate）という。金融投資によって10%のキャピタルゲインがあったとしても，投資期間中に物価が10%上昇すれば，金融資産で購入できる食品などの量（購買力）は変わらないことになる。このケースでは，物価を考慮しない名目では金融資産は10%増加し，物価を考慮する実質では金融資産は0%増加したことになる。名目と実質の関係を表す式をフィッシャー式といい，式内のすべての数値が%で示されるときには，

名目値(%)＝実質値(%)＋インフレ率(%)

となる。なお，インフレ率が10%から12%に上昇すると，インフレ率の上昇率は20%となるが，2パーセンテージポイント（%ポイント）の上昇という表現もある。パーセンテージポイントというのは長いため，単に2ポイントの上昇ということも多い。

　対ドルや対ユーロといった個別の通貨に対して自国通貨が増価したか減価したかを知ることは簡単であり，名目為替レートか実質為替レートを参照すればよい。しかし，対ドルでは減価し，対ユーロでは増価しているような場

合には，自国通貨が総合的に見て増価したのか減価したのか判断するのが難しくなる。そのような時には，実効為替レート（effective exchange rate）を用いる。実効為替レートの算出には，加重平均という計算方法を使う。ある国の貿易相手国が，アメリカ40%，ユーロ地域30%，日本10%，イギリス10%である時の実効為替レートは，

実効為替レート = 40% × USD + 30% × EUR + 10% × JPY + 10% × GBP

となる。実効為替レートにも名目と実質がある。実効為替レートは為替レートと貿易の関係の分析に用いる。

## 4. 為替レートの決定

為替レートは様々な要因によって決まり，完全に予測することはできないが，本節ではタイムホライズン別にいくつかの要因を見ていこう。

数秒間から数分間といった非常に短い時間では，ニュースが重要な役割を果たす。ニュースは金融政策や通商政策などの政策に関するもの，企業業績に関するもの，地政学的リスク（geopolitical risk）[7]に関するものなど様々なものがあり，市場参加者はそれぞれのニュースがドルの増価につながるのか減価につながるのかを判断して取引を行う。近年では，この作業はAIが担うようになっており，ニュースの発表から為替レートの変化までのタイムラグが非常に短くなっている。

より期間が長くなると，金融市場における裁定取引（arbitrage）が重要性を持つ。裁定取引とは，同一商品には同一の価格が付くという一物一価の法則（law of one price）に基づき，価格差を利用して収益を上げる取引である。

図表4-7では，2つの市場で同一商品が異なる価格で取引されている。例えば，同じ時間に日経平均先物が日本とシンガポールで取引されているが，

---

7　中東や北アフリカ地域など政治面や軍事面などで市場に大きな影響を与えるニュースが出やすい地域の問題を指す。

図表 4-7　裁定取引

10500で買い
11000で売る
→　＋500の利益

11500で売り
11000で買い戻す
→　＋500の利益

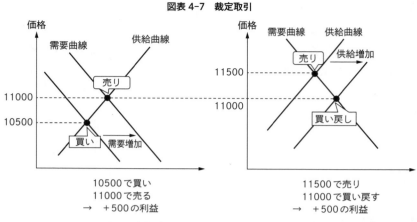

→2つの取引で価格差（11500－10500＝1000）だけの利益を得られる

両者の価格が一時的に乖離するような場合を表している。裁定取引は，価格の低い左図の市場で買い，価格の高い右図で売る取引であり，左図の市場では価格が上昇し，右図の市場では価格が下落して一致する。裁定取引により価格差の分だけ利益が得られる。

図表 4-7 では最終的な価格が 2 つの価格の中間で決まっているが，裁定取引では図表 4-8 のように価格差が解消されれば，最終的な価格が元の価格よりも高くなっても低くなっても問題ない。手数料などを考慮せず，取引機会が保証されていれば，裁定取引はリスクなしで利益を得られる取引である。現実には，取引手数料が必要になり，取引の元手を借り入れで賄うのであれば金利も必要になるため，わずかな価格差は放置されることもある。また，法的な規制や取引が薄いなどの理由で裁定取引が実行できない場合もあり，

図表 4-8　裁定取引では価格差のみが重要

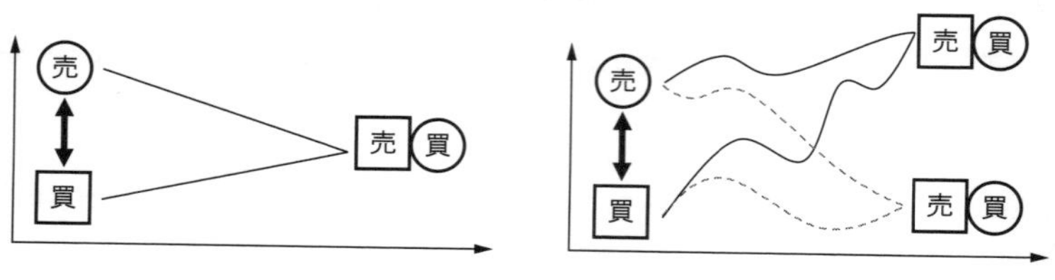

この場合も価格差が放置される。

外国為替市場でも裁定取引は行われており、為替レートに影響を与えている。本書では、金利平価説（theory of interest rate parity）を取り上げる。金利平価説は金利差が為替レートを決めるという仮説であり、図表4-9のような取引で為替レートが決まる。この取引では、A円を1年間日本で運用するか、アメリカで運用するのかを検討する。裁定取引が十分に行われていれば、どちらの運用方法も同じ成績になることから為替レートが逆算できる。

A円を日本で運用すると日本の金利が付き、アメリカで運用するとアメリカの金利が付く（計算方法は3-3式、65ページ）。ただし、アメリカで運用するためにはA円をドルに交換する必要がある。この時の為替レートをスポットレート（spot rate または直物レート）という。外国為替市場での取引レートと同じものである。(4-1式、86ページ)を使って日本円をスポットレートで割ればドル建てになる。1年後にドルから円に戻すが、現時点で取引される1年後の為替レートをフォワードレート（forward rate または先渡しレート）という。(4-1式)から、ドル建てにフォワードレートをかければ

図表4-9　金利平価説

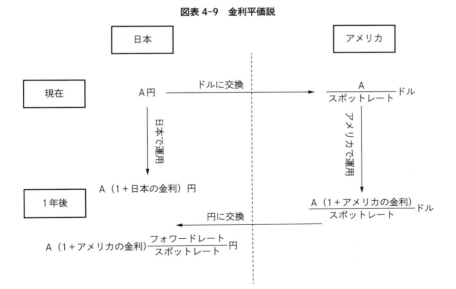

円建てに戻る。

　日本での運用成績と日本→アメリカ→日本と経由させたときの運用成績が等しくなることから，

$$A(1 + 日本の金利) = A\frac{フォワードレート}{スポットレート}(1 + アメリカの金利) \quad （4\text{-}2\text{ 式}）$$

が成立する。両辺を A 円で割って整理すると，

$$\frac{(1 + アメリカの金利)}{(1 + 日本の金利)} = \frac{スポットドレート}{フォワードレート} \quad （4\text{-}3\text{ 式}）$$

となる。フォワードレートを一定と仮定すると，日本の金利が上昇するとスポットレートが下落し，アメリカの金利が上昇するとスポットレートが上昇する。表現を変えると，日本の金利が上昇すると円高（ドル安）になり，アメリカの金利が上昇するとドル高（円安）になる。金利平価説は，金利が高くなった国の通貨が増価する，というものである。一方，スポットレートを固定すると，金利が上昇した国のフォワードレートは減価する。スポットレートとフォワードレートは逆方向に動く傾向がある。

　金利平価説からもう１つ言えることは，資本（資金）は金利の低い方から高い方へと流れる傾向にあり，国際的な資本移動と為替レートが相互に調整し合っている，ということである。日本の金利が上昇すると，（4-2 式）では左辺が大きくなり，日本での運用の魅力が増してアメリカから日本に資本が流入する。その過程で外国為替市場では円買い（ドル売り）が進み，円高（ドル安）が進む。同時に，１年後のフォワードレートの市場ではアメリカの投資家が円からドルに資金を戻すため，円売り（ドル買い）が進み，円安（ドル高）が進む。（4-2 式）の分数の分母が小さくなって分子が大きくなることから，右辺全体が大きくなり，左辺と右辺は再び均衡する（両辺が「＝」で結ばれる）。資本移動は金利差以外の要因でも生じることがあり，国際的な資本移動が為替レートに影響を及ぼしている。

　数十年といったタイムホライズンでは購買力平価説（theory of purchas-

ing power parity）がよく知られている。物価水準の差やインフレ率の差が
為替レート変動の要因になるというものであり、購買力平価説を象徴するも
のとしてビッグマック指数がある。ビッグマックは世界のどこでも同じハン
バーガーであるという前提を置く。ビッグマックの価格には、バンズやレタ
スなどの材料だけでなく、ハンバーグを焼くためのエネルギーや店舗の賃
料、人件費なども含まれている。つまり、ビッグマックは消費財のバスケッ
トであり、どこの国でも同じ価値になる。アメリカのビッグマックが1個5.4
ドル、日本では390円だとすると、390を5.4で割って1ドル＝72円となる。
このような方法で各国のビッグマック指数を算出したのが図表4-10であり、
購買力平価説での為替レートを表している。

　ビッグマック指数と市場での為替レートには開きがあるが、ビッグマック
指数はあくまでも購買力平価説を分かりやすく説明するための比喩であり、
ビッグマックが消費財のバスケットとして適していないためである。

　購買力平価説による為替レートであるPPP為替レートは消費者物価指数
やGDPデフレータなどの物価指数を用いて計算されるが、どのような指数
を用いるのか、何年を基準にするのかで数値が大きく異なる。また、生鮮食
品やヘアメイクのようなサービスなど消費財の裁定取引は困難であることか
ら、PPP為替レートに市場為替レートが収斂することはない。

　PPP為替レートは将来の為替レートを予測するためではなく、各国の所得

**図表 4-10　ビッグマック指数（2021 年 1 月時点）**

|  | ビッグマック指数 | 市場為替レート |
|---|---|---|
| JPY（日本） | 68.90 | 104.30 |
| EUR（ユーロ地域） | 0.75 | 0.82 |
| GBP（イギリス） | 0.58 | 0.74 |
| CHF（スイス） | 1.15 | 0.89 |
| BRL（ブラジル） | 3.87 | 5.50 |
| CNY（中国） | 3.96 | 6.48 |
| INR（インド） | 33.57 | 73.39 |
| ZAR（南アフリカ） | 5.92 | 15.52 |

出所：FXSSI

98 第 4 章 外国為替市場

などの比較に用いられる。先進国と途上国の所得を測る[8] ケースを考えてみ
よう。外国為替市場で 1 ドル＝70 ルピーである場合，アメリカの 100 ドルと
インドの 7000 ルピーの価値は等しい。しかし，アメリカで 100 ドルで買える
ものとインドで 7000 ルピーで買えるものは量的にも質的にも異なっており，
物価水準の低いインドの方が 7000 ルピー（つまり 100 ドル）でより多くのも
のが買える。このような場合には，物価水準の差を考慮した PPP 為替レート
を用いればよい。

◆トリレンマ

トリレンマ（trilemma）とは，資本移動の自由，金融政策の自由，為替
レートの固定のうち 2 つしか同時に達成できないことをいう。トリとは 3 を
表しており，2 つの事項から 1 つをあきらめることをジレンマ，3 つの事項か
ら 1 つをあきらめることをトリレンマという。資本移動が自由であるという
ことは，外国為替市場で裁定取引が自由にできることを意味している。金融
政策の自由は，金融政策を用いてイールドカーブを上下にシフトできること
を指しており，ここでは金利を上下させる能力だと考える。為替レートの固
定はドルなどの特定の通貨に対するペッグを意味している。

資本移動が自由な状況で考えてみよう。為替レートを固定させる，例えば
自国通貨をドルにペッグさせるケースでは，国内の金利をドル金利に合わせ
て上下させなければならない。アメリカが利上げをしてアメリカの金利が上
昇すれば，自国でも利上げをしなければならない。自国で利上げをしない
と，自国からアメリカへと資本が流出して為替が減価するためである（図表
4–11 のケース A）。自由に金融政策を行うのであれば為替レートが変動する
ことを許容しなければならない。自国で利上げをして金利が上昇すれば，外
国から資本が流入して為替レートは増価する（ケース B）。為替レートを固
定させつつ金融政策を自由に行いたいのであれば，資本移動を禁止するしか
ない（ケース C）。資本移動が禁止されていれば，国内の金利が上昇しても外

---

8　このような使い方の例として，ミラノビッチ『大不平等』みすず書房。

**図表 4-11　トリレンマ**

|  | ケース A | ケース B | ケース C |
|---|---|---|---|
| 資本移動の自由 | ○ | ○ | × |
| 金融政策の自由 | × | ○ | ○ |
| 為替レートの固定 | ○ | × | ○ |
| 採用例 | ユーロ地域 | 多くの先進国 | 途上国の一部 |

国から資本が流入せず，為替レートが変動しない。

　ケース A の例としてはユーロを導入している 19 カ国（ユーロ地域）が挙げられる。自国通貨を放棄してユーロにするということは為替レートを固定させることと同じ効果を持つ。為替レートは安定するものの金融政策は自国で行うことができず，ECB（European Central Bank：欧州中央銀行）が決定する。ECB の金融政策は必ずしも自国に適したものではないという問題を抱えることになる。多くの先進国はケース B を選択しており，変動相場制のもとで自由に金融政策を行っている。ただし，多くの国が利下げをする中で自国だけが利下げを実施しなければ為替レートが増価する。為替レートの増価を避けるために他国に追従すれば，制度上はケース B であっても事実上はケース A ということになる。デンマークは先進国ではあるが，ユーロにペッグしている（ユーロ導入前はドイツマルクにペッグしていた）。デンマークは ECB の金融政策に追随せざるを得ないため，金融政策を決める会合も ECB の会合の翌日に行っている。デンマークもケース A であるといえる。ケース C を採用しているのは途上国が多く，ドルや SDR にペッグしている。ペッグをしながら金融政策を行うためには資本移動の自由を禁止しなければならず，株式市場などを外国人向けと自国民向けに分けたり，投資規制や個人にも外貨持ち込み・持ち出し規制を導入したりしている。

#### ◆最適通貨圏

　同一の通貨を使うことが可能な（または望ましい）複数の国（または地域）を最適通貨圏（optimal currency area）という。背景には為替レートが変動することによって国や地域間の経済の差が解消されるという考え方があ

100 第4章 外国為替市場

り，経済の差がなければ別々の通貨を持つ必要はなくなるというものである。2国間で同じ通貨が使えれば，貿易や金融取引で為替レートの変動を考慮する必要がなくなり，両替や管理コストを省ける。一方で，2国間で同じ通貨を使っていれば，一方が不況で他方が好況になった時に，不況国の為替レートが減価して好況国の為替レートが増価する形での調整が行われなくなる。

問題は為替レートの変動が経済の調整に役立つのか，ということになる。第二次大戦後，世界はブレトンウッズ体制とも呼ばれる固定相場制を採用したが，1973年には変動相場制に移行した。その背景には，貿易赤字国では輸入が多く輸入代金を支払うために自国通貨を売って外国通貨を買うために為替レートが減価し，貿易黒字国では受け取った輸出代金を自国通貨に交換するために為替レートが増価するという考え方があった。為替レートが自由に変動すれば，貿易赤字国では為替レートが減価して輸出が増加し，貿易黒字国では為替レートが増加して輸出が減少する。しかし，現実には変動相場制移行後も貿易赤字国は赤字のままであり，貿易黒字国の輸出が減少することもなかった。本章でも見たように，貿易される財は完成品だけではない。20世紀にも資本財や中間財の取引はあった。これらは為替レートの変動に大きく影響されない。また，為替レートは金融取引にも影響される。当時の経済学者は為替レートとマクロ経済の関係をあまりにも単純に捉えていた。

最適通貨圏の理論では，労働などの生産要素が自由に移動できる地域，インフレなどの経済指標が収斂している地域，原油価格の急上昇などのショックに対して同じように経済が反応する地域などが適しているとされている。日本やアメリカでは地域間の経済の差が非常に大きい。同じ国の中であっても，通貨をいくつかに分けた方が望ましいのかもしれない。

通貨を統一してしまえば，経済の収斂が進むのではないかという考え方もある。しかし，図表4-12のように，2001年の現金切り替え時にユーロを導入していた11カ国（1人当たりGDPの変動が大きいルクセンブルクを除いてある）の1人当たりGDP[9]の標準偏差は20年以上にわたって横ばいであり，収斂が進んでいない。一方で，当時ユーロを導入していなかった中東欧

4. 為替レートの決定　101

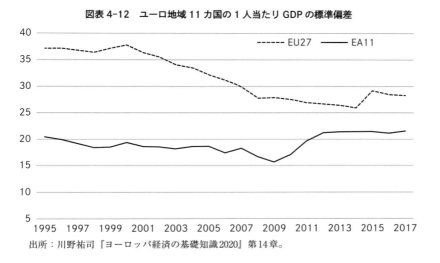

図表 4-12　ユーロ地域 11 カ国の 1 人当たり GDP の標準偏差

出所：川野祐司『ヨーロッパ経済の基礎知識 2020』第 14 章。

なども含めた EU 27 カ国で見ると 1 人当たり GDP の収斂が進んでいる。通貨統合をしたからといって，経済統合が自動的に進むわけではなく，生産性を引き上げるための産業政策などが重要であるといえる。

---

9　EU では，1 人当たり GDP の EU 平均を 100 として公表している。

# 第5章
# オルタナティブ市場

　伝統的資産と呼ばれる株式や債券の他にも，様々な商品が金融市場で取引されている。本章では，伝統的資産の代替金融商品として，不動産，商品，プライベートエクイティを取り上げる。金融派生商品は第6章で，ヘッジファンドについては第8章で取り上げる。

## 1. 不動産

　不動産（real estate）は住宅やビルなどを指すが，近年は農場や山林も投資用に売買されている。ビルや商業施設などの商業用不動産や農場などからは，テナント賃料や商品売り上げ代金などの収入が得られる。また，不動産価格が上昇すれば売却益が見込めることから，不動産投資の収益も株式などと同じように，キャピタルゲインとインカムゲイン（キャッシュフロー）を合わせたものとなる。

　商業用不動産の価格は景気に連動する傾向があり，テナント収入も景気に連動する。不況になればテナントが撤退したり賃料の値引きを要求されたりし，好景気であれば逆に賃料の増額を要求できる。その意味では商業用不動産は株価と同じような値動きをする。住宅への投資[1]も景気の影響は受けるものの影響度は商業用不動産よりも小さくなる。農場などでは農産物の市況に収益が左右される。農産物価格は世界景気の影響を受けるものの収穫高の影響の方が大きいため，天候などの要素が重要になる。その分だけ株式とは異なる値動きをするため，分散投資になりやすい。

　高層ビルなどの商業用不動産は価格が非常に高く，投資できる主体が限られる。投資家はまとまった金額を拠出せざるを得ない。また，不動産は定期的なメンテナンスが必要であり，投資後も追加資金が必要になる。収益見通しはメンテナンスのための費用も見込んで計算する必要があるが，適切なメンテナンスを行うためには予備知識が不可欠となる。不動産は株式や債券に比べて流動性（換金のしやすさ）が非常に低く，不動産の所在地や用途によっては買い手を探すのが極めて困難でもある。少額では投資できないうえに流動性が低いというのが不動産投資の特徴である。一方で，一般にインフレが生じると地価も上昇するため，不動産への投資はインフレリスクのヘッ

---

1　個人が自宅用に不動産を買うのも投資だといえる。自宅は他の消費財と異なり非常に長期に渡って使用することができ，市況次第では売却することもできる。GDP の投資項目は，設備投資＋住宅投資＋在庫投資からなり，ここでも住宅の購入は投資だと考えられている。

ジ手段になることから，投資したいという需要が強い。

これらの問題の解決方法として，REIT（Real Estate Investment Trust，リート）がある。REITは不動産を証券化して販売する仕組みであり，証券取引所に上場されているものは株式のように売買することができる[2]。

図表5-1はオフィスビルに投資するRIETの例であり，REITの運営主体が不動産を取得して管理を行っている。ADオフィスビル全体の価格は60億円であるが，これを1万分割して，1枚60万円のADビルREITとして販売して取得価格を回収する。オフィスビルからは年間3億1000万円の賃貸収入が得られる。1000万円を管理運営費として差し引き，残りの3億円をADビルREIT保有者に分配する。分配金は1枚当たり3万円となる。

REITは少額から不動産に投資できる金融商品であるが，その他にも分配金が多いという魅力がある。REITは38カ国で販売されているが，収益の90％以上を分配金にすることが求められており，95％以上を分配金にする必要がある国もある。これらの水準を下回ると，法人税などが課せられることになるため，REITの運営主体は収益をできるだけ分配金として配分しようとする。

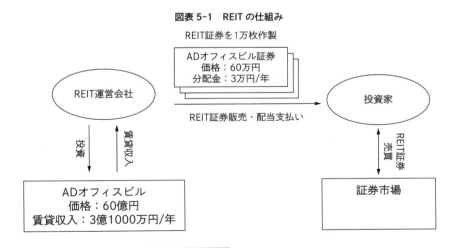

図表5-1　REITの仕組み

---

2　日本で組成・販売されているREITはJ-REITと呼ばれている。

REIT には，エクイティ（equity REITs），モーゲージ（mortgage REITs），非上場（public non-listed REITs），私募（private REITs）がある。エクイティ REIT は証券取引所に上場されており，個人でも ETF と同じ感覚で購入できる。モーゲージ REIT は住宅担保証券（Residential Mortgage-Backed Securities：RMBS）や商業不動産担保証券（Commercial Mortgage-Backed Securities：CMBS）を購入するものであり[3]，証券投資を通じて間接的に不動産に投資する。REIT の中には証券取引所を通じて資金調達しないものもあり，非上場や私募のものもある。

REIT が購入する不動産の種類は幅広い。Nareit によると，REIT にはオフィス（政府機関なども含む），産業施設（倉庫や流通センターなど），小売施設（ショッピングモールやスーパーマーケットなど），宿泊施設（ホテルやリゾートなど），住宅（戸建て，マンション，寮など），山林（木材の販売収益を分配する），ヘルスケア（病院，高齢者向け施設，介護施設など），倉庫（個人向け，法人向けの倉庫），インフラ（エネルギーパイプライン，光ファイバーケーブルなど），データセンター，専門施設（映画館，農場，カジノ）などがあり，複数のカテゴリーに投資する REIT もある。近年は，病院や刑務所なども政府からの補助金収入が期待できるため，REIT の投資対象となっている。このような REIT は景気の影響を受けにくく，一定の分配金が見込めるため，分散投資の対象として人気がある。

図表 5-2 は各地域の REIT の累積リターン（分配金込み）を比較している。2000 年代には大きく価格が上昇したが，2010 年代には価格の上昇が緩やかになっている。3 地域ともおおむね同じような動きを見せているが，アメリカでは 2008 年の金融危機の前年からマイナスに転じていること，2011 年にはアジア地域での災害（日本の地震，タイの洪水）やギリシャ債務危機などを反映してアジアとヨーロッパがマイナスに転じていることなど，地域によって独自の動きを見せることもある。2020 年には 3 つの地域ともリターン

---

3　RMBS や CMBS をまとめて不動産担保証券 MBS というが，RMBS のことを MBS を呼ぶこともある。

図表 5-2　地域別の REIT の累積リターン（%）

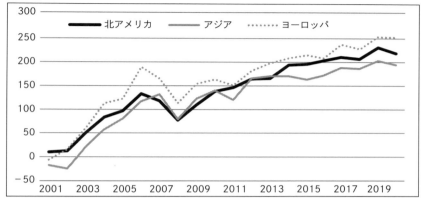

出所：Nareit, REITWatch 各号。

がマイナスに転じている。

## 2. 商品

　工業製品などの完成品（product）に対して，原材料やエネルギーなどに用いられる品目を商品（commodity）という。商品という日本語は完成品を指すこともあるため，混乱を避けてコモディティと英語読みすることもある。商品市場では非常に幅広い品目が取引されており，それぞれの商品で特徴や値動きが異なっている。商品市場全体の値動きを示す指標として，CRB 指数がある。正式名称は Thomson Reuters/CoreCommodity CRB Index といい，4 分野 19 種類の商品から構成されている（図表 5-3）。

　商品はそれぞれ独特の取引単位がある。原油ではバレル（約 159 リットル），穀物ではブッシェル（トウモロコシ約 25 kg，大豆約 27 kg，小麦約 27 kg），大豆ミールではショートトン（約 907 kg），金やプラチナではトロイオンス（約 31 g）などがあり，砂糖や綿花など重さの単位としてポンド（450 g）が使われる商品も多い。

108    第5章  オルタナティブ市場

**図表 5-3  CRB 指数の構成品目**

| エネルギー（39%） | 農産物（34%） | 金属（20%） | 精肉（7%） |
|---|---|---|---|
| WTI 原油（23%）<br>天然ガス（6%）<br>暖房油（5%）<br>改質ガソリン（5%） | トウモロコシ（6%）<br>大豆（6%）<br>コーヒー（5%）<br>カカオ（5%）<br>綿花（5%）<br>砂糖（5%）<br>オレンジジュース（1%）<br>小麦（1%） | 金（6%）<br>銅（6%）<br>アルミニウム（6%）<br>銀（1%）<br>ニッケル（1%） | 生牛（6%）<br>豚赤身肉（1%） |

出所：Thomson Reuters, Thomson Reuters Commodity Indices fact Sheet.

## ◆エネルギー

　原油（crude oil），天然ガス（natural gas），石炭（coal）などの商品はエネルギー源として使われるが，素材や添加物としての需要もある。原油（石油）はプラスチックや繊維，石炭は鉄鋼への添加物や電極などの材料にもなる。炭素繊維は軽量で強度も高いことから飛行機などへの利用が進んでおり，カーボンナノチューブやフラーレンは素材開発の際の添加物としても利用されている。一方で，これらは化石燃料とも呼ばれ，燃焼時に温室効果ガスや微小粒子状物質（PM）などを多く排出することから，環境規制の対象になっている。特に発電の分野では，ヨーロッパなどで再生可能エネルギーへの移行が徐々に進んでおり，化石燃料からのダイベストメント（第11章）も進んでいる。

　アメリカの WTI（West Texas Intermediate），ヨーロッパのブレント（Brent），中東のドバイなどが主な原油の指標となっている。図表5-4のように，2010年代に入るとブレントが WTI を上回って推移するようになっている。アメリカ国内のシェールオイル増産による価格下落が背景にある。

　原油は産地によって品質が異なり，一物一価の法則が当てはまらないことも価格差の原因になっている。原油は加熱して精製する。温度を徐々に高くすると一部の成分が気化する。この蒸気を集めて石油製品を作る。原油からは沸点の違いによって軽油[4]，ガソリンが得られ，重油が沈殿物として残る。アラビアンライトのような軽質原油は軽油が多く取れ，アラビアンヘビーの

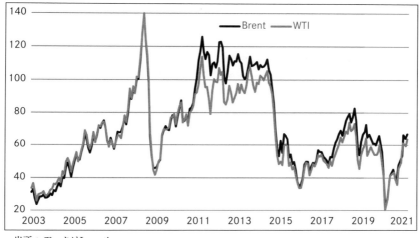

図表 5-4　WTI とブレントの推移（バレル／ドル）

出所：データは Investing.com。

ような重質原油は重油が多く取れる。軽油の方が単価が高いため，軽質の原油の方がより高い価格で取引される。WTI のインターミディエイトも油質を表している。

原油の3大生産国は，アメリカ，ロシア，サウジアラビアであり，日量1000万バレルを生産している。かつては原油の生産は中東に偏っていた。20世紀には中東諸国が多く加盟する OPEC（石油輸出国機構）が原油価格を人為的に引き上げてオイルショックを引き起こしたが，世界各地で油田が発見され，技術が発達したことで OPEC の価格支配力が低下している。オイルサンドやシェールオイルなどの生産が実用化され，原油の生産地はさらに広がった。

天然ガスはメタン（$CH_4$）を主要成分とするガスで，原油や石炭に比べて，燃焼時の窒素酸化物や硫黄酸化物などの汚染物質の排出が少ない。ガスはパ

---

4　車の燃料ではディーゼル，暖房用では灯油，飛行機などのジェット燃料ではケロシンと呼ばれるが，基本的には同じものである。日本の飛行機のサーチャージはシンガポールで取引されるケロシン価格を参考に決められている。

イプラインで輸送する方法の他に，冷却して液化天然ガス（LNG）にしてタンクで輸送できる。アメリカやロシアが主な産地だが，世界中で採掘できる。ロシア産の天然ガスはパイプラインでヨーロッパなど周辺地域に送られているが，ロシアの天然ガスは地政学的リスクの対象にもなりやすい。

　石炭は最も安価にエネルギーを手に入れられる商品であり，多くの国で石炭火力が発電に用いられている。しかし，硫黄酸化物などの環境汚染物質の排出も多く，先進国では規制する国が増えつつある。


◆金属

　金属は，貴金属（precious metals），鉄（ferrous metals），非鉄金属（non-ferrous metals），レアメタル（minor metal）からなる。ロンドン金属取引所（London Metal Exchange：LME）では，図表5-5の商品が取引されている。

　貴金属は非常に高価な金属を指す。図表5-5の他にも，ルテニウム，ロジウム，オスミウム，イリジウムなどの白金族も貴金属と呼ばれる。

　金（gold）は宝飾品としての需要だけでなく，電子機器の基盤配線などの工業品需要，外貨準備などの退蔵需要がある。プラチナ（platinum，白金）にもディーゼルエンジンの排ガス装置の触媒としての需要がある。パラジウム（palladium）はガソリンエンジンの排ガス装置の触媒に使われる。触媒とは化学反応を促進する物質のことで，エンジンから排出されるガスから汚染物質を取り除く処理に用いられる。ディーゼル車は二酸化炭素の排出量が少ないことからクリーン車として普及していたが，2015年にドイツのフォルクスワーゲンで排ガス試験の不正問題が発覚したことや，パリなどの大都市で大気汚染が進んでいることからディーゼル車への規制が強化された。そのため，プラチナの工業需要が低下し，2015年以降は金価格を下回り，2018年に

**図表 5-5　LME で取引されている金属**

| 貴金属 | 鉄 | 非鉄金属 | レアメタル |
|---|---|---|---|
| 金，銀，プラチナ，パラジウム | 鉄，鉄スクラップ | アルミニウム，銅，亜鉛，ニッケル，鉛，錫（すず） | コバルト，モリブデン |

2. 商品　　111

**図表 5-6　貴金属の価格の推移（オンス／ドル）**

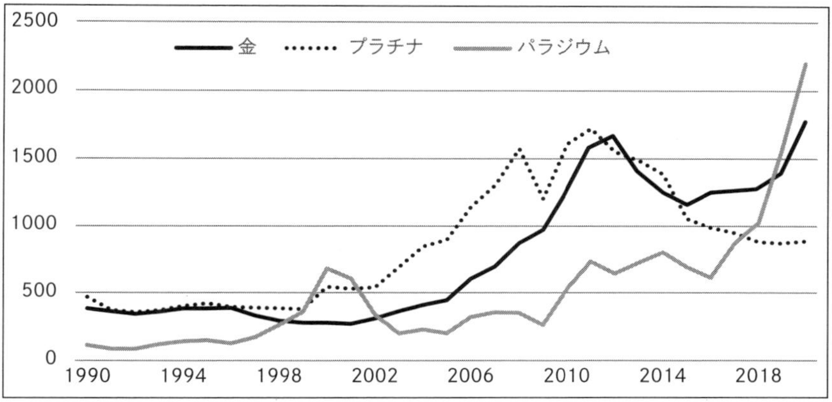

出所：Kitco.

　はパラジウム価格をも下回った。プラチナの産出量は金の20分の1ほどで希
少性はプラチナの方が極めて高いが，価格は希少性だけで決まるわけではな
い。

　貴金属では人件費の高騰や安全対策などで生産コストが上昇している。ま
た，特にプラチナは生産国が南アフリカに偏っている。このため，スマート
フォンなどの電子機器や自動車などから貴金属を回収する動きが始まってお
り，都市鉱山といわれている。

　鉄や非鉄金属は貴金属に比べて価格は低いものの，現代社会に欠かせない
物質が多く，住宅やビル，工業製品，輸送部門，電子機器などに広く用いら
れている。

　図表 5-7 は主な金属の生産国上位5位を示しているが，表の読み取りには
注意を要する。粗鋼では日本は世界2位であるものの，原料の鉄鉱石はほと
んど産出されず，オーストラリアやブラジルなどから輸入している。また，
アルミニウムはボーキサイトからアルミナを経て生産されるが，ボーキサイ
トはオーストラリア，中国，ギニアが主要産地となる。金属は鉱石の形で採
掘されるが，金属製品への加工地は技術やコストを勘案して決められる。多
くの金属は鉱石を高温で溶かして加工するが，アルミニウムは電気分解によ

112    第5章　オルタナティブ市場

図表 5-7　鉄及び非鉄金属の生産国（2017 年）

| 粗鋼 | アルミニウム | 亜鉛 | 銅 | ニッケル | 鉛 | 錫 |
|---|---|---|---|---|---|---|
| 中国<br>(60.8) | 中国<br>(54.4) | 中国<br>(35.2) | チリ<br>(27.5) | フィリピン<br>(16.9) | 中国<br>(46.9) | 中国<br>(29.7) |
| 日本<br>(6.7) | ロシア<br>(6.0) | ペルー<br>(11.8) | ペルー<br>(12.3) | インドネシア<br>(16.0) | オーストラリア<br>(10.0) | インドネシア<br>(26.5) |
| インド<br>(5.6) | インド<br>(5.5) | オーストラリア<br>(6.7) | 中国<br>(8.6) | ニューカレドニア<br>(10.0) | アメリカ<br>(6.8) | ミャンマー<br>(15.0) |
| ロシア<br>(4.4) | カナダ<br>(5.4) | インド<br>(6.7) | アメリカ<br>(6.3) | カナダ<br>(9.9) | ペルー<br>(6.7) | ボリビア<br>(5.9) |
| 韓国<br>(4.0) | UAE<br>(4.4) | アメリカ<br>(6.2) | コンゴ<br>(5.5) | ロシア<br>(9.9) | メキシコ<br>(5.3) | ブラジル<br>(5.8) |

注：カッコ内は世界シェア（%），コンゴはコンゴ民主共和国。
出所：USGS Mineral Commodity Summaries 2019.

り精錬するため，電気代が大きな要因となる。電気コストの高い日本ではアルミニウムは生産されていない。一方で，表にはないが豊富な地熱で安価に電力を得られるアイスランドでは，アルミニウム製錬は主要産業になっている。

　銅価格は景気を占う指標であるといわれる。銅は銅線をはじめ多くの製品で利用されていることから，銅の需要が減少するとその後の経済活動も低調になるといわれる。

　図表5-8を見ると，銅価格と景気には一定の関係があるように見え，両者の相関係数は 0.61 と高い。ただし，銅価格を先行指標として 1 年後の世界GDP との相関係数を見ると 0.33 に低下し，銅価格が先行指標であるとはいえない。

　レアメタルやレアアース（rare-earth element）は様々な素材に添加することで性質を変えることができるものが多く，ビタミンの役割を果たすといわれている。レア（英語では minor）という名前が付いているが，バナジウ

---

5　リチウムは海水に含まれるため無尽蔵といえるほど存在するが，濃度が低く現在の技術では経済的な採算が取れない。

図表 5-8　銅価格と世界 GDP

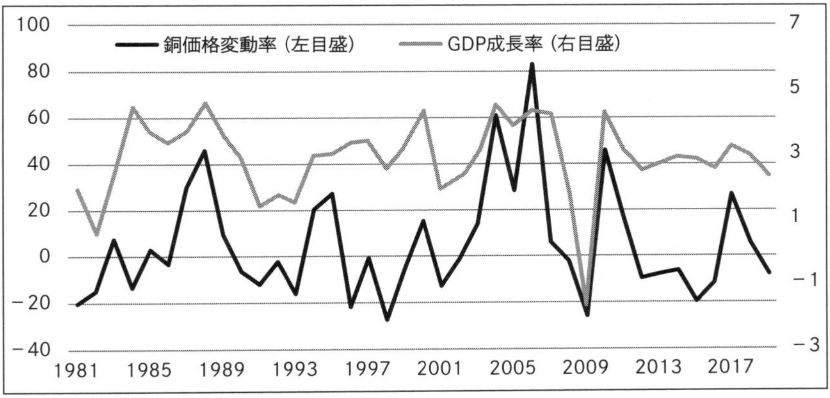

出所：Fred Economic Data, World Bank Open Data.

図表 5-9　レアメタルの用途と生産国

| リチウム | リチウム電池：オーストラリア，チリ，中国 |
|---|---|
| ホウ素 | ガラス，研磨剤，洗浄剤：チリ，カザフスタン，ボリビア |
| クロム | ステンレスなどのメッキ：南アフリカ，トルコ，カザフスタン |
| コバルト | 航空エンジン，超硬合金：コンゴ，ロシア，オーストラリア |
| ガリウム | LED，集積回路：中国，ロシア，ウクライナ |
| モリブデン | 鉄鋼添加物，潤滑油：中国，チリ，アメリカ |
| テルル | 薄膜太陽電池，顔料：中国，カナダ，ロシア |
| セシウム | 掘削機，試薬，X 線蛍光体：生産国データなし |
| タンタル | コンデンサー，レンズ，切削工具：コンゴ，ルワンダ，ナイジェリア |
| タングステン | 超硬合金，フィラメント，照明：中国，ベトナム，ロシア |

出所：USGS Mineral Commodity Summaries 2019.

ム，チタン，リチウムのように豊富に存在するものもある[5]。レアメタルは地球上での存在量が少ない金属や，採掘が難しい金属を指す。人によって定義は異なるが 30 − 40 種類ほどの金属が該当する。

　レアアースはネオジム，ジスプロジウム，テルビウム，イットリウムなど 17 種類があり，中国の産出世界シェアが約 80％に達している。レアアースの多くが磁石，レーザー，光ファイバーなどに用いられ必要不可欠であるが，

中国の経済政策により国際価格が大きく上下する。各国で代替材料の開発が進められているものの，レアアースへの依存度は非常に高い。


◆農産物

　穀物，油糧種子，乳製品，畜産物，果物など多様な農産物が国際的に取引されている。ICE（InterContinental Exchange）やCMEグループのCBOT（Chicago Board Of Trade）などの指標が国際的に用いられている。農産物は人間用の食料として用いられるだけでなく，畜産動物の飼料，農産物の肥料，エネルギー源などとしても用いられる。近年は，植物由来のプラスチックを生産するための原料としての需要もある。

　穀物では，小麦，大豆，トウモロコシが主要な作物である。アジアやヨーロッパの一部では米も生産されている。中国は小麦や大豆の主要生産国ではあるものの，国内生産が国内需要を賄いきれずに輸入国になっている。中国の景気動向や貿易政策は国際的な穀物価格に影響を与えている。

　大豆は，大豆そのものの他に大豆油を絞った後の搾りかす（いわゆる，おから）も大豆ミールとして国際的に取引されている。大豆ミールは家畜の飼料などに使われるが，日本は家畜飼料の大部分を輸入している[6]。トウモロコシにはいくつか種類があり，スイートコーンは食用，デントコーンはコーンスターチや飼料，フリントコーンは加工食品や飼料として使われている。また，トウモロコシはバイオエタノールの生産にも用いられている。

　アメリカは大豆とトウモロコシの生産で世界1位だが，アメリカの農家は連作障害を避けるために大豆とトウモロコシを交互に生産していることが背景にある。しかし，アメリカの農家は大豆とトウモロコシの先物価格を比較しながら生産量を調整する。シカゴの先物価格は，アメリカ国内の需給だけでなくブラジルなどの他の生産地の天候や貿易政策などの影響も受けるが，

---

6　穀物を生産するためには大量の水が必要となる。肉類を生産するためには飼料として大量の穀物が必要となる。従って，飼料や肉を輸入するということは，大量の水を節約するということを意味しており，この計算上の水をバーチャルウォーターまたはグリーンウォーターという。日本の食料自給率を上げようとすると大量の水が農業用水として必要となり，工業用水や飲料用水が不足する。

図表 5-10　農産物の生産国（2017 年, ％）

| 小麦 | 大豆 | トウモロコシ | カカオ豆 | コーヒー豆 | 綿花 | 砂糖 |
|---|---|---|---|---|---|---|
| 中国<br>(17.4) | アメリカ<br>(33.9) | アメリカ<br>(32.7) | コートジボワール<br>(39.1) | ブラジル<br>(29.1) | インド<br>(23.2) | インド<br>(19.3) |
| インド<br>(12.8) | ブラジル<br>(32.5) | 中国<br>(27.8) | ガーナ<br>(17.0) | ベトナム<br>(16.7) | 中国<br>(22.7) | ブラジル<br>(16.5) |
| ロシア<br>(11.1) | アルゼンチン<br>(15.6) | ブラジル<br>(8.6) | インドネシア<br>(12.7) | コロンビア<br>(8.2) | アメリカ<br>(15.7) | EU<br>(10.5) |
| アメリカ<br>(6.1) | 中国<br>(3.7) | アルゼンチン<br>(4.4) | ナイジェリア<br>(6.3) | インドネシア<br>(7.3) | ブラジル<br>(9.3) | タイ<br>(7.4) |
| フランス<br>(4.8) | インド<br>(3.1) | インド<br>(2.5) | カメルーン<br>(5.7) | ホンジュラス<br>(5.2) | パキスタン<br>(6.2) | 中国<br>(5.8) |

出所：FAOstat, USDA（United States Department of Agriculture）.

トウモロコシの先物価格が高いと大豆の作付面積を減らしてトウモロコシの作付面積を増やすというような調整が行われる。

　21 世紀に入って途上国でもカカオ（チョコレートの原料）やコーヒー豆の需要が増大しているが, 生産国は限られている。コーヒー豆の収穫では機械化も進んでいるが, 手作業での収穫を行っているところも多く, 作業条件が厳しいことから人権問題への懸念も大きい。特にカカオ生産では国際的に人権問題が問題視されていることから, ネスレなどではカカオ農園を自社で運営して人道に配慮した収穫を目指している。

　パームオイルはアブラヤシの実や種子を絞ったものであり, 比較的安価で融点の低い性質から揚げ油などの需要が高い。東南アジアでは重要な換金作物でもある。しかし, アブラヤシを植え付けるために森林を伐採して環境問題を引き起こし, プランテーションでの児童労働も問題視されている。パームオイルを燃料に使えばカーボンニュートラル[7] を達成できるものの, そもそも森林を伐採して生産していることからカーボンニュートラルだと認めて

---

7　木材チップを燃やして発電のエネルギーにすると木材から$CO_2$が発生するが, 木の成長過程で大気中の$CO_2$を吸収するため, トータルでは$CO_2$を増やしも減らしもしない中立だということを指している。

いない国もある。さらに，近年はパームオイルの発癌性なども問題視されている。なお，日本ではパームオイルの使用に関して規制や表示義務がない。

　農産物の市場価格は刻々と変化しているが，農家がそれに対応させて機動的に生産量を変化させることは難しい。作付から収穫まで1年かかる作物を考えてみよう。悪天候や需要の増加などで価格が高騰するのを見て農家が作付を大幅に増やす決心をする。多くの農家が同じことを考えて作付を増やせば，翌年は収穫量が大幅に増えて価格が下落する。価格の下落を見て翌年の作付を減らす動きが大勢を占めると収穫量が減少して価格が上昇する。天候悪化や病害の発生など大きなショックが発生すると，このようなサイクルが数年間続くこともある[8]。


◆その他

　天然ゴムはゴムの樹の樹液（ラテックス）を固めたものであり，現在は4分の3がタイヤに使われている。ラテックスは白色だが，タイヤに加工する際に炭素を加えるため黒くなる。天然ゴムの価格は産地の天候などの他，国際的な自動車市況の影響を受けている。

　ダイヤモンドは炭素の結晶であり，非常に高価な宝飾品として流通しているが，大部分は工業用ダイヤモンドとして利用されている。ダイヤモンドは硬度が高いことから，粉末状にして切削工具などに利用される。宝飾用では，近年は人工ダイヤモンドの質が上がって天然ダイヤモンドとの見分けが困難になってきており，あえて安価なダイヤモンドとして人工ダイヤモンドを販売する動きも出てきている。

　ダイヤモンドはロシアやアフリカ中南部で生産されているが，紛争ダイヤモンドの問題が指摘されている。アフリカでは武装勢力などが強制労働などによってダイヤモンドを生産しており，正規品に混ぜられて流通しているといわれている。ダイヤモンドはカットしてしまえば正規品と紛争ダイヤモンドの見分けがつかない。国際的な認証制度もあるもののデータ管理の恣意性

---

8　ミクロ経済学での蜘蛛の巣理論はこのようなサイクルを説明している。

の懸念もあることから，ビットコインのブロックチェーン上に履歴を記録する Everledger などの取り組みも行われている。

　生産者や加工業者などの商品の取り扱い業者は先物取引を利用するが，多くの商品で ETF も利用できる。例えば個人投資家が金に投資しようとする場合，金の先物取引，金 ETF，地金（ingot，じがね）の購入，金貨の購入などの方法がある。中国，インド，アフリカ諸国などでは個人の金投資も盛んにおこなわれている。

## 3. プライベートエクイティ

　プライベートエクイティ（Private Equity：PE）とは，株式市場に上場されていない法人の持分のことであり，投資対象には様々な形態がある。PwC によると，アメリカでは 2018 年に 995 億ドル，ヨーロッパでは 2017 年に 1407 億ユーロの規模に達している[9]。

　プライベートエクイティには，投資対象によって次ページ図表 5-11 のような様々な戦略がある。まずは，プライベートエクイティのためのファンド（PE ファンド）として投資組合や投資法人を作って資金を集め，投資対象を探す。事業や事業部門を買収して育成や再建を行い，上場したり他の企業や PE ファンドに売却したりして投資資金を回収する。スタートアップ企業やベンチャー企業への支援と破綻した企業への支援は異なるように，PE ファンドには専門的な知識や法務の能力が求められる。

　バイアウトとは，企業や企業の一部門を買収して（buy），株式市場から非上場化させる（out）ことを指す。企業関係者が自ら資金調達して非上場化させることを MBO（Management BuyOut）という。LBO では非上場化することで PE ファンドが所有者となり，他の意見を持つ株主を排除することにより，経営改革を効率よく進めることができるようになる。一方で，PE ファン

---

9　PwC, Private Equity Trends Report 2018, MoneyTree Report.

**図表 5-11　プライベートエクイティの戦略**

| | |
|---|---|
| レバレッジドバイアウト<br>(Leveraged BuyOut：LBO) | すでに成熟している企業，上場企業，事業部門などを買収して非上場化する。買収資金は借り入れなどで調達する。 |
| ベンチャーキャピタル<br>(Venture Capital：VC) | 新興企業への投資。VC は自社製品の販売実績があり成長過程にある企業を対象に投資し，スタートアップ企業に対しては富裕な個人がエンジェルとして投資することが多い。 |
| 不動産（real estate） | 商業用不動産や空港，鉄道，高速道路などのインフラに投資する。 |
| メザニン（mezzanine） | 非上場企業が発行した債券を買い取る。シニアよりもリスクの高い「メザニン」クラスに投資することが名前の由来。 |
| 成長資本（growth capital） | 事業の拡大や企業または事業の買収を進めようとしている企業に対する投資。企業への出資という形で資金を提供する。 |
| ディストレスト<br>(distressed PE) | 破綻または事実上破綻している企業への投資。リストラなどの事業再生を行う。特殊事情ファンド（special situations）とも呼ばれる。 |
| ファンドオブファンズ<br>(Fund of Funds：FoF) | 様々な PE ファンドに投資する PE ファンド。 |
| セカンダリー PE<br>(Secondaries) | すでに存在する PE ファンドの持分を買い取る。持ち分を売る PE ファンドにとっては投資資金の回収の機会となる。 |

ドや非上場後の経営者の能力に経営が大きく依存することになり，株式市場によるチェックも行われなくなる。企業統治（corporate governance）[10] の面では大きく後退する可能性がある。PE ファンドの資金回収段階では，株式市場に再上場したり，他の企業や PE ファンドに売却したりする。

　スタートアップ企業は事業が失敗する可能性が高く，非常にリスクが高いため，株式市場での上場が認められず，銀行がまとまった資金を貸し出すケースも少ない。エンジェルと呼ばれる富裕な個人がスタートアップ企業に資金を提供し，ある程度企業として成長するとベンチャーキャピタルが資金を援助する。ベンチャーキャピタルは役員などの人材を派遣することがあり，経営に深く関与する。エンジェルやベンチャーキャピタルは資金提供の

---

10　企業のステークホルダー（利害関係者）は株主だけでなく従業員，取引先，地元など幅広く，企業がステークホルダーとどのような関係を持って統治（運営）していくのか，各企業のルールを公表させるコーポレートガバナンスコードの制度がヨーロッパにはあり，日本でも 2015 年に導入されている。アメリカでは法的な要件はないものの，コーポレートガバナンスの透明性を高めようとする企業が多い。

際に株式を取得しており，株式市場での売り出し時[11] に資金を回収する。

　ディストレスト投資は破綻企業または事実上破綻している企業を買い取って再生して売却する戦略である。破綻状態にある企業のバランスシート（36ページ）は毀損しており，純資産がマイナスになる債務超過になっていることもあるため，取得のための金額は小さくて済む。しかし，不採算部門の立て直しには特殊なノウハウが必要となるだけでなく，従業員のマインドの改善や優秀な人員の引き留めなども必要となる。事業再生の後に株式市場に再上場するなどして投資資金を回収する。

　ファンドオブファンズやセカンダリー PE は自ら事業体に投資するのではなく，他のファンドに投資したり他のファンドから持分を買い取ったりする。様々な PE ファンドに分散投資をしたりすでに経営が改善している企業を他の PE ファンドから買い取ったりすることで，リスクを低減させながら一定の収益を上げようとする戦略である。PE ファンドにとっては資金調達先であり，資金回収のための取引相手でもある。

　プライベートエクイティはリスクが高い一方でリターンも高いといわれている。しかし，投資対象となる企業やインフラには市場価格がなく，評価額には主観が入りやすい。PE ファンドへ投資対象を紹介する仲介業者は過大に「夢」を語って主観的な評価額を吊り上げる。リターンに関してはいくつかの指標があるものの，リターンが過大評価されている可能性がある。スタートアップ企業や破綻企業は，事業が成功するとは限らず，むしろ大部分が失敗するが，計算には含まれない[12]。また，インフラファンドなどは投資から回収までの期間が長くなりがちであり，長期に渡って PE ファンドが資金を提供し続けられるのかという問題もある。

　プライベートエクイティは株式や債券とは特徴が大きく異なるために，分散投資の対象として 2010 年代に人気が高まっているが，プライベートエクイティへの投資が分散投資であるかどうかについては異論もある。ベン

---

11　株式市場で株式を売り出すことを IPO（Initial Public Offering）という。
12　これを生存バイアスという。投資信託などのファンドのリターンは現存するものを対象に計算されることから，途中で消滅したファンドも含めた「真の」リターンよりも高くなる。

チャー企業や破綻企業は株式と同じように，景気の影響を強く受ける。成長資本戦略の対象となる事業体の「成長性」も景気に左右される。インフラからの資金回収はインフラ設備の利用度によって決まるが，電力や空港などのインフラ設備の利用度も景気と相関がある。プライベートエクイティの成績が景気に大きく左右されるのであれば，株式との分散投資の対象とはならない。研究が求められる分野だといえる。

# 第6章
# 金融派生商品

　金融派生商品（derivatives）とは，株式や債券などを原資産（underlying asset）として様々な条件を付けて取引する金融商品である。金融派生商品は株価指数のような実体のない金融商品や天候のような金融商品ではないものを対象に取引することもでき，様々な経済活動から発生するリスクを売買する道具となっている。金融派生商品の価格付けは非常に複雑なものもあり，金融工学（financial engineering）が活用されている。新しい商品が次々に生み出される一方で，商品の仕組みを理解しないで取引をして損失を膨らませる投資家も多い。本章では，先物，スワップ，オプションといった基本的な金融派生商品の仕組みを解説する。

## 1. 金融派生商品市場

　図表6-1はBIS（国際決済銀行）によるOTCデリバティブ市場の推移を表したものである。OTC（Over The Counter）は店頭取引や相対取引とも呼ばれ、デリバティブの売り手と買い手が相対（あいたい）で取引する。取引所取引では金額や条件、満期などが規格化されていて取引しやすいものの、細かな取引要件を決めることができない。OTCでは細かな条件まで交渉して取引することができる。OTCの取引であってもISDAのマスターアグリーメントに準拠する形で基本的なルールを決め、細かい条件を交渉する。

　BISの統計が遡れる1998年以降の推移を見てみると、2000年代にはOTCデリバティブが急増していたが、2010年代に入るとOTCデリバティブの取引高が頭打ちになっていることが分かる。この背景には、OTCデリバティブが相対で取引されることから全容を把握することが難しいことや、金融危機などのイベントが生じて当事者の一方が破綻した際に契約が履行されないケース[1]があったことなどから、2010年代にOTCデリバティブの規制が厳しくなったことがある。

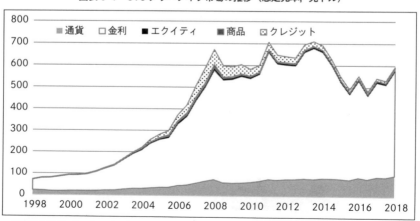

図表6-1　OTCデリバティブ市場の推移（想定元本、兆ドル）

出所：BIS Derivatives Statictics.

図表6-1では，金利デリバティブが大部分を占めている。金利デリバティブは資金貸借に関わる金利を取引するものであり，金利スワップやスワップションなどの取引がある。キャップフロアはシンプルな取引であり，図表6-2のように当事者間であらかじめ基準となる金利水準を決めておき，市場金利が基準金利を超えるとキャップの買い手が市場金利と基準金利の差額を受け取ることができ，市場金利が基準金利を下回るとフロアの買い手が差額を受け取ることができる。キャップの売り手は市場金利が基準金利を上回ると差額を支払う。キャップやフロアは買い手にとって保険のような役割を果たすが，その対価としてプレミアム（手数料）を買い手が売り手に支払う。

図表6-1では通貨関連商品やエクイティ関連商品の取引高は多くはないが，取引所取引では活発に取引されている。通貨関連商品には通貨スワップや通貨オプションがある。エクイティ関連商品は株価や株価指数を利用した金融派生商品を指す。商品は第5章で見た様々なコモディティの取引であるが，多くの取引が取引所取引で行われている。クレジット取引ではCDS（76ページ）の取引が大部分を占めている。CDSも近年は取引所取引が増加し，OTC取引が減少している。

金融派生商品の市場参加者は大きく2つの目的を持っている。第1はリス

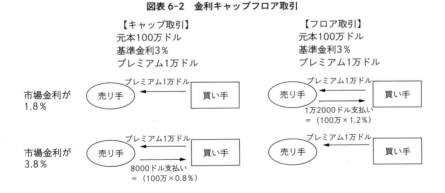

---

1 このようなリスクを，カウンターパーティリスク（counterparty risk）という。相対での取引では取引相手が破綻すると，事前に約束していた金額を受け取ることができなくなる。

クのヘッジ（hedge）である。大豆の生産農家は現在の大豆価格は市場で確認できるが，半年後の収穫時の価格が上昇するのか下落するのか分からず，価格変動リスクにさらされている。このエクスポージャーをヘッジ（回避）するために，大豆の先物市場であらかじめ売り建てておけば，作付段階で将来の収入を確定させることができる。一方で大豆の加工業者も原材料となる大豆価格の変動リスクにさらされており，先物市場で大豆を買い建てることで購入価格を確定させ，大豆価格上昇によるコスト増加リスクを回避することができる。日本の輸出業者は販売代金として将来受け取るドルの円建て価額について価格変動リスクを抱えているため，あらかじめ通貨の先物市場でドルを売ることで円建て価額を確定させることができ，輸入業者は先物市場でドルを買っておけば仕入れ価額を確定させることができる。第5節で紹介するように，株式に投資している個人が株価の大幅下落に備えて金融派生商品を購入する戦略もある。

　第2は投機である。金融派生商品の価格は刻々と変動する。投機家はそれぞれ独自の戦略に基づいて金融派生商品の売買を行って収益を上げようとしている。市場で取引されている金融派生商品の多くは少ない資金で大きな金額を運用できるレバレッジという仕組みがあるため，資金効率を高めて大きな収益を目指すことができる。

　金融派生商品をうまく使うことによってリスクをヘッジすることができるが，リスクそのものが市場から消滅するわけではない。大豆の生産農家は先物市場を利用することで大豆価格の下落リスクを回避することができたが，このリスクは大豆加工業者に移転している。大豆価格が下落しても大豆農家はあらかじめ売り建てておいた価格で売ることができるために損失を免れる一方で，加工業者は価格下落による仕入れコスト低下の恩恵を受けられず，逸失利益が発生する。逆に大豆価格が上昇すると加工業者は仕入れコストの上昇リスクを回避できるが，生産農家は大豆を高く売る機会を逃している。このように，金融派生商品の売買はリスクの売買であり，利益の合計額と損失の合計額が一致する。これをゼロサム（zero sum）という[2]。

## 1. 金融派生商品市場　125

**◆相対取引と取引所取引**

　金融派生商品の取引方法は相対取引と取引所取引で異なっている。相対取引では，当事者同士で条件を交渉することができるが取引相手が破綻すると契約が履行されなくなる可能性がある。金融派生商品の買い手は売り手に対してプレミアム（手数料）を支払うが，手数料も金融工学の基本式に基づいて相対で交渉する。オプション取引では，一定の条件を満たすとオプションが消滅するノックアウトなどの条件を付けることができ，このような条件の付いたオプションをエキゾチックオプションという。

　相対取引では差金決済と現物決済が利用される。差金決済とは両者の間に生じた複数の支払いを相殺して，残りの部分だけの支払いを行うことをいう。AからBに100の支払い，BからAに60の支払いが生じた際に2回の支払いをするのではなく両者を相殺させてAからBに40支払う操作をすることをいう。差金決済によって資金の効率的な管理が可能になる。一方，100万ドルを必要としている輸入業者のような例では，実際に100万ドルが移動する現物決済も行われる。

　取引所取引ではルールが規格化されている。売買単位，価格の変動幅，満期などが決められており，それぞれの条件ごとに異なる価格が付けられている。参加者は条件を交渉するのではなく，市場で取引されている商品の中からどれを売買するのか選択する。

　取引所ではそれぞれの商品について図表6-3のような価格が付いており，刻々と変化している。1カ月後に金を必要としている参加者（例えば金のアクセサリー加工業者）は限月（げんげつ）が2019年4月物を1トロイオンス当たり1255.60ドルで購入すればよく，6カ月後に金が必要であれば2019年12月物を購入すればよい。金の業者のように商品を必要としている参加者は現引き（げんびき）をして金を手に入れることができるが，通常は差金決済

---

2　本文の例では大豆の生産農家と加工業者との間の利益額と損失額が一致していた。金融派生商品の市場では，多くの参加者が少しずつ損をして少数の参加者が大きな利益を得ることもあり，逆に多くの参加者が少しずつ利益を得る代わりに少数の参加者が大きな損失を被る，というように個々の参加者の損失・利益額にはばらつきがある。しかし，市場全体では損失の合計額と利益の合計額が一致する。

126 第6章 金融派生商品

**図表6-3 2019年3月×日の金の先物価格**

| 限月 | 価格（ドル／トロイオンス） |
|---|---|
| 2019年4月（1カ月後） | 1255.60 |
| 2019年6月（3カ月後） | 1258.20 |
| 2019年12月（6カ月後） | 1305.00 |
| 2020年3月（12カ月後） | 1335.30 |

注：全て仮の数値。

を行う。図表6-3の3月×日に1255.60で金先物を購入した投資家がそのまま4月の最終日[3]まで金先物を保有し続けているとする。最終日の価格が1266.60だとすると，投資家は1255.60で購入して1266.60で売却したことになり，11.00の利益が得られ，投資家の口座に振り込まれる。逆に，最終日の価格が1250.00だとすると，5.60の損失となり，投資家の口座から差し引かれる。損失額を自動的に支払えるようにするため，投資家はあらかじめ一定額の証拠金を拠出しておく必要がある。損失額が膨らみ証拠金が足りなくなると，追加証拠金の拠出を求められる。

　取引所取引では，取引所がセントラルカウンターパーティ（Central Counter Party：CCP）として参加者の取引相手となる。株式の取引所や外国為替の取引所と同じイメージでよい。個々の参加者はCCP相手に取引を行っており，CCPが清算も行うため，取引相手の破綻リスクを考えなくてもよい。逆に，CCPは個々の参加者の破綻リスクを負うことになるが，損失額は全ての参加者が少しずつ負担するなどのリスクシェアリングのルールが決められている。

◆グリークス

　本書は入門書であるため金融派生商品の価格がどのように決まるのか，という問題は省略するが，原資産価格や金利などの変化によって金融派生商品

---

3　最終決済日のこと。取引所や商品によってその月の何日が最終決済日になるのかは異なり，第二金曜日などのように決められている。

の価格は変動する[4]。価格変動要因はガンマなどのギリシャ文字で表される
ものが多いため，グリークスと呼ばれている。

セータは時間による金融派生商品の価格変動を表している。オプション取
引では，満期日までの期間が長ければ長いほど価格が変動する機会が多くな
り，オプションが価値を生み出す可能性も高くなると予想されるため，オプ
ション価格が高くなる。満期日までの期間が次第に短くなると，価格が変動
する機会も減るため，その分だけオプションを購入する価値は小さくなる。
セータは時間経過によるオプション価値の下落幅を表している。

**図表 6-4　主なグリークス[5]**

| デルタ（$\Delta$） | 原資産価格の変化による価格変動。価格を原資産価格で微分する。 |
| --- | --- |
| ガンマ（$\Gamma$） | 原資産価格によるデルタの変動。価格を原資産価格で2回微分する。 |
| ベガ（v） | 原資産価格の標準偏差（ボラティリティ）による価格変動。価格を標準偏差で微分する。 |
| ロー（$\rho$） | 金利による価格変動。価格を金利で微分する。 |
| セータ（$\theta$） | 時間による価格変動。価格を時間で微分する。 |
| ボルガ（Volga） | 原資産価格のボラティリティによるベガの変動。価格をボラティリティで2回微分する。 |
| バンナ（Vanna） | 原資産価格のボラティリティによるデルタの変動。価格を原資産価格とボラティリティで微分する。 |

## 2. 先物取引

先物取引とは現在時点で将来の取引を約束するものであり，一般に，相対
取引の場合には先渡し（forward），取引所取引の場合には先物（future）と
呼び分けられている。まずは先渡しから見ていこう。

図表6-5は，輸出企業が3カ月後に商品代金として受け取る100万ドルを
円に交換するというケースである。このような取引を為替予約（currency

---

4　三菱東京 UFJ 銀行編『デリバティブ取引のすべて』きんざい。
5　ギリシャ文字のアルファはベンチマークを上回る超過リターンとして（48ページ），ベータは
　（2–7式，42ページ）で市場ポートフォリオとの相関として用いられている。

図表 6-5　為替予約の例（相対取引）

契約内容：今から3カ月後に1ドル＝120円で100万ドル売る
（3カ月後の為替レートがどのような値であっても1ドル＝120円で100万ドル売らなければならない）

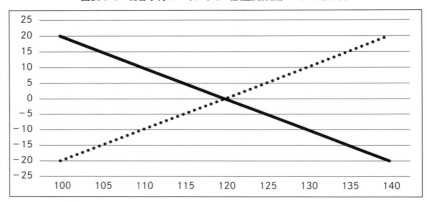

図表 6-6　為替予約のペイアウト（損益関係図，1ドル当たり）

forward）といい，銀行が取引相手（カウンターパート）になる。この企業は為替予約をすることにより，100万ドルを1億2000万円に確実に交換することができる。

　この契約を結ぶと，3カ月後の為替レートに関わらず1ドル＝120円で100万ドル売ることができるが，もし，1ドル＝130円になれば100万ドルを1億3000万円で売ることができた，つまり，1ドルにつき10円分だけ利益を逃したことになる。これを損失とみなす。一方で，1ドル＝110円であれば1億1000万円で100万ドルを換金するところを為替予約によって1ドルにつき10円分だけ損失を免れることができ，利益を得たとみなすことができる。そうすると，この為替予約は図表6-6の実線のような損益となる。

　一方，為替予約に応じた銀行は100万ドルと引き換えに1億2000万円を支払う義務があり，1ドル＝110円の時には1億2000万円と引き換えに受け取った100万ドルを市場で売却して1億1000万円を得るため1ドルにつき10円の損失となる。一方，1ドル＝130円の時には1億2000万円と引き換え

に受け取った100万ドルを1億3000万円で売却することができるため，1ドルにつき10円の利益を得ることになる。そのため，銀行側の損益は図表6-6の点線で表される。両者の損益を合計するとゼロになり，この取引がゼロサムであることも確認できる。

取引所取引では，図表6-3のように限月ごとに価格が付けられており，投資家は証拠金を拠出して先物を買うか売るか選択することができる。46ページの図表2-10にある株価指数の多くも先物取引で売買できる。S&P500を保有するためには500銘柄を購入しなければならないが，S&P500先物であればはるかに低い金額でS&P500と同じ値動きをする金融商品を保有できる。S&P500が将来値上がりすると予想する投資家は先物を買い，将来値下がりすると予想する投資家は先物を売る。現物株では買いが先で売りが後になるが，先物では売りが先で後から買い戻すこともできる。先物は株式だけでなく，通貨，商品，金利などでも取引されている。

満期までの期間が短いことを期近（きぢか），満期までの期間が長いことを期先（きさき）という。図表6-3では期近物の価格よりも期先物の価格の方が高くなっているが，このような状況をコンタンゴ（contango）という。金や原油などの商品相場ではコンタンゴが現れやすい。原油などを期先で売るためにはタンクなどに保管しなければならないが，この保管コスト（キャリーコスト）が上乗せされる分だけ期先物の価格の方が高くなる。将来の価格下落が強く予想されるときには，キャリーコストを相殺して期先物の価格の方が低くなるバックワーデーション（backwardation）が生じる。

## 3. スワップ

スワップ（swap）とは交換を意味する英語であり，当事者間で「キャッシュフローの交換」を行う契約を指す。スワップ取引には様々な種類や利用法があるが[6]，本節では，通貨スワップ，金利スワップ，OISを解説する。

---

6　詳しくは，杉本浩一・福島良治・若林公子『スワップ取引のすべて』きんざい。

通貨スワップ（currency swap）とは，異なる通貨間のキャッシュフローを交換する取引である。例えば，日本からの輸出とアメリカでの現地生産を併用している企業 AG 社が日本での生産設備の更新を行う場面を考えてみよう。AG 社はアメリカでの現地生産・販売によりドルの収入があるが，生産設備を更新するのは日本であり円が必要となっている。そこで，AG 社はアメリカで得たドルを円に交換して設備投資に充て，日本の設備からの収益が溜まると予想される時点（例えば 10 年後）でドルに戻す通貨スワップを結ぶ。

通貨スワップでは円とドルを交換するだけでなく，期間中の金利も交換する。AG 社は銀行から円を借り，銀行は AG 社からドルを借りたと考えると金利の交換が必要だと分かる。通貨スワップでは元本も交換することが多いが，クーポンスワップという取引では期間中の金利の交換だけを行う。図表 6-7 がクーポンスワップだとすると，AG 社が円を借金してドルに交換して運用したことと同じになる。

金利スワップ（interest rate swap）は，異なる種類の金利から発生するキャッシュフローを交換する取引である。例えば，固定金利と変動金利，短期金利と長期金利を交換するスワップがある。通貨スワップとは異なり，元本は交換せずに金利だけを交換することが多い。固定金利で借り入れをするのは固定利付債を発行することと似ており，借入期間に市場金利が上昇したり下落したりしても支払利息は一定になる。現在の市場金利が低く，将来の

図表 6-7 通貨スワップ

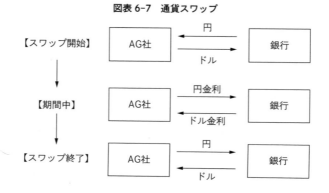

市場金利が高くなると予想される場合には固定金利での借り入れが有利となり，固定金利での運用は不利となる。変動金利は市場金利に連動して支払利息が増減するものであり，現在の市場金利が高く将来の市場金利が低くなると予想される場合には変動金利での借り入れが有利となり，運用は不利となる。変動金利の計算や支払い方法は交渉で決められるが，期間が長期に及ぶ場合には，3カ月ごとに市場金利をもとに計算するなどの方法が採られる。この場合，初めの3カ月は2.0%，次の3カ月は2.8%，その次の3カ月は2.2%のように支払金利が定期的に変動する。変動金利の指標としてLIBOR (London InterBank Offered Rate，ライボー)[7]が用いられることが多い。借入者のリスクに応じて，LIBOR＋1%，LIBOR＋2%などのように変動金利が設定される。

図表6-8では，Y銀行から固定金利で借り入れを行っていたAF社が将来の金利低下を見込んで，固定金利を受け取り，変動金利を支払うスワップを

**図表6-8　固定金利と変動金利のスワップ**

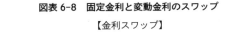

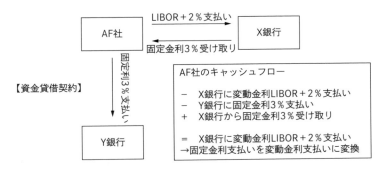

---

7　もともとはイギリス銀行協会（BBA）が公表していたが，2012年にLIBORの不正問題が発覚し，2014年よりICE Benchmark AdministrationがLIBORを公表するようになった。古い方をBBA LIBOR，新しい方をICE LIBORという。USD, EUR, GBP, CHF, JPYの5つの通貨についてそれぞれ，翌日物，1週間，1, 2, 3, 6カ月，1年が公表されている。LIBORは2021年に廃止される予定となっており，新しい指標の候補としてアメリカではSOFA，イギリスではSONIA，ユーロ地域では€STRが挙げられており，地域によって名前が異なる可能性が出てきている。

132　第 6 章　金融派生商品

X 銀行と結んでいる。この取引は相対取引である。

　AF 社は固定金利 3% を Y 銀行に支払っているが，スワップにより X 銀行から固定金利 3% を受け取っているため，これらが相殺されて固定金利を事実上支払っていないことになる。スワップで AF 社は X 銀行に変動金利（LIBOR ＋ 2%）を支払っており，スワップにより固定金利を変動金利にスイッチできている。

　OIS（Overnight Index Swap）は，翌日物金利と固定金利を交換する取引であり，固定金利部分は OIS レートと呼ばれている。LIBOR はもともと銀行間での資金貸借に適用される金利であり，貸出相手の信用リスクが含まれている。それに対して OIS レートは信用リスクをほとんど考えなくてもよい翌日物金利から計算されているため，純粋に金利の見通しなどによって決められる。通常は信用リスクがない分だけ LIBOR よりも OIS レートの方が低くなる。OIS の取引は徐々に増えつつあり，OIS レートは金融市場の分析ツールとして注目を集めつつある。

　AF 社にとっては図表 6-8 と図表 6-9 は，どちらも固定金利を変動金利に変換する取引であるが，変動金利側の支払額が確定する時期が異なる。図表 6-8 で LIBOR を 3 カ月ごとに参照する契約であれば，現時点で 3 カ月物の LIBOR の値が判明しているため，現時点で 3 カ月間の支払額が確定する。例えば，現時点で 3 カ月物 LIBOR の金利が 2.0% であれば，3 カ月の支払額は 1.0%（＝ 4.0% × 90/360）相当分になる。つまり，3 カ月ごとの期初に支払額が確定する。一方で，OIS を用いると，現時点では今日 1 日分の金利支払額しか確定せず，明日の金利支払額は明日の翌日物金利を参照しなければならない。つまり，OIS では 3 カ月ごとの期末に支払額が確定する。OIS の方がより変動金利としての性格が強いといえるだろう。図表 6-9 では AF 社は翌日物金利だけを支払っているが，実際には，AF 社のリスクに応じて翌日物

図表 6-9　OIS を用いた固定金利と変動金利のスワップ

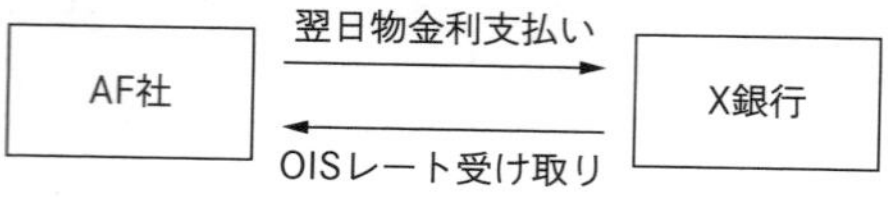

金利 + α という形で契約が結ばれる。

スワップ取引には様々な種類があり，第3章で解説したCDSもスワップ取引である。スワップ契約を途中で終了させる権利が付いたコーラブルスワップ（callable swap）などがあり，スワップが付いた債券も発行されている。

## 4. オプション

オプションは先物やスワップなどの取引の権利を売買するものである。まずはドルの売買を例にオプション取引に必要な用語を見ていこう。

図表6-10は図表6-5の為替予約をオプション取引にしたものである。1ドル＝120円を行使価格（strike price），3カ月後を権利行使日（expiration date）または満期，「1ドルにつき2円」をオプション価格または手数料（premium）という。ドルを売ることをプット（put option），ドルを買うことをコール（call option）という。このオプションは3カ月後の権利行使日（満期日）に1度だけ権利を行使する（exercise）かどうかを買い手が決めることができるが，これをヨーロピアンオプション（European option）という。満期日までの間いつでも権利の行使ができるオプションをアメリカンオプション（American option），満期日までの間に複数回の権利行使可能日が設定されているオプションをバミューダンオプション（Bermudan option）という[8]。図表6-10の契約はシンプルで特別な条件が付いていないが，これをプレーンバニラオプション（plain vanilla option）という。後述するノックインなどの条件が付けられたオプションをエキゾチックオプション（exotic option）という。

### 図表 6-10　オプション取引の例（相対取引）

契約内容：「今から3カ月後に1ドル＝120円で100万ドル売る」権利を買う
オプション手数料は1ドルにつき2円とする。

---

8　バミューダがヨーロッパとアメリカの間に位置していることから名付けられたと考えられている。

**図表 6-11　オプションの売買**

　オプションの買い手は権利を行使するかどうかを選択できる一方で，オプションの売り手は買い手が権利を行使したら必ず応じなければならない。図表6-11のように，オプションにはコールオプションの買いと売り，プットオプションの買いと売りの4種類があり，それぞれペイアウトが異なる。保険の売買と同じく，オプションの買い手は損失を限定させることができ大きな収益を得られる機会がある一方で，オプションの売り手は収入が限定され損失が大きく膨らむリスクにさらされる。

　図表6-12は図表6-10のプットオプションの買い手のペイアウトを示している。為替レートが1ドル＝120円の所を見てみると，損益が−2円になっている。1ドル＝120円ではプットオプションを行使しても行使しなくても結果は同じであり，オプション自体の損益は0になるが，2円の手数料をすで

**図表 6-12　プットオプションの買い手のペイアウト（1ドル当たり）**

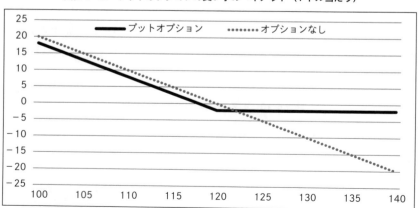

に支払っているために損益は合計で−2円となる。

　1ドル＝110円の時には，市場で1ドル＝110円でドルを手に入れてプットオプションを行使し，1ドル＝120円で売ることができるため，オプションからは10円の利益を得ることができる。手数料の2円を差し引いて合計の損益は＋8円となる。1ドル＝130円の時には，オプションを放棄すればよく，損益は手数料の分の−2円となる。

　為替予約（図表6-6の実線または図表6-12の点線）では，行使価格よりも円高になればなるほどプラス幅が拡大し，円安になればなるほどマイナス幅が拡大していた。しかし，オプションでは行使価格よりも円安になる場面ではオプションを放棄して損失を限定させることができる。1ドル＝118円よりも円高の領域では，オプションにより利益が得られるが，この領域をインザマネー（In The Money：ITM）という。同様に，行使価格とほぼ同じ水準をアットザマネー（At The Money：ATM），オプションを行使すると損失が発生するためオプションの権利を行使しない領域をアウトオブザマネー（Out of The Money：OTM）という。

　プットの売り手はプットの買い手と上下を反転させたペイアウトになる。2円の手数料を受け取っているため，1ドル＝120円の所では損益が＋2円となっており，買い手が権利を放棄する円安の領域では手数料収入を得ることができる。一方で，行使価格よりも円高局面では買い手がプットオプション

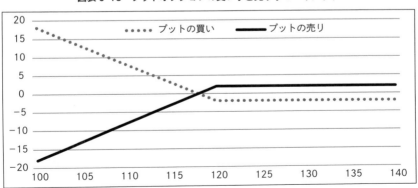

図表6-13　プットオプションの買い手と売り手のペイアウト

を行使するため，1ドル＝120円で買い取ったドルを市場価格で売却して損失を被る。プットオプションでも両者の間でゼロサムが成り立っている。

コールオプションのペイアウトは，プットオプションのペイアウトを左右に反転させた形になる。1ドル＝120円を行使価格とするコールオプションの買い手は，1ドル＝130円の時にオプションを行使してドルを手に入れ，すぐに市場で売却すると1ドルにつき10円の利益を得ることができ，そこから手数料を引くと合計の損益が計算できる。コールオプションの売り手は行使価格よりも円高局面では手数料収入の分だけプラスになるが，円安局面ではオプションを行使されて損失が発生する。

◆エキゾチックオプション

ここでは，ノックアウトオプション（knock-out option），ノックインオプション（knock-in option）を解説する。ノックアウトオプションは，原資産価格があらかじめ決めておいた一定水準に達したらオプションが消滅するというものである。例えば，ドルの調達を予定しているが円安による調達コスト上昇を抑えたいと思っている企業が1ドル＝120円のコールオプションに，1ドル＝110円に達したらオプションが消滅するというノックアウト条項を付けるオプション契約を結ぶ。1ドル＝110円まで円高が進んだ局面では，1ドル＝130円のように急激に円安になることはないだろう，というシナリオを描いている。このシナリオが企業の思惑通りに進めば，ノックアウト条項が付くことでオプションの手数料を引き下げることができ，オプションによるヘッジのコストを下げることができる。

ノックアウトの条件は行使価格よりも上方にも下方にも設定することができ，コールオプションにもプットオプションにも付けることができる。ノックアウトオプションは手数料が低いものの，権利行使日にまでに一度でもノックアウトの条件を満たすとオプションが消滅し，ヘッジ効果も消滅する。その後，急激に相場が反転してもヘッジすることができずに損失を被るリスクがある。このようなリスクを低減するためのギャップオプションもあり，権利行使日にノックアウトするかどうかを判定する。オプションの買い

手にとってはより安全性は高いが，ノックアウトオプションよりも手数料は高くなる。

　ノックインオプションはノックアウトオプションの逆であり，原資産価格があらかじめ決めておいた水準に達するとオプション行使の権利が発生するというものである。ノックイン条件は行使価格の上下に設定することができ，コールオプションにもプットオプションにも付けることができる。

### ◆取引所取引

　オプションの取引所取引では，図表 6-14 のような価格が付けられており，先物や現物株式と同じような感覚で売買されている。取引所取引ではオプション手数料という用語よりもオプション価格という用語の方が好まれている。投資家は表を見ながら好きな行使価格のオプションを購入することができる。表の左側，S&P500 の現在値が 2700 の時には，行使価格 2700 のコールやプットの価格は低い。行使価格 2700 のオプションを購入しても，現在値 2700 では行使する意味がないためである。行使価格 2600 のコールを購入して権利を行使すれば，2600 で S&P500 を購入して 2700 の市場価格で売ることができ，100 の利益が得られるため，少なくとも 100 の価値を有している。権利行使日までに S&P500 がさらに値下がりする可能性もあるため，100 よ

**図表 6-14　オプション価格の表の例**

| コール | 行使価格 | プット | | コール | 行使価格 | プット |
|---|---|---|---|---|---|---|
| S&P500 現在値：2700 | | | | S&P500 現在値：2650 | | |
| 206.30 | 2500 | 0.05 | | 155.80 | 2500 | 0.05 |
| 105.20 | 2600 | 0.05 | | 52.90 | 2600 | 0.06 |
| 52.70 | 2650 | 0.08 | → | 0.12 | 2650 | 0.16 |
| 11.00 | 2690 | 0.10 | | 0.05 | 2690 | 41.10 |
| 0.18 | 2700 | 0.20 | | 0.05 | 2700 | 52.20 |
| 0.06 | 2710 | 10.40 | | 0.05 | 2710 | 63.80 |
| 0.05 | 2750 | 55.30 | | 0.05 | 2750 | 103.50 |
| 0.05 | 2800 | 104.30 | | 0.05 | 2800 | 151.00 |

注：すべて仮の数値。

138 第 6 章 金融派生商品

りも高い価格が付けられている[9]。通常は，コールは行使価格が低いほど，プットは行使価格が高いほど，オプション価格も高くなる。

現在値が2700であるS&P500が将来値下がりすると見込んでいるとき，投資家にはコールの売りとプットの買いの2つの戦略がある。例えば，2600のコールを105.20で売り建てておき，S&P500が値下がりしたら（図表6-14の右側）2600のコールを52.90で買い戻す。差し引き52.30の利益が得られる。同様に，S&P500が2700の時に2690のプットを0.10で購入しておいて，S&Pが2650に値下がりした時に41.10で売ると差し引きで41.00の利益が得られる。オプションを権利行使日まで保有し続けて差金決済してもいいが，取引所取引では権利行使日前に反対売買をして損益を確定させることもできる。取引所取引ではCCPを相手に売買するが，CCPの向こうに取引相手が見つからなければ取引は成立しない。行使価格が現在の市場価格よりも大きく乖離しているときには，そしてそれがインザマネーの時には取引相手を見つけるのが非常に難しい。

オプション価格の算出は非常に難解であるため本書では省略する。オプションを取引するのであれば，ブラック＝ショールズ式の基本的な考え方やプットコールパリティによるオプション価格の推定方法などをマスターしておく必要がある。

## 5. デリバティブ取引の利用

企業，金融機関，投資家は様々なリスクにさらされている。金利や為替レートの変動のような金融市場に関連するリスクだけでなく，GDPやインフレのようなマクロ経済に関連するリスク，法制度の変更などの法務リスク，自然災害などのリスクがあり，可能な限りリスクをコントロールすることが望ましい。一般に，リスクを多く取ればリターンも大きくなり，リスクを回避すればリターンも小さくなることから[10]，リスクを定量化してどれだ

---

9　図表6-4のセータが考慮されている。

けのリスクを取る（リスクテイキング）ことができるのか，リスクの種類ごとに検討する必要がある。また，これらのリスクや事業計画に応じて，どのタイミングでいくらの資金が必要なのかが決まる。金融派生商品を購入することでリスクをヘッジでき，金融派生商品を売ることでより大きなリスクを取ることができ，資金フローのタイミングをずらすこともできる。本節では，金融派生商品の利用方法を見てみよう。

◆ストラドル

オプションのプットとコールを組み合わせる戦略をストラドル（straddle）という。図表6-15は行使価格1ドル=120円，手数料2円のプットの買いとコールの買いを組み合わせたロングストラドル[11]のペイアウトである。

為替レートが行使価格よりも円高になるとプットの価値が高くなり，円安

図表6-15　ロングストラドルのペイアウト

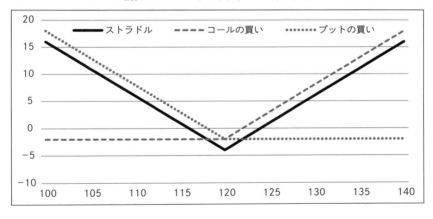

---

10　金融市場でのリスクとリターンは比例的な関係にあることが多いが，より広い視点で考えるとリスクの中にはリターンと比例的な関係にないものも多い。例えば犯罪に関係する取引では証拠を隠蔽するために多大なコストがかかってリターンが望めない上に摘発されたときのリスクが非常に高い。金融機関は犯罪に関わってしまう法務リスクを抱えているが，そこから得られるリターンは小さい。
11　買い持ちすることをロング（long），売り持ちすることをショート（short）といい，買い持ちや売り持ちを清算することをクローズ（close）という。

140 第 6 章 金融派生商品

になるとコールの価値が高くなる。両者を合わせると V 字型のペイアウトになるが，コールで 2 円，プットで 2 円の手数料を支払っているため，手数料の支払額は合計 4 円となり，1 ドル＝120 円の所では損益は－4 円になっている。

ロングストラドルは為替レートが大きく変動することによるリスクをヘッジする戦略であり，1 ドル＝116 円未満，1 ドル＝124 円超で損益がプラスになる。

コールの売りとプットの売りを組み合わせるショートストラドルのペイアウトはロングストラドルを上下反転させたものとなる。為替レートが行使価格付近で変化が少なければ手数料の分だけ損益はプラスとなるものの，為替レートが円高方向，円安方向どちらであっても大きく変動すれば損益はマイナスとなる。

ストラドルは為替レートの変動の大きさによって損益が決まるため，ボラティリティを取引しているとみなすこともできる。ロングストラドルはボラティリティの買い，ショートストラドルはボラティリティの売りと対応している。

ストラドルはコールとプットの行使価格が一致しているが，行使価格をずらしてペイアウトの形を変えるストラングル（strangle）などの戦略もある。

◆プロテクティブプット

株式などの資産を保有したままで価格下落リスクをヘッジする戦略がプロテクティブプットである。ETF や先物などで S&P500 を 2700 で購入して保有している投資家が，S&P500 を保有したままで価格下落リスクをヘッジしたいと考えている場合に，図表 6-16 のように，S&P500 のロングと行使価格を 2700 とするプットの買いを組み合わせることでヘッジを実現できる（手数料は 10 とする）。

S&P500 のロングポジションは株価指数を購入して保有している状態を表しており，株価が下落すれば損失が膨らむ。S&P が 2650 であれば損失は 50 になる。行使価格2700のプットを購入すると，価格が下落すればするほど損

5. デリバティブ取引の利用　　141

図表6-16　プロテクティブプットのペイアウト

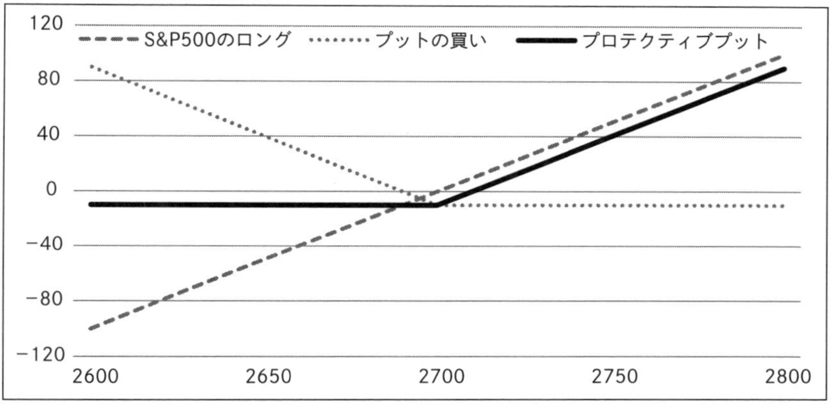

益がプラスになる。S&P が 2650 であれば利益は 40 となる（手数料の 10 を
差し引いている）。S&P500 のロングとプット行使の合計の損益は−50 と
＋40 を合わせて−10 となるが，より価格が下がって 2600 になっても合計の
損益は−10 で済む（S&P500 のロング−100，プットオプションの買い＋90
の合計）。一方で，S&P500 の価格が上昇した場合には，S&P500 のロングポ
ジションから利益を得られ，オプションは放棄してオプション手数料のみ支
払えばよく，価格が上昇すればするほど利益が拡大する。

◆変動金利借入と金利キャップの買い

　変動金利で借り入れを行っている企業が，将来の金利上昇リスクをヘッジ
するために金利キャップを買う戦略である。金利キャップでは図表6-2 で示
したように，ある一定水準の金利を超えるとその差額をキャップの売り手か
ら受け取ることができる。図表6-17 では，変動金利（LIBOR＋0.3％）で借
り入れている企業 AG 社が，金利コストの上限を 4％程度に抑えるために金
利キャップを結んでいる。金利キャップの売り手に対しては借入金額の
0.5％に相当する金額を手数料（プレミアム）として支払い，市場金利
（LIBOR）が 3.5％を超えたら差額分を受け取る契約を結ぶ。

　LIBOR が 2％の時の AG 社の金利支払コストは，変動金利 2.3％（LIBOR

142　第6章　金融派生商品

**図表 6-17　金利キャップの買いによる変動金利上昇リスクのヘッジ**

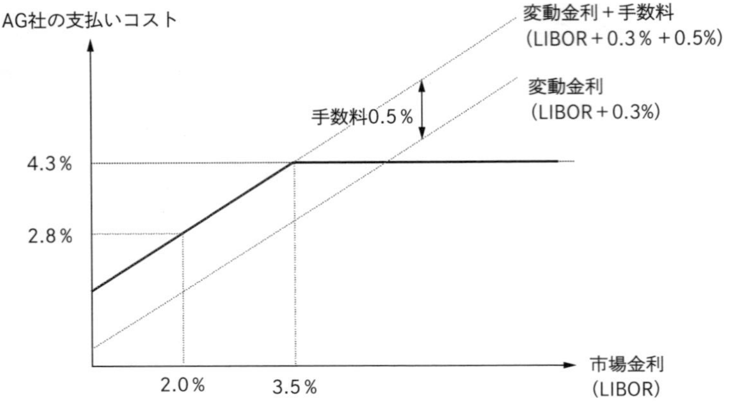

2%＋0.3%）にキャップの売り手への手数料支払い0.5%を合わせた2.8%となる。同様にLIBORが3%の時には，AG社の支払いコストは3.8%となる。LIBORが3.5%の時には支払いコストは4.3%となるが，LIBORがそれを超えてもAG社の支払いコストは4.3%で頭打ちとなる。例えば，LIBORが4.4%の時には，変動金利4.7%＋キャップの手数料0.5%－キャップの売り手からの受け取り0.9%＝4.3%となる。

　固定金利と変動金利のスワップでは市場金利が高くても低くてもスワップ契約時に決めた固定金利を支払う必要があるが，金利キャップを利用すると，市場金利が低い時には金利支払いコストを節約しつつ市場金利高騰のリスクをヘッジできる。

### ◆その他の金融派生商品

　スワップとオプションを組み合わせたスワップション（swaption）という金融派生商品がある。スワップションの買い手はスワップをする権利を保有し，有利な状況ではスワップを実行して不利な状況ではスワップを放棄することができる。スワップションの権利行使のタイミングにより，アメリカン，ヨーロピアン，バミューダンがある。

　図表6-8のAF社はY銀行から3%の固定金利で借り入れをしていたが，

X銀行との間でスワップを結ぶことによりLIBOR＋2％の変動金利での借り入れにスイッチできた。しかし，LIBORが6％になれば変動金利の支払いコストは8％にもなり，LIBORが非常に高い時にはスワップをしたくないと考えるだろう。LIBORが低いときには変動金利の恩恵を受ける一方で，LIBORが高いときにはスワップを放棄したいという場合には，スワップションを結べばよい。AF社が考える支払金利コストの上限が4％であり，X銀行に支払うオプション手数料がスワップ額の0.5％であるとすると，LIBORが1.5％を下回った時にスワップションを行使すればよい。この時の支払いコストは，LIBOR 1.5％＋2％＋オプション手数料0.5％で合計4％になる。ただし，この契約ではスワップション行使後にLIBORが上昇して金利コストが上昇するリスクをヘッジできない。その場合には，ノックアウト条項などを付けたエキゾチックなスワップションを結べばよい。その他の戦略としては金利キャップの買いを組み合わせることも考えられる。

　金融派生商品は金融商品以外の物を原資産に設定することもでき，例えば，気温などの天候を原資産にした天候デリバティブがある。冬に大雪が降ると降雪地域の自治体は除雪費用がかかり，降雪が少ないと除雪費用を節約できる。一方で，スキー場は降雪が多ければより長い期間スキー場を運営でき利益が得られるが，降雪が少ないと収入が激減する。自治体とスキー場経営者は降雪に対して反対の損益関係を持つ。両者の間で天候デリバティブを結べば互いのリスクをヘッジできる。

　図表6-18では，120cm基準として，1月の累計降雪量が基準を上回ればスキー場から自治体に対して降雪1cmにつき20万円を支払い，逆に基準を下回ると自治体がスキー場に対して降雪1cmにつき20万円を支払う。自治

**図表6-18　天候デリバティブの例**

【降雪デリバティブ】

体は降雪が多ければ天候デリバティブから除雪費用を調達でき，降雪が少なければ節約できた除雪費用を支払いに充てる。スキー場は降雪が多ければスキー場の収益の一部を支払いに充てる代わりに，降雪が少なければ天候デリバティブから損失を補填できる。

この取引は金利先渡取引（Froward Rate Agreement：FRA）と同じ仕組みである。FRA では契約当事者が基準となる金利を決めておき，この水準を上回ると A から B に差額を支払い，水準を下回ると B から A に差額を支払う。この仕組みは排出権取引などにも応用できる。排出権は事業活動によって排出される $CO_2$ などの温室効果ガスの排出割当量のことであり，先進国では企業や事業体ごとに政府から排出量を割り当てられている。割り当て排出量を下回ればその差額を販売し，排出量が多い企業は売りに出された排出権を購入する。相対での取引も可能であるが，排出権は取引所でも売買されている。

# 第7章
# フィンテック

　フィンテック（fintech）とは，金融を表すファイナンスと技術を表すテクノロジーからなる造語である。新しい技術を用いることでこれまでにない金融サービスを生み出すだけでなく，既存の金融サービスの改善を図るものでもある。本章ではどのようなサービスがフィンテックとして展開されているのか概説し，国際送金など既存の金融サービスとすでに競合していることを見ていく。暗号通貨や分散型台帳技術などのキーワードも取り上げ，フィンテックの課題についても触れる。

## *1.* フィンテックのフィールド

　新しい技術を金融に導入することでこれまでなかった新しいサービスが生まれるとともに，既存の金融サービスの改善も図られている。新しい技術には，RPA[1]，AI（Artificial Intelligence：人工知能），分散型台帳技術（Distributed Ledger Technology：DLT），スマートコントラクト（smart contract），生体認証（biometric authentication または biometrics）などがあり，これらを活用して金融サービスを改善させることがフィンテックだといえる。フィンテックの対象範囲は非常に広く，図表 7-1 のような業務を対象としたフィンテック企業が活動している。これらの企業は，企業間取引（Business-To-Business：B2B，政府を相手にした B2G も含まれる），対顧客取引（Business-To-Consumer：B2C），対顧客取引の仲介・支援[2]（Business-To-Business-To-Consumer：B2B2C）などに取り組んでいる。

図表 7-1　アジアのフィンテック企業による対象業務（複数回答）

| | | | |
|---|---|---|---|
| 決済関連 | 33% | レグテック，ロボティクス（e-KYC, AML，デジタル ID） | 10% |
| 融資 | 25% | クラウド，オープン API | 9% |
| 送金 | 21% | 暗号通貨 | 7% |
| データ分析 | 18% | 企業管理システム | 6% |
| ブロックチェーン・DLT | 16% | クラウドファンディング | 6% |
| ロボアドバイザー，個人金融管理 | 13% | 会計 | 6% |
| インシュテック（UBI, テレマティクス） | 12% | デジタル本人確認 | 5% |
| 金融取引，資産管理 | 11% | 企業・事業体向けツール | 4% |

出所：Ernst and Young, ASEAN FinTech Census 2018, p. 16.

---

1　Robotic Process Automation の略であり，人間が行っていた定型業務（例えば，納品書の打ち込みなど）を PC に自動化させて作業させるツールのことを指す。AI と組み合わせて，自動で判断させることもできる。

2　例えば，オンラインショッピングモール（EC サイト）の運営者は B2B2C に携わっているといえる。顧客がオンラインで物を買えば出品業者との間で B2C 取引が行われるが，ショッピングモールのプラットフォーム上で売買が行われており，B2（B2C）という形になっている。

ここでは，図表7-1からいくつかの用語を解説する。最も企業数が多いのが決済関連であるが，ここには電子マネーの発行や管理だけでなく，決済に関わるアプリの開発なども含まれている。店舗での支払いだけでなく，オンラインショッピングでの決済支援なども対象となる。近年は，クレジットカードのような後払いのシステムであるポストペイが若年層を中心に利用が広がっている。オンラインショッピングの取引増加につながる一方で，若年層の借金漬け体質を促す問題もある。

　融資審査にAIを導入する試みも増えている。融資申込書の1次審査はAIが行い，AIが人による2次審査が必要だと判断した案件のみ人がチェックするようになれば，判断の迅速化とミスの削減につながる。

　資金を借りたい人は多いが，従来の銀行の審査では融資を受けることができないケースも多い。その場合は，クラウドファンディング（crowdfunding）の利用も考えられる。クラウドファンディングとは，Web上などで自分のプロジェクトをアピールし，不特定多数の人々から出資や融資を受ける仕組みである。リスクは高いものの，案件によっては高いリターンが望める。社会的起業（social entrepreneur）でも活用される。ビットコインなどの暗号通貨（cryptocurrency）で資金を調達し，その対価として独自に作成したトークン（または独自作成の暗号通貨）を引き渡す方式をICO（Initial Coin Offering）という（第2節）。

　インシュテック（InsurTech）とは保険と技術の造語であり，自動車保険ではテレマティックス（telematics）の技術を応用したUBI（Usage-Based Insurance）という保険が実用化されている。古いタイプの自動車保険は1年などの期間を対象に契約し，運転量が多くても少なくても同額の保険料を支払っていた。しかし，自動車にセンサー等を取り付けてリアルタイムで情報の送受信を行うテレマティクスの技術を利用することにより，運転した距離に応じた保険料の支払いなどが実現可能となった。現在では急ブレーキなどの操作を行うと保険料が増額となるような自動車保険も登場している。テレマティクスの技術は自動車だけでなく，船舶や航空機，重機などにも応用できる。

148　第7章　フィンテック

　ロボアドバイザーとは AI が顧客対応するものであり，証券会社が顧客か
らの金融投資に関する相談に対して，アンケートなどをもとにそれぞれの顧
客に最適な提案を行うプログラムなどが該当する。富裕層向け金融サービス
のプライベートバンキングでは，金融資産 10 億円以上のような顧客を相手
にしており，顧客に対して専任のプライベートバンカーを配置している。プ
ライベートバンカーは顧客に様々な質問をして適切なアセットマネジメント
を提案するが，一般の投資家にとってプライベートバンカーは費用が高すぎ
て利用できない。そこで，ロボアドバイザーに相談する。証券だけでなく，
保険の選択や長期に渡るマネープランなどでも活用が期待される。クレジッ
トカードや電子マネーなどの複数の支払い手段を 1 つのアプリで管理できれ
ば，家計の管理の自動化につながる。このようなサービスもすでに登場して
いる。

　クラウド（cloud）は，データの保存やソフトウェア（アプリケーション）
の動作を手元の PC ではなくインターネット上で行うことをいう。クラウド
サービスは提供するものによって，ソフトウェア系の SaaS（Software as a
Service），プラットフォーム系の PaaS（Platform as a Service），インフラ系
の IaaS（Infrastructure as a Service）に大別される。逆に，手元の PC など
でデータの管理などを行うことをオンプレミス（on-premises）という。ク
ラウドは他のサービスとの連携も容易であり，例えば多くのクラウド会計
サービスがある。会計情報を自社で管理するのではなく，クラウドサービス
で管理するものであるが，税制の変更やセキュリティー機能の更新，データ
のバックアップなどオンプレミスで必要となる手間を省くことができる。自
社の複数の口座情報を統合したり，納税書類を作成したりする機能もある。

　API（Application Programming Interface）は残高照会など特定の機能を
呼び出すプログラムのことであり，オープン API は顧客情報など金融機関が
保有するデータベースにアクセスできるアプリを指す。スマートフォンのア
プリとして組み込むことで，ユーザーは金融サービスをより便利に使うこと
ができるようになる。

　レグテック（RegTech）は規制と技術の造語であり，金融機関や金融サー

ビスに課せられている規制に関わるコストを削減したり，より効率よく規制を遵守したりするために新しい技術を用いることを指す。金融機関で口座を開く際には本人確認が必要であり，身分証明書などを提示して本人確認を行う。ユーザーの側からすると，銀行，証券会社，保険など金融機関を利用するたびに本人確認を行うのは煩雑であり，このような煩雑さから口座開設をあきらめるケースもある。ユーザーが手続き上の煩雑さを嫌って途中で取引を止めてしまうことを，オンラインショッピングではカゴ落ち（cart abandonment）という。オンラインショッピングではクレジットカードで支払うことが多いが，オンライン上では本人確認が難しく，拾ったクレジットカードで本人に成りすまして買い物をしているかもしれない。そこで 3DS（Three Domain Secure）という方法を取り入れているサイトもある。クレジットカードの基本情報を入力した後に，別画面が開いてカード会社のWeb 画面などであらかじめ決めておいたパスワードを再度入力するというものであり，不正取得のクレジットカード利用に歯止めをかけることができる。しかし，別画面でパスワードを入力する手間を嫌ったカゴ落ちが多く発生するため，3DS を導入しているサイトは非常に少ない。そこで，全ての人がパスワードを入力するのではなく，AI が金額や位置情報（カード保有者の住所と商品送付先の国が違っているなど）などの面から問題があると判断するケースでのみパスワード入力を求める 3DS 2.0 が普及しつつある。同様に，金融機関の口座開設でも，本人確認は 1 度だけ行い，その情報をオンライン上のデータベースに記録しておき，2 回目からは金融機関がそのデータベースを照合すれば手続きが早く進むだけでなく，金融機関側の個人情報管理コストが削減でき安全性も高まる。この問題は，顧客確認（Customer Due Diligence：CDD）と呼ばれており，DLT（分散型台帳技術）の応用分野として有望視されている。第 3 節で見ていくことにする。

　金融界では，現在でも紙ベースで管理されている情報や業務が多く残されている。このような状況はデータの安全性，データや手続きの透明性，手続きの効率性などの面で問題を抱えることになり，不正取引の温床にもなる。金融機関は多くのデータを保有しているが，データをどのように扱うべきな

のかも議論されている。また，これまでは多くの金融取引を金融機関が独占
してきた。途上国を中心に送金業者の競争があるものの，国際送金は銀行が
事実上独占しており，非効率で透明性の低い慣行が続けられてきた。このよ
うな状況は金融疎外（financial exclusion）を生み出し，世界経済の発展を妨
げてきた。フィンテックにより金融機関の独占が崩れるにつれて，これまで
疎外されていた人々が金融取引に参加できるようになった。これを金融包摂
（financial inclusion）という。途上国では電子マネーなどでの取引の積み重
ねにより，銀行口座の開設が可能となる人々も出てきており，フィンテック
は既存の金融界と対立するものではない。

## 2. 暗号通貨

　暗号通貨（cryptocurrency）は日本では仮想通貨と呼ばれることが多い。
仮想通貨（virtual currency）は英語では電子マネーなどを指すことが多く，
基本的な用語の問題が日本語での学習の妨げになっている。国際機関や日本
政府は暗号資産（crypto assets）の用語を使おうとしているが，「暗号」とい
う言葉にこだわる必要は全くない。また，「通貨」という言葉も技術的な知
識がない人々を中心とした感情的な反感の原因になっている。暗号通貨は資
産の保有証明や金融取引の仲介，データベース利用料など様々な用途に使わ
れており，物やサービスの売買の対価としての役割は一部分にすぎない。こ
れらの事情を考えると，本来はデジタルアセット（digital assets）と呼ぶべ
きであるし，業界ではデジタルアセットと呼ぶ人も多い。ただ，本章では仮
想通貨という用語がすでに普及していることも勘案して，英語で一般的に使
われている暗号通貨という用語を採用することにする。暗号通貨についての
詳細は川野祐司『キャッシュレス経済』第4章を参照のこと[3]。

---

3　川野祐司『いちばんやさしいキャッシュレス決済の教本』インプレス，の第4章でも暗号通貨
　の仕組みや応用を解説している。また，フィンテックによる金融包摂や社会問題の解決などの章
　もある。

## 2. 暗号通貨　151

### ◆暗号通貨市場

　2021年5月時点で，暗号通貨市場では9614通貨が取引されており，時価総額は2兆4108億ドルに達する。図表7-2は上位10通貨だが，ビットコインが圧倒的な地位を占めている。時価総額が100億ドル以上の通貨は21，10億ドル以上の通貨は102ある。暗号通貨市場には上下の波はあるものの成長を続けており，さらなる成長が見込まれている。

　暗号通貨を手に入れる最も一般的な方法は，取引所に口座を開いて購入することであるが，取引所からの暗号通貨の流出が相次いでいる。多くの暗号通貨は自分で管理することができるが，秘密鍵の適切な管理が欠かせない。当面利用する予定がないものについては，コールドウォレットに保存するのが望ましい[4]。

　ビットコインは2009年にサトシ・ナカモトによって生み出された。現在の

図表7-2　暗号通貨市場の上位10通貨（億ドル）

| 通貨名 | 通貨記号 | 時価総額 |
|---|---|---|
| ビットコイン（Bitcoin） | BTC | 10631.6 |
| イーサリアム（Ethereum） | ETH | 4133.0 |
| バイナンスコイン（Binance Coin） | BNB | 979.2 |
| リップル（XRP） | XRP | 766.6 |
| ドージコイン（Dogecoin） | DOGE | 774.5 |
| テザー（Tether） | USDT | 535.5 |
| カルダノ（Cardano） | ADA | 521.6 |
| ポルカドット（Polkadot） | DOT | 396.2 |
| ビットコインキャッシュ（Bitcoin cash） | BCH | 284.9 |
| ライトコイン（Litecoin） | LTC | 229.7 |

注：リップルという呼び名は便宜上用いた。本来の通貨名はXRP。
出所：CoinMarketCapホームページ。2021年5月7日時点。

---

4　多くの暗号通貨関連のアプリやウォレットでは，秘密鍵を生成するためにキーワード（シード）を用いる。シードから秘密鍵を生成し，秘密鍵から暗号通貨を管理するアドレスを生成する。シードが流出すれば暗号通貨が盗まれるため，インターネットから隔離されたPCなどでシードや秘密鍵を生成し，その秘密鍵から生成したアドレス（これがコールドウォレットになる）に送金することで安全に暗号通貨を保管できる。

形の暗号通貨の第1号である。既存の技術を組み合わせ，悪意のある参加者が一定数いたとしても安全に運用できる仕組みを作り上げた。中央集権的な管理者がいないために，恣意的な運用ができない点が支持を集めている[5]。2013年などこれまで何度か投機的な買いがあり，価格の高騰がニュースになっている。2017年12月にはビットコイン先物がCMEに上場された。金融商品として取引ができるようになったことから，ビットコインの価格決定メカニズムやビットコイン投資が分散投資になるのかどうかなどの研究が進められている。ビットコインの取引データを記録しているブロックチェーン（blockchain）は，現在のところ，最も安全な分散型データベースであることから，ビットコインのブロックチェーンを利用したビジネスが数多く生まれている。

イーサリアムは，スマートコントラクトというプログラム実行機能が特徴であり，ブロックの生成速度も12秒とビットコインよりも速い。スマートコ

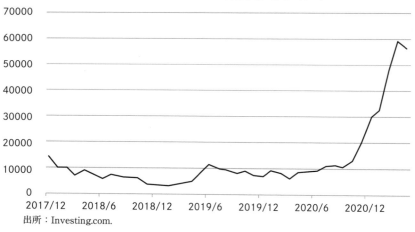

図表7-3　CMEのビットコイン先物価格の推移（ドル）

出所：Investing.com.

---

[5] 円やドルなどの通貨をフィアットマネー（fiat money）というが，フィアットマネーは金融政策で恣意的に量を増やして価値を下げることができる。戦時中や不況期にこのような政策が採られやすく，フィアットマネー建てで金融資産を保有する人々が資産の実質的価値を失う事例は歴史上数多く見られる。

ントラクトにより様々な取引が可能になり，金融への応用も大いに期待され
ている。

　リップル（XRP）はリップル社が創設した暗号通貨であり，リップル社が
集中的に管理している。国際送金で為替媒介通貨として機能し，既存の国際
送金よりも早く，安く送金できることが特徴となっている。リップルの登場
は国際的な銀行ネットワークにも影響を及ぼしている。

　テザーはステーブルコイン（stable coin）の代表格であり，テザーの発行
主体が発行テザーと同額のドルを保有することでテザーの価格変動を防いで
いる。厳密にはテザーの価格はわずかに変動することもあるが，他の暗号通
貨よりもはるかに安定している。ただし，テザーの運営については常に疑惑
の目が向けられている。

　ランキングには入っていないが，ダッシュ（通貨記号 DASH）やジー
キャッシュ（ZEC）は取引記録の追跡が困難な暗号通貨である。特にジー
キャッシュは追跡が事実上不可能となっている。アイオタ（MIOTA）は
IoT 支払いが可能な暗号通貨として開発された。ブロックチェーンではなく
タングルというデータベースを活用しており，短期間に多くの取引が発生し
ても滞りなく取引を処理できる。アイオタはドイツのボッシュやフォルクス
ワーゲンと共同開発を行っている。

　暗号通貨は誰でも作ることができるが，多くはビットコインのブロック
チェーンから派生（ハードフォークという）させて作るか，イーサリアムの
機能を使ってトークンを生み出す方法が用いられる。バイナンスコインは
イーサリアムのトークン機能から作られた。技術的に新しい特徴を持つ，資
金が豊富な発行主体が作るなどの特徴があるものは市場で評価され，価格も
高くなりやすい。


◆暗号通貨の利用
　暗号通貨払いができる VISA カードのサービスが拡大するなど，暗号通貨
の支払い手段としての利用は徐々に広がりつつある。暗号通貨は短期的な価
格変動の大きさが問題視されていたが，支払いの瞬間に，ユーザーの暗号通

貨残高の引き落とし，フィアットマネーへの交換を行うため，ユーザー側も受け取り店舗側も為替レートを気にせず取引できる。暗号通貨での支払いには銀行口座が必要なく，支払いから受け取りまでの時間が短く，距離や国境などの障害を簡単に乗り越えられるという利点があり，これまで金融サービスが利用できなかった人がサービスを受けられるようになる金融包摂の一例となっている。

一方で，暗号通貨は犯罪に利用されやすい。企業のPCなどにウイルスを送り付けてデータをロックし，解除キーと引き換えに暗号通貨を送金させる犯罪が世界中で発生している。ダークウェブと呼ばれるサイバー領域では暗号通貨を使って違法取引が行われている。これらの問題へどのように対処すべきかが重要な課題となっている。

暗号通貨は資金調達にも利用される。リスクの高さから銀行は個人に対して新規事業に貸出をすることはほとんどない。そこで，Web上で事業計画を公表し，賛同した人々から資金を募るクラウドファンディングが利用される。通常のクラウドファンディングは円やドルなどのフィアットマネーで資金調達するが，暗号通貨で資金調達することもできる。DAOなど暗号通貨によるクラウドファンディング仲介サービスも登場している。出資者に対して，出資金の預かり証または持分証券を発行する必要があるが，自作のトークンを預かり証または持分証券として付与することをICOという。これは，株式の新規公開をIPOと呼ぶことになぞらえている。ICOは誰でも実施することができる反面，ほとんどのICO案件は詐欺でもある。ICOを育成するためにルール作りを進めている国もあるが，ICOを禁止する国もある。近年はアメリカのSEC（証券取引委員会）など既存の株式発行基準を満たすようにICOを設計するSTO（Security Token Offering）が増えてきている。将来，STOトークンが株式と同じように安全に取引できるようになれば，起業家の資金調達の道が広がることになる。

多くの暗号通貨では，取引（transaction）の記録がブロックチェーン形式のデータベースに記載されている。暗号通貨を送金する書式にはメッセージを書き込む領域があり，そのメッセージを利用して記録を残すことができ

2. 暗号通貨　155

**図表 7-4　2018 年の ICO ランキング**

| 国 | 金額（億ドル） | 国 | 件数 |
|---|---|---|---|
| シンガポール | 15.4 | アメリカ | 290 |
| アメリカ | 12.2 | シンガポール | 277 |
| イギリス | 9.5 | イギリス | 222 |
| ケイマン諸島 | 9.2 | エストニア | 146 |
| スイス | 8.5 | スイス | 137 |
| バージン諸島 | 6.4 | ロシア | 129 |
| エストニア | 6.3 | 香港 | 89 |
| 香港 | 4.9 | ドイツ | 60 |
| ジブラルタル | 3.2 | ケイマン諸島 | 56 |
| リトアニア | 2.6 | オーストラリア | 52 |
| 世界計 | 116 | 世界計 | 2517 |

出所：ICOBench, ICO Market Analysis 2018.

る。現在のところ，ビットコインのブロックチェーンを書き換えることは非常に難しいため，ビットコインの送金書式に書かれたメッセージを書き換えるのも難しい。


◆**暗号通貨の問題点**

　暗号通貨の利用は進んでいるものの，問題点もある。まずは，暗号通貨が金融資産またはデジタルアセットとして法的な位置付けを受けていない国が多いことである。暗号通貨を財務諸表にどのように記載するべきか，暗号通貨に関する紛争処理（裁判などによる解決）の手続きはどうするのか，国際的な紛争処理はどうするのか，などの問題がある。暗号通貨をビジネスに使うために必要不可欠な事項でもある。また，暗号通貨のセキュリティーはユーザーに委ねられている。銀行預金でも ID やパスワード，日本であれば通帳や印鑑の管理はユーザーが行うが，預金の管理は銀行が行い，ユーザーは保護されている。暗号通貨はユーザーが秘密鍵などを管理する設計になっている。近年は取引所に保管するユーザーが多いが，取引所のセキュリティー体制やユーザー保護の水準は銀行などと比べると非常に低い。

156 第7章 フィンテック

　ビットコインなど多くの暗号通貨では，PoW（Proof of Work）という方式が採用されている。暗号通貨ではマイナー（minor）が取引データベースへのデータ追加を行って報酬を受け取るが，データ追加のために必要な暗号情報をいち早く見つけたマイナーのみが報酬を受け取ることができ，競争に敗れた残りのマイナーは何も得られない。常時多くのマイナーが暗号情報の発見競争を繰り広げているが，競争に勝つためには計算力（hash power）を高める必要があり，全世界で膨大な電力が消費されている。また，他のマイナーを圧倒する計算力を手に入れたマイナーが登場すると，そのマイナーが自由にデータを書き換えることができるようになる。マイナーによるデータ書き換え攻撃は必要計算力の低い暗号通貨で発生しており，暗号通貨への信頼性の低下につながっている。

　この問題に対応するため，近年では PoS（Proof of Stake）を取り入れる暗号通貨が増えている。PoS では，暗号通貨の保有量や出資額に応じてデータ追加の権利が与えられる。株式会社での投票が1人1票ではなく1株1票であるのと似ている。多くの暗号通貨を保有するマイナーは自らの資産を守るためにデータの書き換え攻撃を控える。書き換え攻撃によって市場価格が急落すれば，保有する暗号通貨の価値が減少して，自分が損をするためである。計算力の競争もないため無駄なエネルギーは最小限に抑えることができるが，誰でもマイナーになることができるという特徴は失われ資金力のあるものしかマイナーになれない。

　ビットコインなどの暗号通貨では，データ処理速度が遅いという問題があり，スケーラビリティ問題と呼ばれている。ビットコインでは平均して10分に1度データベースが更新されるが，3000件ほどしか送金処理できない。他の暗号通貨ではデータベースの更新速度が早められているものの，送金処理が集中すると遅延が発生する。この問題に対しては，オフチェーン（またはサイドチェーン）の活用が図られている。自社で大量のデータを処理し，10分に1度処理したデータの概要をメッセージ領域に書き込んでビットコインを送金する。見た目はビットコインの送金処理だが，実態はデータベース登録料としてビットコインがマイナーに支払われている。Blockstream などの

サイドチェーン企業がある。

コスモス（Cosmos）はクロスチェーンと呼ばれる技術で問題に対応しようとしている。ビットコインやイーサリアムなど暗号通貨のブロックチェーンデータベースはそれぞれ独立して運用されている。コスモスは複数のブロックチェーンをまたいで送金処理できるようにするもので，スケーラビリティの問題に対処できるだけでなく，ブロックチェーン間の互換性を持たせた取引を行うこともできるようになる。

◆国際送金

国境を越えて送金するにはいくつかの方法があり，最もシンプルな方法は現金を直接輸送することである。しかし，現金の直接輸送は安全面で問題があり，多額の現金の移動には規制もある。個人や小規模企業であれば，国際送金業者を利用することができる。WorldRemit, AZIMO, INSTAREM, currencyfair, Western Union, Xe, WorldFirst, TransferWise など様々な送金業者があり，その数は増えつつある。スマートフォンからの送金や当日着金などのサービスも充実しつつある。

大企業は銀行を経由して国際送金を行うのが一般的である。国内の送金であれば，中央銀行の決済システムなどを通じて銀行から銀行へと容易に送金できる。しかし，国境を越えて銀行同士が送金できる決済システムがないため，銀行はコルレス取引（correspondent agreement）という方法で送金を行っている。図表7-5は日本のBB社が取引先銀行XX銀行を通じて，ドイツのCC社に送金しようとしている。日本のXX銀行とドイツのYY銀行はコルレス関係にあり，互いに口座を開設している。BB社が送金しようとしている円はXX銀行内のYY銀行円口座に入金される。その送金情報はドイツのYY銀行に送られ，YY銀行の中にあるXX銀行のユーロ口座から送金額相当が減額されてCC社の口座に振り替えられる。

XX銀行とYY銀行は互いに口座を持ちあうコルレス関係にあれば送金処理は簡単に進むが，両銀行がコルレス関係にあるとは限らない。その場合は，図表7-5の下のように，送金処理を中継してくれる銀行を探すことにな

図表 7-5　コルレス取引

る。送金情報の送信には SWIFT（Society for Worldwide Interbank Financial Telecommunication：スイフト）という機関を使うことが多く，SWIFT に登録してある銀行から適切な中継銀行を探すことになる[6]。XX 銀行とも YY 銀行とも取引がある ZZ 銀行があれば，送金の中継を依頼することができる。

　コルレス取引にはいくつか問題点がある。管理する銀行から見ると，世界中にネットワークを構築するためには多くの銀行とコルレス契約を結ぶ必要があり，管理コストが増す。図表 7-5 ではドイツの YY 銀行に開設した XX 銀行の口座からユーロが引き出されているが，日本からドイツの送金ばかりでドイツから日本への送金がなければ，XX 銀行のユーロ口座が枯渇して送金処理ができなくなる。口座が枯渇しないよう管理する必要がある。相手の銀行が破綻しないかどうか経営状況もチェックする必要がある。コルレス契

---

6　送金情報の書式には ISO20022 が用いられ，相手先の銀行は IBAN コードで識別される。このような書式統一を行うことで情報を効率的に送信することができる。

約が100行あれば，100の口座残高の監視が必要となる。

　BB社などのユーザー側からすると，手数料と着金までの時間がコルレス取引の問題点となる。図表7-5の下図では中継銀行を使っており，円からユーロへの両替はZZ銀行が担当している。ZZ銀行は両替や中継の手数料を徴収するが，中継銀行は複数になる可能性もあり，その都度手数料が差し引かれる。日本のXX銀行は営業時間中に送金処理しても，その時間帯はZZ銀行が夜間で営業しておらず，システムが止まっているかもしれない。そうすると，送金処理はシステムが開始するまで延期される。このような遅延が重なると，着金までの時間がどんどん遅くなる。XX銀行が送金処理をした後，夜が明ける前にZZ銀行が破綻すると，XX銀行は送った資金を取り戻せなくなるリスクもある[7]。

　このような問題点に対処するために，SWIFTは手数料の透明化と着金までの時間短縮を目的としたSWIFTgpiを2017年より稼働させている。SWIFTgpiでは30分以内の着金も可能であり，システムに接続する銀行が増えつつある。このような改革の背景には銀行をターゲットにした新規参入者の存在がある。

　リップルは銀行を主な顧客に，暗号通貨リップル（XRP）を用いた国際送金サービスを展開している[8]。リップルのエコシステムの中では，リップルとフィアットマネーの交換が頻繁に行われており，これを利用して両替と送金を行う（図表7-6）。

　XX銀行は円を送金するが，円はXRPに交換されXRPが送金される。YY銀行はXRPをユーロに交換してユーロを受け取る。リップルネットワークの中では，ユーロ→XRPやXRP→円の取引も行われているため，XX銀行は円をXRPに交換する相手を探す必要はない。リップルネットワークの中ではXRPは為替媒介通貨として機能している。取引はリップルの台帳に記録される。

---

7　時差によるリスクを1974年に破綻したドイツの銀行の名前からヘルシュタットリスクという。
8　リップルと似たようなスキームで個人を対象にしたサービスはステラ（Stellar）が展開しており，途上国での国際送金をターゲットにしている。

図表 7-6　リップル経由の送金

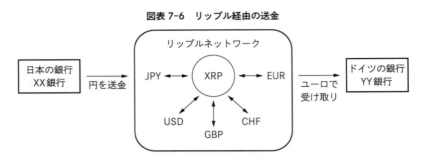

　この他には，JPモルガンが中心となって展開しているIIN（Interbank Information Network）にも多くの銀行が参加し，暗号通貨イーサリアムのプラットフォームを活用して国際送金を行うプロジェクトを進めている。2019年にはアントフィナンシャル[9]も国際送金への参入を公表し，この分野での競争激化が予想される。

## 3. DLT（分散型台帳技術）

　DLT（Distributed Ledger Technology）は分散型台帳技術とも呼ばれ，データを複数個所に分けて保存する分散型データベースの一形態である。データをサーバーと呼ばれる集中管理システムに保存して，データの読み出しや更新作業はクライアントと呼ばれるPCなどで行うサーバー＝クライアント方式というデータ保存方法がある。サーバー＝クライアント方式ではサーバーでデータ管理ができるため効率が良く多くのデータを一括処理できるというメリットがあるものの，サーバーが攻撃を受けてダウンするとデータを読み出せなくなるリスクやサーバー管理者がデータを恣意的に書き換えるリスクもある。それに対して，DLTではシステムにつながっている複数の機器（ノードという）がそれぞれデータを保存しており，1つのノードが故障したり攻撃されたりしても他のノードからデータを復旧できる。DLT

---

9　アリペイ（支付宝），ゴマ信用などのサービスを展開している。アリババグループの子会社。

図表 7-7　DLT

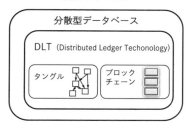

では誰がデータを書き換えたのかが分かるようになっており，データの恣意的な書き換えを防ぐ設計にもなっている。

DLTには台帳と呼ばれるデータファイル[10]をノードがそれぞれ保存しており，最新版かどうかを常に確認する（これをP2Pネットワークという）。データファイルに番号を付けて番号順に管理する方法をブロックチェーンという。ブロックチェーンでは，データファイルは積み上げられたブロックのように1つの系列で保存される。過去のブロック内のデータを改竄しようとすると，その後のブロックもすべて書き換える必要があるため書き換え攻撃が難しいというメリットがあるが，データ処理速度が低いという問題点があるため，他の方式も試みられている。タングルはアイオタで採用されている方式であり，台帳が並列して存在できるため，データ処理速度が速い。

日本ブロックチェーン協会では，ブロックチェーンの定義として，「ビザンチン障害を含む不特定多数のノードを用い，時間の経過とともにその時点の合意が覆る確率が0へ収束するプロトコル，またはその実装をブロックチェーンと呼ぶ」「電子署名とハッシュポインタを使用し改竄検出が容易なデータ構造を持ち，且つ，当該データをネットワーク上に分散する多数のノードに保持させることで，高可用性及びデータ同一性等を実現する技術を広義のブロックチェーンと呼ぶ」としている。これらの定義はデータベース

---

10　取引記録が記載されたExcelファイルをイメージしてもよい。クラウド管理ではクラウド上のExcelファイルを複数のユーザーで共同管理するが，DLTではExcelファイルのコピーを全てのユーザーが保存し，誰かが変更を加えるとそのコピーを他のユーザーに転送することで最新の状態を保つ。

としての特徴に焦点を当てており，参加者のうちだれが善意の参加者で誰が悪意のある攻撃者か分からない状況でもデータの正しさが確保でき，データの改竄ができないようにする仕組みをブロックチェーンとしている。これらは DLT の定義といってもいいだろう。ブロックチェーンの種類などについては『キャッシュレス経済』の第4章第5節を参照のこと。

　金融面での DLT のメリットは，透明性と自動化にある。DLT は全てのノードが同じデータを保存することから，特定のノードがデータの書き換えを試みると全てのノードに試みが伝わってしまう。また，全てのノードがデータを保存しているため，データの秘匿もできない。自動化はスマートコントラクトを DLT に実装することで実現できる。事前に決めた一定の条件を満たしたときには，自動で承認を与えて次の手続きに移ることが可能となる。例えば，金融取引を行う際に顧客がマネーロンダリングに関わっていないかどうか確認する必要があるが（顧客確認 CDD），スマートコントラクトが顧客情報が記載されている DLT にアクセスして問題がないことを確認することで，金融取引がよりスムーズに進められる。スマートコントラクトを使って社内手続きの自動化を進めることができる。AI などの技術も併用することで融資審査などの迅速化を図ることができる。

　DLT はデータベースであるため，様々なデータを載せることができる。アメリカでは権利書を DLT で管理するマンションが登場している。不動産の所有情報が DLT で管理されていれば，不動産の取引はより活発に行われるようになる。リトアニアでは企業の持分を DLT で管理することが可能になっている。ICO で発行したトークンを法的な持ち分として利用することもできる。DLT は人材管理にも応用可能であり，マレーシアでは学位データを DLT で管理することで学歴詐称を減らして学歴確認作業の負担を減らそうとしている。

　DLT の利用にはいくつかの形態がある。自社の DLT やデータベースで取引やデータ処理を行いビットコインなどの既存のブロックチェーンにメッセージを書き込むオフチェーン方式，イーサリアムや NEM などの既存の暗号通貨の仕組みを利用して DLT を立ち上げるフォーク方式，新しく DLT を

立ち上げて少数の参加者のみで運営するコンソーシアム方式などがある。コンソーシアム方式でDLTを立ち上げる金融機関も増えている。コンソーシアム方式では既存の暗号通貨のデータ処理方式に頼れないため，BFT（Byzantine Fault Tolerance）というデータの確認方式が用いられている。BFTはグループを代表するプライマリーノードが台帳の情報を承認し，その承認された台帳を他のノードが互いに確認し合う方式であり，データの処理速度を上げることができる反面，ノード数が多くなると処理速度が急激に落ちるという問題点もある。

　DLTの活用が期待される分野に貿易金融（trade finance）がある。輸入業者は商品を受け取って販売することで輸入代金の支払いが可能になることから，輸出品の代金回収には時間がかかる[11]。輸出業者はできるだけ早く資金を回収して次の生産に移りたい。このような問題を解決する仕組みを貿易金融という。

図表7-8　貿易金融

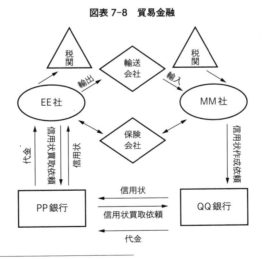

---

11　輸出価格の定義をトレードタームズ（trade terms）という。商品代金に輸出品の工場から港までの輸送費を加えたものをFOB（Free On Board），輸入国の港までの運賃（船賃や航空運賃）と保険まで加えたものをCIF（Cost, Insurance and Freight）という。インコタームズ（INCOTERMS）がよく用いられる。輸出価額を輸入価額で割った交易条件（terms of trade）とは異なる。

164　第 7 章　フィンテック

　輸入業者 MM 社が中小企業だったり初めて取引する相手だったりする場合には，輸出企業 EE 社にとって代金回収のリスクが高い。その場合は，輸入業者 MM 社が取引先銀行 QQ 銀行に信用状（letter of credit）を作成してもらい，信用状を QQ 銀行から PP 銀行を通じて EE 社に送付する。EE 社は PP 銀行に信用状を買い取ってもらう形で資金を回収し，PP 銀行は QQ 銀行に信用状を買い取ってもらう。信用状を使うことにより，EE 社は代金回収リスクを QQ 銀行に移転できる。輸入業者 MM 社は信用状を使うことにより輸入の機会を得ることができる。信用状がなければ MM 社は輸入に先立って代金を準備する必要があり，輸入を断念するかもしれない。

　信用状は紙でやり取りされることが多く，輸出商品の仕様の変更や追加オプションなどの契約の変更で価格が変わることもあり，信用状の修正作業や再発行が発生する。銀行は大量の信用状を処理しており，どれが最新の信用状で，今どこに存在するのかを把握するための追跡オペレーションにコストがかかる。信用状の書式を統一して電子化して DLT に載せておけば，追跡オペレーションのコストを大幅に削減でき，信用状の配達にかかる時間も短縮できる。書類のチェックをスマートコントラクトに行わせることで融資すべきかどうかの与信判断の時間も短縮できる。DLT を使った貿易の実証実験は 2017 年頃から行われており，1 週間ほどかかる手続きが数時間で済むことが明らかになっている。図表 7-9 のようにいくつかのプロジェクトが進行しており，今後は DLT 方式の実装が課題となる。実証実験よりも大量のデータを処理し，参加者も多くなる。ノードの増加による処理速度低下の問題，多くの参加者の間での書式や手続きの統一化などが課題となるだろう。

　DLT により貿易の活発化も見込まれている。2016 年には貿易金融の融資を断られた金額が 1.6 兆ドル，2017 年には 1.5 兆ドルに達している[12]。拒否のうち 29％は顧客確認が問題だったとしている。顧客情報を DLT に載せておいて，過去の返済状況などが確認できれば取引してもらえる可能性が高まる。DLT などフィンテックによって貿易がより活発になる可能性がある。

---

12　ADB（2017），2017 Trade Finance Gaps, Growth, and Jobs Survey, ADB BRIEFS NO. 83.

図表 7-9　DLT 貿易金融のコンソーシアム

| コンソーシアム名 | 主な参加銀行 |
|---|---|
| Voltron | HSBC, BBVA, NatWest, Bangkok Bank, BNP Paribas, ING, usbancorp, Mizuho, Scotiabank, SEB, CTBT Bank, Intesa Sanpaolo |
| Marco Polo | Natixis, Standard Chartered, NatWest, Bangkok Bank, BNP Paribas, ING, SMBC, OP Bank, Commerzbank, DNB |
| Batavia | BMO, UBS, Erste Group, Caixa Bank, Commerzbank |
| we.Trade | HSBC, Société Générale, Santander, UniCredit, Natixis, KBC, Deutsche Bank, Nordea, Rabobank |
| HKTFP | HSBC, Standard Chartered, DBS, ANZ, Hang Seng Bank, Bank of China, BEA |

出所：CBinsights, How Banks Are Teaming Up To Bring Blockchain To Trade Finance, 2018-8-23.

　図表 7-8 では輸送会社等も登場しているが，貿易では企業，銀行，輸送会社，保険会社，税関，輸出入監督官庁など多くの主体が関わる。信用状だけでなく通関手続きに必要な書類や保険証券など貿易には多くの書類が必要であり，これらの主体の間で情報の共有や手続きの自動化が進めば，貿易はより活発に行われることになり，貿易に関わるコストも削減できるようになる。貿易手続きの DLT 化が今後の課題になるだろう。

## 4. フィンテックの課題

　フィンテックは金融の幅と質を変えようとしている。しかし，克服すべき課題もある。いくつか見てみよう。

　フィンテックが進むと，人と人の対面取引による金融取引が少なくなり，オンライン上での取引が多くなる。オンライン上では取引相手が本当に正当な相手なのか確認するのが重要になる。これを KYC（Know Your Customer）の問題という。悪意のある攻撃者が他人に成りすまして金融取引を行っていないことを確認する必要がある。金融機関は反社会的な目的での金融取引を禁止されているが，これを AML/CFT（Anti-Money Laundering/Countering the Financing of Terrorism）という。図表 7-1 にはデジタル ID

やデジタル本人確認というサービスがあるが，フィンテック時代には必要不可欠なサービスである。一方で，DLTに本人情報を載せるためには，データの安全性や適切な個人情報の取り扱いが欠かせず，例えばEU（欧州連合）の一般データ保護規則（General Data Protection Regulation：GDPR）に準拠した取り扱いをする必要がある。

KYCはオンライン取引だけでなく，実店舗での取引や決済でも必要となる。本当に本人が決済しているのかを確認することを本人認証という。本人認証には，パスワードやPINコードのような本人だけが知っている知識情報，指紋や音声のような本人しか持ちえない生得情報，スマートフォンやクレジットカードのような本人が所有するデバイスの3種類があり，このうち少なくとも2つを本人認証に用いることが望ましい。

生得情報に関しては生体認証が注目されている。指紋，虹彩情報，顔認証，静脈情報，音声分析などの利用が始まっている。しかし，多くの個人は顔情報などをSNSなどの形で流出させており，静脈情報も盗み取ることが技術的に可能になっている。手の甲にチップを埋め込んで本人認証に使う技術がICT業界などで普及しつつあるが，ナイフで手の甲を切り裂いてチップを奪われるリスクがある。生体認証やチップは有望な技術ではあるが，より安全性の高い利用方法を考える必要がある。第1節では安全性の高い3DSがカゴ落ちを誘発することを見てきたが，どんなに優れた技術であってもユーザーにとって使い勝手が悪いものは普及しない。技術を使い勝手の良いインターフェースに落とし込むことも必要となる。

フィンテックによる金融包摂は，これまで経済的立場が弱かった人々の立場向上に役立っている。決済サービスだけでなく，家計管理，貯蓄・保険サービス，信用スコアリングサービスなどにより，金融周りの環境が改善し，これまで資金調達できなかった個人にもビジネスへの道が開かれるようになった。一方で，金融知識が浅い人々への過剰な貸し付けが世界的な問題になっている。フィンテックにより，代金後払いのポストペイが誰でも利用できるようになったが，ポストペイの利用が借金であることを認識していない人々が借金を膨らませて経済的な苦境に陥るケースが増えている。現在の

ところ，このような事態に対する消費者保護は不十分であり，今後の課題となっている。また，多くの人が簡単に金融サービスにアクセスできるようになったことで，金融教育の重要性が高まっている。現在のところ，金融教育は金利計算などの基本的な金融知識の伝授に力点が置かれているが，金融を巡る詐欺が非常に多いこと，詐欺から身を守るために何をすべきか，というような点が置き去りにされる傾向にある。2021年にはアメリカで大規模な仕手が発生した。仕手とは偽情報を流して株価を吊り上げる行為を指し，仕手筋と呼ばれる詐欺師が事前に低い価格で購入していた株式を高値で売り抜けて利益を上げる。2021年の仕手は，個別銘柄の偽情報ではなく，ヘッジファンドの存在意義や社会正義がテーマとなった。このような詐欺を見抜く知恵を教える必要がある。

　フィンテック技術は革新が早く，一部の業界の人だけが理解しているという状況が生まれやすい。AIが人間に勝てるか，というような議論がよくあるが，このような議論をする人はそもそもAIのことが分かっていない。開発陣だけでなく，より広い範囲の人々が新しい技術を理解する必要がある。大学でもフィンテックに関する教育が文理問わず必要になっている。

　さらに，フィンテックでは日々新しい技術が開発されるが，それらが有用だとは限らない。例えば，2015年頃にはSNSなどのデータを取得して株式投資判断を行うことが流行った。経済ニュースや株式に関するつぶやきを大量に集めて投資判断をするというものだが，そもそもつぶやいている人々がつぶやきに基づいて株式投資をしていなければそのデータには意味がない。当たり前のことだと思われるが，当時はこのような技術を用いたファンドに投資する人が多く現れた。この問題も新しい技術に対する理解不足が原因だといえる。

# 第8章
# 国際金融市場

　本章ではこれまで株式市場や債券市場など個別に見てきた各市場の相互関連を見ていく。また，国際金融市場の参加者や投資スタイル，フラッシュクラッシュなどの国際金融市場でのイベントも見ていく。

## 1. 金融商品の相互関連

　株式市場の参加者は債券市場や外国為替市場の値動きを注視しており，金利や為替レートの変動は株価に影響を与える。輸出企業のプレゼンスが高い国では，為替レートの減価は輸出企業の業績改善につながり株高要因となる。金利が上昇（国債価格が下落）すれば株式を売って債券を買う動きが株価を押し下げる。一方で，為替レートは金利変動の影響を受ける（第4章の金利平価説）。図表8-1のように，株式市場，債券市場，外国為替市場は互いに影響を与え合っており，オルタナティブ市場にも影響を及ぼしている。例えば，金利が低い時には資金を借り入れてオフィスビルを購入する投資の魅力が増すため，REIT指数が上昇しやすい。同じことはプライベートエクイティ（PE）にも当てはまり，金利が低い時にはPE投資が増える傾向にあるものの，PE投資の増減が金利に与える影響は小さいため，図表8-1の矢印は片方向にしてある。

　20世紀には金融商品の取引は人と人が対面で行うことが多く，株式市場では場立（ばたち）と呼ばれるトレーダーが手の動きなどの身振りで売買を行っていた。金融取引は紙に記録されていた。送金や取引コストは高く，インターネットがない時代には外国の金融市場の値動きをリアルタイムで知るためには現地に電話をして確かめるしかなかった。国際金融市場で取引でき

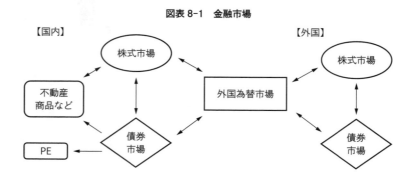

図表 8-1　金融市場

る投資家は限られており，各国の金融市場は分断され，それぞれの市場で固有の値動きが見られることもあった。しかし，技術の進展により各国の金融市場の値動きをリアルタイムで知ることができるようになり，国際金融投資に関わるコストが劇的に引き下げられた。現在では日本の個人がS&P500や途上国の株価指数を保有することもできる。インターネットを介して取引するようになり，情報の伝達速度は飛躍的に高まった。国内と外国の金融市場の値動きの相互関連は高まっており，図表2-6（34ページ）ではDJIAの値動きが翌日の日経平均株価に影響を与えていることを見た。アメリカの株高は日本だけでなく，オセアニア，アジア，中東，ヨーロッパへと時差付きで連鎖することもある。このような場合には，アジア市場の株高はアジア地域の経済ニュースや企業業績とは特に関係なく，アメリカ発の楽観モメンタムが伝播しただけ，という可能性もある。同様に，パニックも他の国や他の金融商品の市場に連鎖する。

　外国での金利上昇が為替レートや自国の債券市場などに影響を与えることもある。自国の経済的変化が外国に影響を与えるような国を大国，自国の経済的変化が外国に影響を与えない国を小国という。国の面積や人口は関係なく，世界経済におけるプレゼンスで呼び分ける。一般的に，先進国は大国になりやすいが，ベルギーやオランダは国際金融市場では小国といえるだろう。途上国は小国になりやすいが，中国は国際金融市場の小国とは言い難い。

　図表8-2で大国の金融市場の動きが他の国に影響を与える様子を見てみよう。例えば，アメリカで債券価格が下落して金利が高くなれば，アメリカに資本が流入してアメリカドルは増価する。金利上昇やドルの増価に対してアメリカの株式市場がどのように反応するのかは一概には言えない。ドルの増価はアメリカの輸出減少につながるが一方で，輸入品価格の下落が市民の購買力を高める。金利上昇で債券価格が低下すれば安くなった債券を買うために株式を売る投資家が出て株価が下がるかもしれないが，好景気の中での金利上昇は債券を売って株式を買う動きの中で発生しやすい。ここではアメリカの株価は下落したと仮定しておこう。アメリカの金利上昇により外国から資本が流入してドルが増価するということは，他の国の為替レートは減価し

**図表 8-2　アメリカの金利上昇が国際金融市場に与える影響**

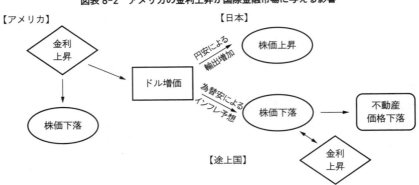

ていることになる。日本のような輸出が多い国では為替の減価は株価の上昇につながりやすいが，エネルギーや機械類などを全面的に輸入に頼っている途上国では為替減価は購買力の低下やインフレを意味するため株価が売られやすい。そのような国では不動産などにも売り圧力がかかる。景気の悪化が意識されると債券市場でも売りが出て金利が上昇する。債券がどれくらい売られるかはその国の格付けも影響し，格付けの低い国債ほど売られやすい。

図表8-2は一例に過ぎない。アメリカの金利上昇の要因によっても金融市場の反応は異なる。好調な景気を背景に中央銀行のFRBが利上げをしたことが原因であれば，図表8-2のような結果もありえるが，特に理由もなく債券が一時的に売られたことによる金利上昇であれば，アメリカの株価や為替レートは反応しないかもしれない。金利の上昇幅やこれまでのトレンドによっても他の市場の反応は異なる。

◆金融商品の価格

株式，債券，不動産などは資産クラス（asset class）といい，それぞれの資産クラスの価格変動要因をファクター（factor）という。図表8-2はアメリカの金利上昇ファクターが，株価下落，ドル増価など各資産クラスに影響を与えていると言い換えることができる。ファクターには金利，GDP，インフレ率，政治動向[1]などがあり，分析者によってどの経済・社会変数をファ

*1. 金融商品の相互関連* **173**

クターとして選択するのか異なる。株式と不動産は異なる資産クラスであり，株式と不動産を購入すれば分散投資をしたことになる。しかし，株式も不動産も GDP の影響を大きく受け，GDP が上昇する時，つまり好況期には価格が上がりやすく，GDP が下落する不況期には価格が下がりやすい。GDP ファクターという面から見ると，株式と不動産への投資は分散投資とは言えない。このような問題は 2000 年代末の金融危機で明らかになった。詳しくは第 9 章。

外国為替市場では為替レートが刻々と変化するが，その値動きの大きさを評価するのは難しい。1 ドル = 120 円から 1 ドル = 110 円に変化した時，円とドルのどちらがより大きく変動したのだろうか。このような問題に対しては，何らかの基準（numéraire）が必要となるが，為替レート変動の評価にはスイスフランや SDR（84 ページ）などが基準として用いられる。円とドルの対スイスフラン相場の変動率を比較すれば，円高が生じたのかドル安が生じたのか判別できる。

金融商品の価格変動の大きさをボラティリティ（volatility）といい，価格の標準偏差（standard deviation）が用いられる。2–9 式（49 ページ）のシャープレシオの式でも登場した。ボラティリティの単位は％で示される。ボラティリティには一定期間継続しやすいという性質がある。3％など株価が大幅下落した翌日には，さらに数％続落したり逆に数％反発したりすることがある。数日にわたって影響が残ることもある。一方で，0.1％などほとんど値動きがない日が数日にわたって続くこともある。このような性質をクラスタリング（clustering）という。個別銘柄は 1 日で 20％など大幅に上下することもあるが，複数の銘柄から構成されている株価指数はほとんどゼロ％から 2–3％程度の変動幅に収まっている。しかし，金融危機などの特殊イベントが生じているときには 10％を超えて変動することもある。想定を超える大幅な価格変化は上昇ではなく下落で見られるが，このような性質をファッ

---

1　これらはマクロファクターと呼ばれる。第 2 章の FF4 モデルでの市場ファクターやサイズファクターなども金融商品の価格に関するファクターである。

**図表 8-3　クラスタリングとファットテイル（S&P500 の月次騰落率）**

出所：データは Investing.com。

トテイル（fat tail）という。図表8-3はS&P500の月次騰落率であるが，2005－2007年や2017年のように比較的価格変動が小さい期間がある一方で，2008－2012年や2018－2019年のように大幅な価格変動が続く期間もある。また，2008年10月は－16.94％と大幅な下落を記録しており，2002年9月（－11.00％），2009年2月（－10.99％）なども大きく下落している。一方で，2011年10月は10.77％上昇しているが，ファットテイルはプラス側よりもマイナス側に発生しやすい。金融商品の価格を分析する際にはこれらの要素を考慮して行う必要がある[2]。

## 2. 金融市場の参加者

　金融市場には個人，金融機関，企業，自治体やSWF，投資ファンドなどが参加している。投資の目的やタイムホライズン，先行きの見通しなどが大き

---

[2] 金融商品の価格要因分析には，GARCH（generalized autoregressive conditional heteroscedasticity）モデルや正規分布を仮定しないモデルなどが用いられる。これらのモデルは，無料で利用できるものも含めて統計ソフトで容易に扱うことができる。通常の最小二乗法ではファットテイルやクラスタリングの性質を再現できないため，正しい評価を行うことができない。

2. 金融市場の参加者　175

く異なっていることが金融市場の取引の活発化につながっている。全ての参加者が同じ行動を取れば，取引相手を見つけられなくなる。様々な思惑が交差しているからこそ取引が円滑に行える。

　ヘッジファンド（hedge fund）は私募形式の投資信託である。金融商品も運営主体もヘッジファンドと呼ばれる。1949 年にアメリカで最初のヘッジファンドが立ち上げられた後，大きな波を上下に描きながらも業界は成長しており，2008 年には 3 兆ドル以上の資金を運用しているといわれている。詳細な報告や公開を避けるために私募形式を取っており，ヘッジファンドに投資できる個人にも制限があり，資金を拠出する投資家の数も限定されている[3]。ヘッジとはリスクを回避することを表す用語であるが，ヘッジファンドはリスクの最小化ではなく収益の最大化を目指した戦略を採用している。多くの場合，投資家から受け入れた資金に加えて借入等を行って投資資金を増やすレバレッジ（leveraging）を行っており，非常に高いリスクを抱えている。

　ヘッジファンドは様々な戦略を駆使しているが，ヘッジファンドリサーチ社はヘッジファンドの投資戦略をエクイティ（equity hedge），イベントドリブン（event driven），マクロ（macro），レラティブバリュー（relative value），ファンドオブファンズ（fund of hedge funds），リスクパリティ（risk parity），ブロックチェーン（blockchain）に大別している（図表 8–5）。

　エクイティは株式市場での取引を指している。成長が見込まれるグロース株や割安に放置されているバリュー株などを売買する戦略もある。自社の評価モデルに基づいて割高だと思う銘柄を空売り（ショート）して割安だと思う銘柄を購入（ロング）する株式ロングショートは，マーケットニュートラル戦略（equity market neutral）によく用いられる。最も簡単な戦略は，同じセクターの銘柄のうち，値上がりが見込まれる銘柄を購入し，値下がりが

---

3　アメリカでは，個人がヘッジファンドに投資できる認定投資家になるためには 100 万ドルを超える純資産か年収 20 万ドルが必要となる。ヘッジファンドは 100 人未満の認定投資家，または，499 人以下の適格購入者（個人では投資資産 500 万ドル以上，機関投資家では投資資産 1 億ドル以上）から資金を集める。

176　第8章　国際金融市場

図表 8-4　ヘッジファンドランキング（2018年，億ドル）

| 名称 | 設立年 | 運用資産 | 主な戦略 |
|---|---|---|---|
| Bridgewater Associates | 1975 | 1247 | グローバルマクロ |
| AQR Capital Management | 1998 | 900 | イベントドリブン |
| Renaissance Technologies | 1982 | 570 | アービトラージ |
| JPMorgan Asset Management | 2000 | 477 | マルチアセット |
| Two Sigma Investments | 2001 | 372 | クオンツ |
| Elliott Management Corporation | 1977 | 350 | ディストレスト |
| Millennium Management | 1989 | 347 | アービトラージ |
| Adage Capital Management | 2001 | 320 | 株式 |
| Davidson Kempner Capital Management | 1983 | 309 | ディストレスト |
| Baupost Group | 1982 | 295 | 絶対リターン |

注：資産額や戦略は推測に基づくものであり，多くのヘッジファンドは詳細を公開していない。
出所：Business Insider, The 10 biggest hedge funds in the US.

図表 8-5　ヘッジファンドの投資戦略

| 戦略 | サブ戦略（抜粋） |
|---|---|
| エクイティ | マーケットニュートラル，グロース，バリュー，ディレクショナル |
| イベントドリブン | アクティビスト，アービトラージ（クレジット，合併），ディストレスト，私募・レギュレーションD |
| マクロ | 商品（農業，エネルギー，金属），通貨 |
| レラティブバリュー | 債券（担保付，転換社債，社債，国債），ボラティリティ |
| ファンドオブファンズ | コンサバティブ，ダイバーシファイド，マーケットディフェンス |
| リスクパリティ | ボラティリティターゲット（10％，12％，15％） |
| ブロックチェーン | 暗号通貨，インフラ |

出所：ヘッジファンドリサーチ社ホームページ。

　見込まれる株式を同額だけ空売りする。こうすることで，トータルのポジションはゼロとなることからマーケットニュートラルと呼ばれている。ディレクショナル（directional）戦略は値上がりや値下がりの方向性を予測したうえで取引を行う戦略であり，現物株にオプションなどを組み合わせて収益性を高めようとする。

　イベントドリブンは企業に発生する起業，事業拡大，破綻などのイベント

に関与して収益を上げようとするものである。ディストレスト戦略は，すでに破綻している企業や破綻が見込まれる企業を買収して事業を再生し，再上場などで資金を回収する戦略であり，近年注目を浴びている。日本ではハゲタカファンドなどと呼ばれて印象が悪いが，能力の低い経営陣を追い出して事業を再生することで収益を上げているため，経済全体の生産性向上に役立っている。アクティビストは日本では物言う株主といわれている。株式を一定比率以上購入して役員などを派遣し，企業の経営に積極的に関与して株価を引き上げることで収益を得ようとする。対象となった企業にとっては，長期的な企業価値向上につながる場合もあるが，短期的な株価上昇策を採らされるリスクもある。

　アービトラージは裁定取引のことであり，合併アービトラージは企業がTOBなどで合併や買収を公表すると，買収価格が自社モデルの理論値よりも低い方の株式を買い，高い方の株式を売ることで鞘を得ようとする。合併や買収は必ずしも成立するとは限らず，独占禁止法などの法律によって買収が阻止されることもあり，裁定取引といいながら損失が出るリスクも高い。クレジットアービトラージは，同一企業が発行する格付けの高い債券と低い債券の間で裁定取引を試みるものであるが，企業が破綻すると債券がデフォルトになるなどのリスクを抱えている。CBアービトラージは転換社債（CB）と株式の間で裁定取引を行う戦略である。例えば，1500円で株式に転換できる転換社債を発行している企業の株価が2000円であれば，転換社債を買って株式を空売りすることで利鞘を得ることができる。

　私募はスタートアップなどの起業時の資金調達に利用される。レギュレーションDはアメリカの証券取引委員会が定めたベンチャー企業など新興企業の資金調達に関する規定である。これらの戦略は将来性のある企業に資金を提供し，上場などのタイミングで資金を回収する戦略である。ほとんどの起業は失敗する一方で，上場までたどり着くと大きな収益を上げる可能性もある，ハイリスクハイリターンの戦略でもある。

　マクロはマクロ経済の先行き見通しに基づいて取引を行うものである。

　レラティブバリューは，債券間のスプレッドに着目して取引を行うもので

ある。例えば，現在の短期国債と長期国債のスプレッド（イールドカーブの傾き）が大きく，将来傾きが小さくなると予想すれば，短期国債を買って長期国債を売る。金利は格付け，企業や政府の財務状況，マクロ経済の状況など様々な要因によって決まる。

ファンドオブファンズは，複数のヘッジファンドに投資する戦略である。様々な戦略のヘッジファンドに資金を配分することで，ヘッジファンド資産クラス内での分散投資を実現できる。

リスクパリティ（risk parity）は，株式，債券，金融派生商品など様々な金融商品を購入して，目標とするリスク量を保有する戦略である。株式60％/債券40％などの伝統的なポートフォリオ構築とは異なる。ボラティリティターゲット15％戦略では，ポートフォリオ全体のボラティリティが15％になるようにポートフォリオを構築する。リスク（ボラティリティ）量を目標とした戦略であり，同じリスク量の中で最大のリターンを得られるポートフォリオを探す試みである[4]。

ブロックチェーンは，暗号通貨への投資やDLT企業への投資などを行う戦略である。

ヘッジファンドはコストが高い。かつては預かり財産に対して2％，ベンチマークを超える運用成績に対して20％の報酬を要求する2/20報酬体系が多かった。10億ドルの資産を預かっていれば，運用成績がベンチマークを下回っても2000万ドルの報酬が得られる，投資家にとって不利なシステムである。運用を担当するファンドマネージャーの中には，年間報酬が10億ドルを超える人もいる。このようなコストに見合う収益を上げているのかどうかが問題となる。数年など時期を区切るとヘッジファンドは大きな収益を上げているといえるが，生存バイアスを考慮しなければならない。多くのヘッジファンドの寿命は数年だといわれており，解散したヘッジファンドの成績は

---

4　リスクパリティはヘッジファンドらしい戦略といえる。多くのヘッジファンドはショートボラティリティ戦略による収益拡大を狙っているためである。詳細は省略するが，ショートボラティリティ戦略はプットオプションを売って手数料を得る戦略に似ており，市場が上昇基調の時には収益を積み上げることができるが，金融危機時などには大きな損失を出しやすい。

計算から取り除かれる。また，ヘッジファンドは成績の悪い時には情報を開示せず，成績のいいときのみ開示する傾向がある。これらの要因から，公表されているヘッジファンドの成績はかなりかさ上げされていることに注意する必要がある。さらに，通常公表される成績は報酬を差し引く前のものであることから，報酬部分を差し引いて評価する必要がある。報酬を差し引いた後でもヘッジファンドへの投資が有効かどうか（S&P500 インデックスファンドなどに対してアルファを獲得しているかどうか），多くの議論があるが，否定的な意見が多い。

HFT（High Frequency Trading）は短時間に大量の取引を行うことから名前が付けられた。現在は1000 分の 1 秒から 1 万分の 1 秒単位での取引に移行しつつある。アービトラージ，ロングショート，グローバルマクロなどヘッジファンドと同じような戦略を採用しており，HFT はヘッジファンドの一種ともいえる。安く購入して高く売却すれば利益が出るが，保有期間が0.5 秒ということもある。非常に短い時間で取引するため，人間が判断するのではなく，AI などを用いたプログラムが売買をする。これをアルゴリズム取引（algorithmic trading）という。

HFT の取引は大きく分けてマーケットメイカーとマーケットテイカーに分かれる。図表8-6 左図では，売り手の最低希望価格（売り気配値）と買い手の最高希望価格（買い気配値）に乖離が生じていて取引が成立していない。そこで，ある HFT 業者が1102 円で買い注文を出すと，買い気配値が切り上げられて取引成立の可能性が高まる。このような注文の出し方をするとマーケットメイカーになる（図表8-6 の中図）。マーケットメイカーは相手が見つかりやすくなるように働くため，市場価格の安定化につながる。一方で，1102 円の買い注文に対して売り注文をぶつける業者はマーケットテイカーになる（図表8-6 の右図）。マーケットテイカーは買い気配値と売り気配値の差が開くように働くため，市場価格を不安定化させる。

取引所はマーケットメイカーに多く参加してほしいと望むため，マーケットメイクに対して手数料を支払うケースもある。1 件当たりの手数料は非常に小さいが，HFT は短時間に多くの取引を行うため，手数料の合計金額は

## 第 8 章 国際金融市場

### 図表 8-6　マーケットメイカーとマーケットテイカー

| 売り | 価格 | 買い |
|---|---|---|
| 6600 | 1106 | |
| 300 | 1105 | |
| | 1104 | |
| | 1103 | |
| | 1102 | |
| | 1101 | 600 |
| | 1100 | 800 |
| | 1099 | 1400 |
| | 1098 | 1600 |

| 売り | 価格 | 買い |
|---|---|---|
| 6600 | 1106 | |
| 300 | 1105 | |
| | 1104 | |
| | 1103 | |
| | 1102 | 400 |
| | 1101 | |
| | 1100 | |
| | 1099 | 1400 |
| | 1098 | 1600 |

（マーケットメイカー）

| 売り | 価格 | 買い |
|---|---|---|
| 6600 | 1106 | |
| 300 | 1105 | |
| | 1104 | |
| | 1103 | |
| 400 | 1102 | 400 |
| | 1101 | 600 |
| | 1100 | 800 |
| | 1099 | 1400 |
| | 1098 | 1600 |

（マーケットテイカー）

大きくなり，これを主要な収益としている業者もある。NYSE（ニューヨーク証券取引所）では，このような業者は SLP（Supplemental Liquidity Provider）として登録され，マーケットメイクによる報酬を NYSE から受け取っている。

　S&P500 などのベンチマークと同じ収益を目指す投資手法をパッシブ投資，ベンチマークよりも高い収益，つまり積極的にアルファの獲得を目指す投資手法をアクティブ投資という。ヘッジファンドや HFT はアクティブ投資を主体的に行っているが，長期に渡ってアルファを獲得し続けるのは難しく，特に手数料控除後でのアルファ獲得は非常に難しい。低コストのインデックスファンドが普及したこともあり，2010年代にはパッシブ投資が拡大している。パッシブ投資では理論価格を計算して割安な銘柄やタイミングを探して投資する必要がない。株価指数などのインデックスを購入するため銘柄選択は不要であり，長期に渡って保有するためタイミングは関係がない[5]。パッシブ投資が大勢を占めるようになると，市場の価格発見機能が失われるのではないかという懸念がある。市場の価格発見機能とは，金融市場では経済モデルや経済データに基づいて多数の取引が行われているため，取引価格が理論値ともいえる正しい価格に落ち着くという考え方である。金融市場では全ての情報が適切に織り込まれているためアルファを獲得できないという

---

5　株価指数のインデックスへの投資では，どのタイミングで購入しても 15 年程度保有すると損失を抱えるリスクがほぼゼロになる。

効率的市場仮説という考え方があり，アカデミズムの世界では支持者が多いが，筆者はこの考え方を全く受け入れておらず，金融市場を理解するのに有害であると考えているため本書では解説していない。金融商品には「正しい価格」というものは存在しない[6]。

## 3. 国際金融市場のイベント

ここでは，国際金融市場で発生するイベントの中から，質への逃避とフラッシュクラッシュを紹介する。通常の金融取引では金融理論や経済の見通しなどに基づいて売買の判断を行うが，心理的影響やアクシデントによってイベントが引き起こされることがあり，金融理論とは異なる動きが見られる。21世紀に入ると，金融機関の破綻や実体経済の悪化などをきっかけに金融市場全体にパニックが広がる金融危機も発生するようになったが，金融危機については第9章で詳しく扱う。

### ◆質への逃避（flight to quality）

国際金融市場で醸成された不安感から投資家たちがより安全な国の金融商品に資金を移そうとする動きを質への逃避という。途上国の不動産や株式を売却してアメリカやドイツの国債を買う動きが典型的な例である。不安感の原因が，ある途上国の経済ニュース，例えば，格付けの引き下げや国債のデフォルト，重要な企業や金融機関の破綻，戦争や政治ニュース，その他のマクロ経済指標の大幅な悪化などであれば，その国から資金を引き揚げることには合理性がある。しかし，このようなニュースをきっかけに特に材料となるニュースがない周辺国からも資金が流出し，その流れが途上国全体に広がることもある。このような悪材料の広がりを伝播（contagion）という。

---

6　理論的な問題だけでなく，例えば株式市場ではダークプール（dark pool）を用いた市場外で取引される株式が増えているという現実もある。ダークプールは私設取引所の一種であるが，ダークプールでの株式取引は取引終了後に公開される。例えば，ある銘柄を100万株購入するというニュースや買い注文は価格引き上げにつながるが，ダークプールで買い付ければ購入の事実を事前に公表しないで済む。

182　第8章　国際金融市場

　質への逃避は投資家の防衛心理が強く影響しており，経済学よりも心理学を使った方が説明しやすい現象でもある[7]。過度な楽観が広がっている時期に悪いニュースが出たケースを考えてみよう。人々は自分に都合のいい情報を選択的に取り上げて，都合の悪い情報を無視する傾向にある。まだ楽観論が大勢を占めているときには，悪いニュースは悪材料視されない。しかし，悪いニュースが連続して出てくると，投資家心理は悪化する。何かのきっかけで急激な質への投資が生じたり，それが金融危機に繋がったりすることもある。

　質への逃避が生じて投資家がアメリカの長期国債を購入するケースでは，アメリカの長期金利が低下（アメリカの長期国債が値上がり）するにもかかわらず，資本がアメリカに流入し続ける。途上国側では長期国債が売られて長期金利が上昇（国債価格が下落）しているにもかかわらず，資金は金利の高い国から低い国へと流れることになる。国際金融市場では図表8-2のように金利の低い国から高い国へと資本が移動するが，これはあくまでも平穏期の話であって，イベントが生じると逆の動きが生じることもある。ここから，金融市場を分析する際には，分析している対象や時期が平穏期なのか，それとも金融危機などが発生している危機時やイベント時なのか，区別して分析しなければならないことが分かる。

　質への逃避のもう1つの例として，有事の金という言葉がある。金には希少性もあるが，多くの人に価値が認知されていることや光沢などの見た目などから，人を惹き付ける強い魅力（魔力ともいえる）がある。金を保有しても金利は得られず，地金の輸送や保管にはコストもかかる。それでも質への逃避対象として金が選ばれることがある。

◆フラッシュクラッシュ
　金融市場では短い間に価格が大幅に変動することがあり，フラッシュク

---

7　経済学に心理学の要素を織り込んだものを行動経済学という。読み物としても楽しめる入門書にセイラー『実践行動経済学』日経BP社，がある。

ラッシュ（flash crash）と呼ばれている。株式市場や外国為替市場などで時々見られる現象で，夜間などの取引が薄い時間帯に生じやすい。アルゴリズム取引が主な原因ではないかと考えられているが，人による発注価格の入力ミスなどが原因となることもある[8]。プログラムのバグ，ニュースなどの情報や取引状況から誤った判断を下してしまった，などが考えられるが，原因が特定されないことが多い。ここでは，2016年10月7日に発生したイギリスポンドの急落を見てみよう[9]。

2016年10月7日，イギリス時間の午前0時7分3秒から7分11秒の8秒間にポンドの対ドルレート（GBP/USD）[10] が1.26から1.2494まで1%近く下落した。その後，0時7分13秒にイギリスのEU脱退に関するニュース記事が出たことをきっかけにポンド売りが加速した。これを受けてCME（シカゴマーカンタイル取引所）では0時7分15秒に10秒間の先物取引停止措置を採った。0時7分29秒には1.22付近での取引が活発になったが，その後は1.20付近で落ち着いた。しかし，0時7分41秒には1.1492まで下げ，その数秒後には1.25まで上昇する場面もあった。その後は1.20から1.22の間で価格が上下したが，1.20付近で再び落ち着いたのは0時9分に入ってからだった。わずか1分間の間にポンドは10%近く乱高下した。

フラッシュクラッシュが発生するのはごく短い間に過ぎないが，金融市場に大きな影響を与える恐れがある。例えば，ノックアウトオプションなどのエキゾチックオプションの発動条件を満たしてしまう可能性がある。先ほどの例では，ポンドの対ドルレートは1.26から1.20まで安くなったが，その間に一瞬だけ1.1492まで下がっている。1.15のようなキリのいい数字はエキゾチックオプションの発動条件に設定されている可能性があり，当事者には大きな影響を及ぼす。同様に，個人の先物取引などでは追加証拠金やロスカッ

---

8　市場価格が1000円前後で推移しているときに，1000円で1万株購入するつもりが1万円で1000株購入するという入力ミスをすると，1000株だけ1万円で取引されてしまう可能性がある。このようなリスクをオペレーショナルリスクという。

9　BIS Markets Committee, The sterling 'flash event' of 7 October 2016, Jan. 2017.

10　イギリスポンドは1ポンド＝○○ドルの表記を行うため，円とは逆に為替レートの数値が小さくなることがポンド安を意味する。

184　第 8 章　国際金融市場

ト（強制的にポジションをクローズして損失の拡大を防ぐこと）が発生して
しまうリスクもある。ロスカットが広範囲に発生すれば，更なる価格変動の
原因となりかねない。フラッシュクラッシュの発生は避けられないため，数
値のジャンプが 1 度限りの場合はノックアウトやロスカットが発生しないな
どの工夫が求められる。

### ◆ヘッジファンドや HFT は市場の攪乱要因か

　ヘッジファンドや HFT などの市場参加者が市場を安定させる役割を果た
しているのか，それとも不安定化させる役割を果たしているのか，という議
論がある。フラッシュクラッシュや金融危機などのイベントに対する犯人捜
しの意味合いもある。

　裁定取引を行う投資家（arbitrager）は市場価格を安定させる役割を果た
すことが多い。裁定取引は価格が高い金融商品を売って価格が低い金融商品
を買うため，価格の高い金融商品の価格は下落し，価格の低い金融商品の価
格が上昇する。一方で投機を行う投資家（speculator）は，価格上昇または
価格下落の一方向に賭ける行動を取る[11] ことから市場価格の不安定化をもた
らすと考えられている。価格が上昇する局面ではさらに買い上げて価格上昇
を増幅させ，価格下落時には空売りをして収益を上げようとする。ヘッジ
ファンドはレバレッジをかけて金融派生商品を取引することから，増幅効果
は大きくなる。

　本章（本書）をここまで読んできた読者は，ヘッジファンドが市場を安定
させるのか不安定化させるのか，という問い自体に意味がないことに気づく
だろう。第 2 節ではマーケットメイカーとマーケットテイカーを見たが，イ
ベントが生じたらマーケットメイカーは取引を控えるだろう。積極的に価格
下落に賭ける戦略に一時的に転換するかもしれない。市場参加者は金融市場
の状況に応じて取引しているため，あるヘッジファンドが金融市場の平穏期

---

11　この定義では，株式を購入して保有し続ける個人，年金基金，財団なども株価の上昇に賭ける
　投機家ということになる。

には裁定取引を行い，金融危機時には投機を行うことも容易に想像できる。株式を取引している個人は，株価の上昇が強く見込まれるときには預金を下ろして株式を購入し，価格下落が強く見込まれるときには持ち株を売ったりインバース系のETF[12]やVIX指数を購入したりするだろう。多くの個人はバブルが発生するブームやバブルが崩壊するバストに対して順張り的[13]な行動を取ることが知られており，市場を不安定化させる要因となる。加えて，多くのヘッジファンドはショートボラティリティ戦略を採っており，価格の大幅な下落を望んでいない。実際に，金融危機が生じると多くのヘッジファンドが破綻する。

　全ての市場参加者が十分な情報を入手して合理的に判断して行動すればブームやバストが生じることはない，という考えも誤っている。災害や戦争など金融市場に影響を与えるショックはいつ発生するのか，どれくらいの規模で発生するのか全く予想できないが，ショックが発生すればいち早く対応するのが合理的な行動となる。全ての市場参加者が同じような行動を取れば，合理的な行動であってもパニックと同じ効果をもたらす。金融市場の平穏は市場参加者にとって安心できる状況ではあるが，常に変動する，そして時には大きく変動するのが金融市場の本質であるといえる。

---

12　日経平均株価などの株価指数の値動きと逆の動きをするように組成されたETF。株価指数が下落すればインバース指数は上昇することから，株価下落への備えにもなる（240ページ）。
13　上昇している金融商品を買い，下落している金融商品を売るように価格のトレンドに追随すること。価格のトレンドに逆らって取引することを逆張りという。

# 第9章
# 金融危機と金融の安定

　歴史上，金融市場ではたびたび大きな下落や危機が生じている。まずは20世紀後半に頻発した通貨危機の仕組みを見ていこう。21世紀に入ると金融取引のグローバル化が進み，危機の影響も広範囲に及ぶようになった。本章では2008年のサブプライム危機を題材に金融危機について見た後に，2010年代にどのような取り組みが進められてきたのかを見ていこう。

## 1. 通貨危機

　通貨危機とは，ある特定の通貨が売り投機に遭うことを指す。図表4-6（87ページ）で見たように，通貨高を防ぐための自国通貨売り介入は無制限に実施できるものの，通貨安を防ぐための自国通貨買い介入は外貨準備の量に制限されるため，投機は通貨の買いではなく売りとして行われる。1971年から2005年までに208回の通貨危機が生じたというデータがあるが，世界経済に大きな影響を与えたものとして，1971-73年のブレトンウッズ体制の崩壊，1976年のポンド危機，1992-93年の欧州通貨危機，1994-95年のテキーラ危機（メキシコペソの下落），1997-98年のアジア通貨危機などが挙げられる[1]。

　欧州通貨危機を例に，図表9-1で通貨危機のメカニズムを見ていこう。欧州通貨危機では，イギリスポンドやイタリアリラ，北欧通貨などが売られてドイツマルクが買われた。当時は欧州通貨制度のもとでEU（正確には当時はEC：欧州共同体）加盟国の為替レートが相互に固定されており，ECUと

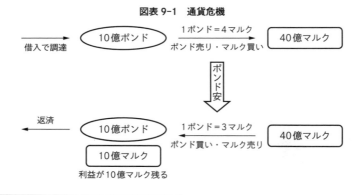

図表9-1　通貨危機

---

[1] Luc Laeven and Fabian Valencia (2008), Systemic Banking Crises: A New Database, IMF Working Paper, WP/08/224，この論文では，為替レートが30％下落するケースを通貨危機と定義している。30％の下落は大幅下落だが，必ずしも国際金融市場に広がる大問題になるとは限らず，回数が多めにカウントされている。通貨危機については，以下も参照のこと。Reuven Glick and Michael Hutchison (2011), Currency Crises, Federal Reserve Bank of San Francisco Working Paper Series, 2011-22.

*1. 通貨危機*　189

いうバスケット通貨が創設されていた。ECU は将来ユーロとなる。

　ヘッジファンドなどの攻撃者はイギリス国内で資金調達する。ここでは説明の簡略化のために借入金利はゼロと仮定する。このヘッジファンドは 10 億ポンドを調達して 1 ポンド＝4 マルクでポンド売り・マルク買い攻撃を仕掛ける。10 億ポンドは 40 億マルクになる。この攻撃に他の市場参加者が加わりポンド売りが加速すると，ポンド安が進む。例えば，1 ポンド＝3 マルクまでポンド安が進んだときに，30 億マルクをポンドに交換すると 10 億ポンドになり，交換した 10 億ポンドを返済する。返済が済んだ後には 10 億マルクが手元に残る。この攻撃はリスクが非常に低く，大きなリターンが見込まれる。1 ポンド＝4 マルクの時のポンド売り攻撃が失敗してポンド安が進まなかったときには，40 億マルクを 10 億ポンドに戻して返済すればよい。一方で，ポンド安が進めば進むほど収益は大きくなる。

　攻撃への対抗策はいくつかある。ポンド売りに対してポンド買い介入で対抗できるが，ポンド買い・マルク売り介入はマルクの外貨準備が尽きた時点で継続できなくなる。外国為替市場を封鎖すればポンド売りはできなくなるが，通常の為替取引もできなくなり弊害が大きい。図表 9–1 ではヘッジファンドは無金利で 10 億ポンド調達している。借入金利が 50％ であれば 15 億ポンドを返済する必要があり，そのためには 45 億マルク必要となる。借入金利が高ければ高いほど攻撃は失敗しやすくなる。実際に，イギリスは政策金利を 10％ から 15％ まで 2 回に渡って引き上げた。ただし，イギリスは最終的には投機による攻撃に負けて欧州通貨制度から離脱した。欧州通貨危機では北欧諸国も政策金利を大幅に引き上げたが，金利の引き上げは設備投資や住宅投資，企業の運転資金借り入れにも影響を及ぼす。為替レートの安定には何らかの犠牲を伴う。

　介入の能力を高めるための通貨スワップ協定も有効な手段となる。介入資金を外国から調達する手段であり，ヨーロッパであればドイツ，アジア地域であれば日本などが周辺国にマルク（現在はユーロ）や円，または外貨準備として保有しているドルを貸し出す。21 世紀に入ると外国為替市場の参加者は大きく広がり，個人もレバレッジを効かせた取引に参入している。通貨ス

190　第9章　金融危機と金融の安定

ワップなどで介入資金をどんなに増やしたとしても，投機に勝ち切るのは困難であるといえる。そのため，投機に対する最大の対抗策は，攻撃者に狙われないように経済政策を健全に運営することであるといえる。投機による攻撃には理由が必要であり，攻撃を受けるだけの理由がなければ他の市場参加者は投機に加わらない。財政政策，金融政策，金融行政，産業政策などを適切に運営することが必要だといえる。

## 2.　金融危機

　第8章でも見たように，21世紀に入ると技術革新により金融のグローバリゼーションが進んだ。国境を越えたクロスボーダーの金融取引は当たり前となり，情報の伝達スピードは飛躍的に高まった。ある国の市場で生じたイベントが他の国の市場へ伝播しやすくなった。株式や債券などの様々な資産クラスへの分散投資は，国内だけでなく外国の金融市場にまで拡張されるようになり，ある国の株式を売って他の国の債券に資金を移す，というような投資行動が容易に行えるようになった。その結果，ある国の特定の資産クラスの市場でのバストが他の市場や外国にも急速に伝播し，多くの国の多くの市場でパニック的な売りが生じる金融危機が発生するようになった。ここでは，2008年のサブプライム危機（リーマンショック）を見てみよう。

　2000年代には日本などで低金利政策が行われ，低コストで調達された資金が様々な金融商品に投資された[2]。より安全でより高い利回りが得られる証券を探して資金が世界を駆け巡る状況が生まれ，アメリカのサブプライム証券に資金が流れ込んだ。サブプライム（subprime）とは信用スコアの低い層を指す言葉であり，アメリカの住宅ローン審査ではFICOスコアに応じてプライム（prime），サブプライムなどに分けられる[3]。信用スコアの低いサブ

---

2　金利の低い国で資金を調達して外国に移すことをキャリー取引という。

3　FICOスコアは300－850点で付けられる。800点以上をExcellent，740－799をGood，670－739をFair，580－669をPoor，579以下をVery Poorとしており，750点以上をプライム，661－749をオルトA（alt–A），660以下をサブプライムと呼んでいる。

## 2. 金融危機

**図表 9-2 サブプライム証券の作成**

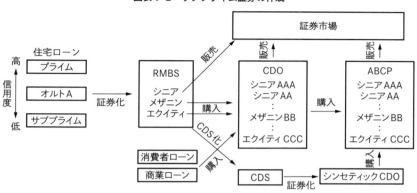

プライム層へのローンであるサブプライムローンは延滞率が高く，サブプライム住宅ローンを証券化した証券の格付けは低い。しかし，図表 9-2 のように様々な証券を混ぜ合わせて新しい証券を作ることで分散投資を実現させたとして高い格付けを得ることができた。

まず，住宅ローンを証券化して RMBS（106 ページ）とする。プライムローンを証券化した RMBS は格付けも高くそのまま販売することができるが，サブプライムローンの RMBS はそのままでは格付けも低く買い手が少ない。そこで，格付けの低い RMBS を大量に購入し，消費者ローンや商業ローンなども加えて証券化商品プールを作成する。プールの金額が大きいためプールを小さなグループに切り分ける。このそれぞれのグループのことをトランシェ（tranche）という。リスクの低い上位のトランシェから作られた証券はシニアと呼ばれ，リスクが高くなるにつれてメザニン，エクイティと呼ばれる。エクイティクラスになるとサブプライム RMBS や信用度の低い相手に貸し出した消費者ローンや商業ローンの割合が高く，本来は低い格付けしか取得できないが，様々な証券が含まれていることから分散投資が成り立っていると解釈されて高い格付けが付けられた。このような証券を CDO（Collateralized Debt Obligation：債務担保証券）という。

RMBS にも国債や社債と同じように CDS（76 ページ）が存在した。CDS

の買い手はCDS価格を支払ってRMBSがデフォルトした時にCDSの売り手から支払いを受ける。このCDSもシンセティックCDO（synthetic CDO）という名前で証券化された。CDOにシンセティックCDOなどを加えてさらに商品プールを作って証券化された。このような証券はABCP（Asset Backed Commercial Paper）などと呼ばれた。こうした商品が国際的に売買されたために，サブプライム問題はアメリカだけの問題ではなくなっていた。

　サブプライム問題は2007年頃から顕在化し始めた。住宅ローンでは購入した住宅が担保となるが，住宅価格が上昇すると借入額を増やすことができる。アメリカではローンを積み増す動きが多く，追加で借りた資金で自動車などを購入した。借り入れによる消費の増加は一時的にGDPの増加要因となるが，危機を増幅させる副作用を持つ。また，サブプライムローンの多くはステップアップするように設計されており，当初の2-3年は金利部分のみを返済するため月々の返済額が低いが，その後は返済額が大きく増加する。サブプライム層はそもそも住宅ローンを貸し出すべき相手ではなく，ステップアップによる延滞が発生しやすい。2007年頃になると延滞や不良債権が増加したが，国際金融市場を巻き込む大きな危機が生じたのは2008年になってからだった。

　図表9-3のように，サブプライム危機はヨーロッパの銀行に打撃を与えている。特にイギリスのノーザンロック銀行では取り付けが発生した。取り付け（run）とは，預金者が預金の返還を求めて銀行に殺到することであり，21世紀の先進国でも取り付けが起こりうるという貴重な例でもある。2008年の夏は原油市場も最高値を付けており（図表5-4，109ページ），債券市場のバストに商品市場のバスト[4]が重なったことも，影響を大きくした。

　サブプライム危機は金融危機の一例であり，それぞれの金融危機には特有の事情があるが，サブプライム危機からは共通要因となりそうな要素が読み取れる。第1に，危機は金融市場のみで生じているわけではなく，家計も含

---

4　原料としている商品の価格が急落すると，過去に高い価格で購入した商品を原料として使わざるを得ない一方で，顧客からは商品価格の下落を理由に値下げを迫られる。商品価格の急落は製造業などにとって逆ザヤとなるリスクがある。

**図表 9-3　サブプライム危機の進行**

| | 2 月 | イギリスの HSBC がサブプライム関連の損失を公表 |
|---|---|---|
| | 7 月 | ドイツの IKB 経営不安 |
| 2007 年 | 8 月 | フランスの BNP パリバが投資信託の解約を一時停止 |
| | 8 月 | ドイツのザクセン LB が経営危機→1 月に他の州立銀行から買収 |
| | 9 月 | イギリスのノーザンロック銀行で取り付け騒ぎ→後に国有化 |
| | 3 月 | アメリカのベアスターンズに FRB が資金供給→5 月に JP モルガンチェースが買収 |
| 2008 年 | 9 月 | リーマンブラザーズの破綻（リーマンショック） |
| | 9 月 | バンクオブアメリカがメリルリンチを救済買収 |
| | 9—10 月 | FRB，ECB などが緊急利下げや資金供給で対応 |

めた民間部門の債務増加が背景にある。中でも住宅ローンは金額が大きく，家計を脆弱にしやすい。好況期には家計は現在の収入をもとに限度額いっぱいまで借り入れようとするため，病気やボーナスカットなどのちょっとしたきっかけで家計が破綻しやすい。また，住宅価格が下落すると担保価値が下がって追加の担保差し入れか住宅価格下落分の一括返済を求められる。多くの家計はどちらも実行できずに住宅を売りに出さざるを得なくなり，危機が加速しやすくなる。

　第 2 に，過剰な金融緩和がイールドハンティング（yield hunting または search for yield）を生じさせたということである。イールドハンティングとは，低金利環境で国債などから十分な金利収入が得られなくなったためによりリスクの高い金融商品を購入する動きを指す。特に機関投資家は支払い計画に応じて一定以上の金利収入を求められており，過剰な金融緩和の下ではより大きなリスクを取らざるを得ない。第 3 に，金融工学の発達により図表 9-2 のように証券化商品を集めてさらに証券化商品を組成するような複雑な証券が生み出されたことも危機の原因となっている。多くの投資家は自分がどのような証券に投資をしているのか理解していなかった。第 4 に，格付けの問題があった。格付け機関も自らが格付けしている金融商品を理解していなかった。CDO や ABCP の中には，エクイティトランシェの証券を多く混ぜ合わせることで AA 格のような高い格付けを取得したものもあったが，こ

のような高い格付けは間違っていた。複数の証券を混ぜ合わせたときに，どれくらいのリスクがあるのかを計算するためにコピュラ（copula）という計算方式[5]が用いられたが，計算の前提に問題があった。

　最後は，リスクの計算に正規分布（normal distribution）を用いたことである。正規分布は左右対称の釣り鐘型をしており，平均値と標準偏差が分かれば簡単にグラフ化することができる。計算が簡便であることや経済統計や社会統計に登場する多くの変数が正規分布で記述できることから，金融分野でもリスク管理に用いられていた。しかし，図表9-4のように，金融商品の価格は正規分布に従わない。図表9-4は図表8-3をヒストグラムで表したものであるが，ヒストグラムは正規分布の実線のグラフとは一致しない。歪度（skewness）は平均値（正規分布の山の頂点）から見てグラフが全体的に左右どちらに偏っているのかを表す指標であるが，21世紀のS&P500はマイナス側に偏っている。尖度（kurtosis）はグラフのとがり具合を表す指標であ

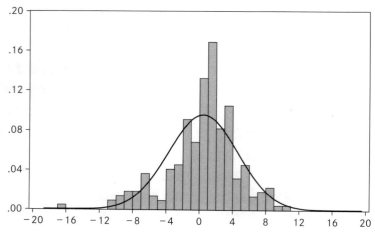

図表 9-4　S&P500 の月次騰落率（曲線は正規分布）

注：2001年1月から2019年3月までの月次騰落率。平均値は＋0.4％，標準偏差は4.2％，歪度は－0.68，尖度は4.32，Jarque-Bera統計量によるp値は0.00。

---

5　コピュラは確率を使って損益を計算できる証券が複数ある時に，個々の証券の損益分布を用いてポートフォリオ全体の損益分布を求める際に使われる演算子である。

り，3であれば正規分布と等しくなるが，S&P500はかなりとがったグラフになっている。Jarque-Bera統計量によるp値はS&P500のグラフが正規分布である確率を表しているが，0.00と正規分布とは言えないことが明らかとなっている。

図表9-4で重要なことは，横軸で見て+8%を超える部分ではS&P500のグラフが正規分布よりも上に来ている部分が1カ所しかないのに対し，-8%よりもマイナス側では正規分布が仮定するよりも多くの下落が発生していることである。これがファットテイルである。特に，2008年10月には-16.94%と大幅な下落を記録しているが，正規分布によるとこのような下落は5930年に1度しか起きないことになる。めったに起きないが起きると大問題を引き起こすようなリスクをテールリスクという。実際には大幅下落は21世紀に入ってわずか7年で発生しており，テールリスクは常に考慮に入れるべき事項となっている。どのような複雑なリスク管理手法であっても，正規分布を使う限り，金融危機の発生確率を著しく低く評価する役に立たない手法であることが分かる。

## 3. 金融危機と金融商品価格

サブプライム危機では多くの投資家が損失を被った。図表9-5は2008年の資産クラス別の騰落率であるが，ほとんどの資産クラスで20%以上の下落を記録している。アメリカ株式，世界株式，新興国株式，不動産，プライベートエクイティ，コモディティなどに分散投資をしたとしても，金融危機が発生するとこれらすべてが大幅な損失を記録し，分散投資になっていなかった。例外はアメリカ国債であり，金融政策による利下げと株式などからの資金の移動により価格が上昇している。ドイツなどの先進国の国債も買われていた。一方で格付けの低い債券（ハイイールド債）は株式と同じように損失を記録している。

図表9-5のキャッシュとは，いつでも換金できて現金に近い金融商品を指す。短期国債は他の商品よりも簡単に売却することもでき，レポ取引（69

196　第9章　金融危機と金融の安定

図表 9-5　2008 年の資産クラス別騰落率

| 資産クラス | 指数 | 騰落率 |
|---|---|---|
| キャッシュ | アメリカ 3 カ月物国債 | ＋1.3% |
| コア債券 | バークレイズキャピタル米国総合指数 | ＋5.2% |
| ハイイールド債券 | メリルリンチ米国ハイイールドマスター | −26.3% |
| 大型株 | S&P500 | −37.0% |
| 小型株 | Russell2000 | −33.8% |
| 世界株式 | MSCI 全世界株式指数（除く米国） | −43.2% |
| 新興国株式 | IFC 新興国株式指数 | −53.2% |
| 不動産 | Nareit Equity REITs 指数 | −37.7% |
| プライベートエクイティ | Venture Economics All Private Equity Index | −20.0% |
| 株式ヘッジファンド | HFRI 株式ヘッジ指数 | −20.6% |
| コモディティ | DJAIG コモディティインデックス | −35.7% |

出所：アング『資産運用の本質』きんざい，表 6-1 から抜粋。

ページ）の担保にすることもできる。また，満期が短いため，満期まで保有すれば償還の形で換金できる。いつでも換金できることを流動性（liquidity）が高いという。金融危機が起きると人々はパニックとなり，多くの資産クラスで投げ売りが見られる一方で，金融商品を買う動きがなくなるため，多くの金融商品市場で流動性が枯渇する。特に大きな影響を受けたのが CDO や ABCP などのサブプライム関連商品であり，格付けの低いトランシェから組成されたものはさらに大きく下落し，90% 以上下落したものもある。サブプライム証券は住宅ローンから組成されており，住宅ローンの借り手が破綻しても担保となる住宅を換金することができる[6]。実物資産が裏付けにあるため，90% もの下落は合理的ではない。不安心理に加えて流動性の枯渇が価格下落に拍車をかけた。

　CDS やシンセティック CDO では別の問題もあった。CDS は買い手にとっては保険商品と同じ役割を果たすが，金融危機時には CDS の売り手が破綻

---

6　ただし，住宅は売却までに時間のかかる流動性の低い資産であるため，投げ売りが発生している状況ではより低い価格でしか売却できない。

してプロテクションを得られないカウンターパーティリスクが顕在化しやすい。サブプライム証券にはCDSが含まれているものもある。CDS部分は回収率が0％になるリスクもあることが不安感を増幅させた。

21世紀に入って国際的な分散投資が進んだが，金融危機は資産クラスに基づく分散投資ではリスクを管理できないことを明らかにした。2010年代にはファクター（リスククラス）による分散投資が必要であることが明らかとなった。

2008年には多くの資産クラスで大幅なマイナスを記録したが，個人も含めて長期のタイムホライズンを持つの投資家にとっては一過性の出来事でしかない。株式など伝統的な資産を長期保有するバイ＆ホールド（buy and hold）を実行している投資家にとっては，金融危機はむしろ買い場であり，価格の下がった金融商品を購入することで長期的なリターンの上積みが期待できる。

## 4. 金融の安定に向けて

金融危機を受けて，2009年に改組されたFSB（Financial Stability Board：金融安定理事会）などで2010年代の金融規制が議論された。アメリカでの住宅ローンや証券化の問題がヨーロッパに波及したように，1つの金融商品や1国の金融市場だけを規制しても金融危機を防ぐことはできない。しかし，金融監督（financial supervision）は国別に実施されており，しかも銀行，保険など金融業態や金融商品ごとに縦割りで実施されている。2010年代の金融制度改革は，各国の金融監督の調和を図り，国際的な情報伝達を密に行うことを目的として進められてきた。図表9-6はFSBを核とした国際的な金融規制の参加主体であるが，先進国だけでなく途上国も含めたG20が改革の大枠について議論してFSBに伝え，具体的な対策の策定に入る。

2010年代には，金融の安定（financial stability）の重要性が高まっている。金融市場では刻々と金融商品の価格が変動し，時には大きく下落する。資金調達者は一定の割合で支払い不能に陥り，資金提供者は大きな損失を被る。

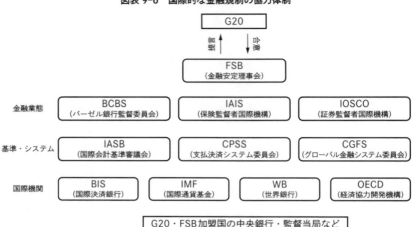

図表 9-6 国際的な金融規制の協力体制

金融市場はリスクの取引の場でもあり，CDS のようなプロテクションを購入してもリスクが CDS の買い手から売り手に移るだけでリスクは消滅しない。重要なのは市場参加者や金融機関が自らが抱えているリスク量（エクスポージャー）をしっかりと把握し，損失が顕在化しても事業が続けられるようなルールを策定することである。

アメリカではドットフランク法（2010年），ボルカールール（2015年），ユーロ地域では銀行同盟（2014年より段階的に導入）など各国・地域での取り組みも進められているが，図表 9-7 のような国際的な取り組みも進められている。

バーゼルⅢについては後ほど取り上げる。銀行の経営陣の報酬が四半期などの短期的な業績に連動して決められると，経営陣は目先の収益のみを追求し長期的な成長を軽視するようになる。報酬を業績に連動させる方法としてストックオプション（stock option）[7]があるが，短期的な株価上昇のために返済リスクの高い案件に融資したり，融資ではなく自社株買いに資金を投入

---

[7] 報酬の一部を自社株で支払うこと。業績が向上して株価が上昇すればするほど報酬が増えることになる。

**図表 9-7　FSB のモニタリング分野**

| バーゼル III | 銀行がより健全な運営を行うように貸借対照表に関する規制を策定。 |
|---|---|
| 報酬慣行 | 短期的な成果ではなく長期的な収益と整合的な報酬体系の導入。 |
| 効率的な破綻処理制度と政策 | ベイルインを原則とした破綻処理制度の整備。 |
| SIFIs | グローバルで重要な金融機関，特に銀行（G-SIBs）とノンバンク（NBFI G-SIFIs）に対して損失吸収能力や監督の強化。2018 年に保険（G-SIIs）は除外することになった。 |
| 金融派生商品市場の安全性向上 | OTC デリバティブ市場の改革。清算集中義務や中央清算されない場合の証拠金規制。 |
| ノンバンクの金融仲介 | 銀行以外の金融仲介機関，MMF などへの規制強化。 |
| その他 | ヘッジファンド，証券化，監督強化，マクロプルーデンス政策，格付け機関の監督，会計基準，リスクマネジメント，預金保険，金融市場の発展に対する保護，金融分野での消費者保護。 |

出所：FSB ホームページ。

したりするようになる。たとえ経営が失敗して銀行が破綻しても預金は預金保険で救済され，公的資金（つまり税金）で損失の穴埋めをしてもらえるというモラルハザード（moral hazard）[8]が背景にある。

　銀行の破綻とは，図表 9-8 左図のように不良債権などの回収できない損失額が自己資本（貸借対照表では純資産）を超えることを意味する。損失が大きすぎると預金者に預金を返却できなくなる。2000 年代までは損失額の穴埋めに公的資金を用いるベイルアウト（bail-out）が主流だったが，2010 年代には株主や劣後債の保有者も破綻処理費用（損失額）を負担すべきだというベイルイン（bail-in）が導入されつつある。ベイルインでは，図表 9-8 右図のように損失額は株式や劣後債の保有者が負担する，つまり，株式や劣後債は文字通り紙くずになる。CoCo 債（59 ページ）の保有者も損失額を負担することになる。

---

8　保険に加入することによって加入者の行動が悪化すること。銀行と預金保険の例では，銀行経営者にモラルハザードが発生するだけでなく，預金者や株主にも発生する。預金者は預金が保護され，株主は公的資金による損失の穴埋めがあるため，リスクの高い事業を経営者に要求する。

200　第 9 章　金融危機と金融の安定

図表 9-8　銀行の破綻処理費用と自己資本

| 資産 | B/S | 負債 |
|---|---|---|
| 貸出証券 | | 預金 |
| | | 劣後債など |
| 損失 | | 自己資本株式 |

税金で損失を穴埋め
＝ベイルアウト

| 資産 | B/S | 負債 |
|---|---|---|
| 貸出証券 | | 預金 |
| | | 劣後債など |
| 損失 | | 自己資本株式 |

株主や債権者が負担
＝ベイルイン

　銀行の破綻を防ぐためには，自己資本を増やす必要がある。サブプライム危機では，国際的な大銀行は大きすぎるために破綻させられないという TBTF（too-big-to-fail）という問題が生じた。そこで，金融システムにとって重要な金融機関を SIFIs（Systemically Important Financial Institutions）と呼び，より厳しい規制をかけることになった。

　OTC デリバティブは相対で取引するデリバティブ（122 ページ，図表 6-1）である。相対取引では細かい条件を交渉することができるものの，取引相手が破綻するカウンターパーティリスクが大きい。ある銀行が結んだ OTC デリバティブの取引相手が破綻すると，手に入るはずだった資金が手に入らなくなり，その資金で予定していた他の支払いが止まってしまう可能性がある。図表 9-9 のように，OTC デリバティブの破綻の影響が他の銀行に次々に波及していき，最終的には多くの銀行に悪影響が及ぶことをシステミックリスク（systemic risk）という。システミックリスクは OTC デリバティブに限らず銀行の資金取引全般に関連するリスクであり，システミックリスクの顕在化を防ぐために銀行規制があるといってもよい。

　銀行以外の金融仲介機関（non-bank financial intermediation）とはいわゆるノンバンク（2018 年 10 月まではシャドーバンキングと呼ばれていた）であり，MMF（Money Market Funds）[9] が該当する。銀行免許に基づく金融

**図表 9-9　システミックリスク**

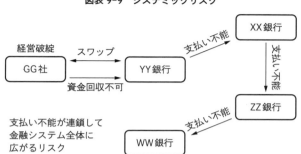

機関ではないものの，預金のように資金を家計や企業から集め，債券などの証券の購入や企業への貸出を行うことで事実上銀行の役割を果たしている金融機関を指している。ヘッジファンドの一部も同様の機能を果たしているといえる。集めた資金や購入した証券の管理など銀行と同様の規制を課すことで，銀行以外の金融仲介機関が発端となるシステミックリスクの顕在化を防ごうとしている。

その他の分野では，証券化や格付け，リスク管理などサブプライム危機で問題となった分野をカバーしている。

◆バーゼルⅢ（BIS 規制）

バーゼルⅢは銀行による過度のリスクテイクを防ぐことを目的としており，図表9-10のように様々な項目からなる。規制は銀行の経営に大きな影響を及ぼすだけでなく，規制を満たすためのリスク管理手法の導入などに時間がかかるため，導入は段階を追って進められている。ステージ1では貸借対照表上の資産，負債，自己資本（純資産）の量のバランスを調整し，ステージ2では資産を中心に質の確保を目指している。非常に技術的な内容であるため，ここではステージ1について簡単に説明する。

---

9　短期国債，CP，レポなどの短期の金融商品に投資するファンド。資産クラスのうちキャッシュの投資先として人気がある。アメリカでは，従来は固定NAV（Net Asset Value）という事実上の元本保証制度があったが，2016年に変動NAVが導入されて元本保証がなくなった。

202　第9章　金融危機と金融の安定

図表 9-10　バーゼルⅢの主な項目

| 項目 | 導入年 | 数値等 | 完全施行年 |
|---|---|---|---|
| **ステージ1：自己資本と流動性** | | | |
| 自己資本要件 | 2010 | CET1 の定義 | 2022 |
| CET1 (Common Equity Tier1) 比率 | 2010 | 4.50% | 2015 |
| Capital conservation buffer | 2010 | 2.50% | 2019 |
| Countercyclical buffer | 2010 | 0—2.5% | 2019 |
| G-SIB 自己資本サーチャージ | 2010 | 0—3.5% | 2019 |
| レバレッジ比率 (LR) | 2010 | 3% | 2018 |
| 流動性カバレッジ比率 (LCR) | 2010 | 100% | 2019 |
| 安定調達比率 (NSFR) | 2010 | 100% | 2018 |
| **ステージ2：資産のリスクウエイト (RWA) の見直し** | | | |
| 資本フロア | 2017 | 72.50% | 2027 |
| LR・G-SIB サーチャージの見直し | 2017 | 50% 分の上乗せ | 2022 |
| 信用リスクフレームワーク | 2017 | 見直し | 2022 |
| オペレーショナルリスクフレームワーク | 2017 | 見直し | 2022 |

出所：BIS Annual Economic Report 2018, p. 45 より抜粋。

　図表9-8 で見たように，銀行の自己資本が多ければ多いほど大きな損失に耐えられる。

　そこで，自己資本を資産額で割った自己資本比率を高める規制が導入された。これが BIS 規制であり，バーゼルⅠからバーゼルⅢにかけて，計算方法がより保守的になるように改正が重ねられてきた。自己資本は CET1 の 4.5% に加えて，AT1 (Additional Tier1) 1.5%，Tier2 の 2% で合計 8% を最低基準としている。8% という数値自体はバーゼルⅡと同じだが，自己資本比率がより低く算出されるように計算の内容が修正されている。バーゼルⅢでは最低基準に追加のバッファーを要求しており，より多くの自己資本が必要とされている。特に，グローバルで重要な銀行を G-SIBs (Global Systemically Important Banks) と呼び，特別なサーチャージが要求されている（図表9-12）。G-SIBs のリストは毎年更新される。

　バーゼルⅢでは，レバレッジ比率 (Leverage Ratio：LR)，流動性カバ

4. 金融の安定に向けて　203

#### 図表 9-11　自己資本比率

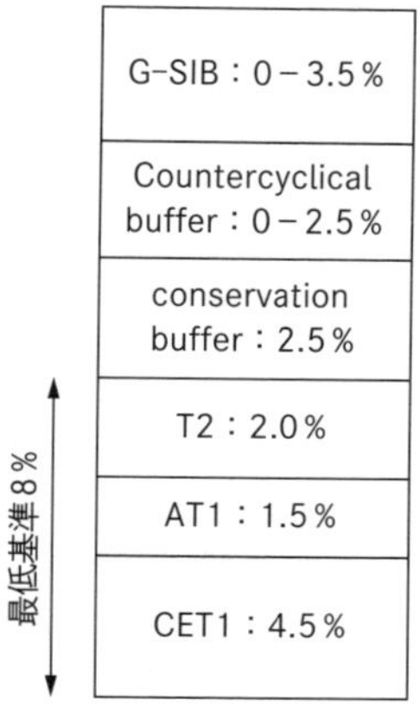

| G-SIB：0-3.5% |
| Countercyclical buffer：0-2.5% |
| conservation buffer：2.5% |
| T2：2.0% |
| AT1：1.5% |
| CET1：4.5% |

（左側に縦書き「最低基準8%」）

#### 図表 9-12　G-SIB に対するサーチャージ（2020 年時点）

| カテゴリー（サーチャージ） | 銀行名 |
| --- | --- |
| 5（3.5%） | 該当なし |
| 4（2.5%） | 該当なし |
| 3（2.0%） | Citigroup, HSBC, JP Morgan Chase |
| 2（1.5%） | Bank of America, Bank of China, Barclays, BNP Paribas, China Construction Bank, Deutsche Bank, Industrial and Commercial Bank of China, Mitsubishi UFJ FG |
| 1（1.0%） | Agricultural Bank of China, Bank of New York Mellon, Credit Suisse, Goldman Sachs, Groupe BPCE, Groupe Crédit Agricole, ING Bank, Mizuho FG, Morgan Stanley, Royal Bank of Canada, Santander, Société Générale, Standard Chartered, State Street, Sumitomo Mitsui FG, Toronto Dominion, UBS, UniCredit, Wells Fargo |

出所：FSB ホームページ。

レッジ比率（Liquidity Coverage Ratio：LCR），安定調達比率（Net Stable Funding Ratio：NSFR）によって資産側にも規制をかけようとしている。LR は貸出，金融派生商品，レポ取引などの総金額から自己資本比率を計算するものであり，リスクウエイトの低い資産[10] を膨らませることを防いでいる。LCR は金融市場が混乱している 30 日間に流動性が枯渇しないように，現金などの流動性の高い資産を事前に準備しておくことを要求している。NSFR は長期的に貸出などの業務を続けられるように，長期に渡って調達可能な資金の準備を要求している。家計や企業が銀行に預けた預金はいつでも引き出すことができるため，銀行から見ると 1 日の借り入れをロールオーバーしていることになる。一方で，企業への貸出は数年に及ぶこともあり，銀行はオーバーナイトで調達した資金を長期の貸出に変換する役割（期間変換機

---

10　自己資本比率を求めるための分母の資産額の計算に際して，金融商品ごとにリスクウエイトが設定されている。国債などの金融商品は保有額に低いリスクウエイトをかけ，格付けの低い相手先への貸出には高いリスクウエイトをかける。ウエイトは 100% を超える場合もある。

図表 9-13　バーゼルⅢの LR，LCR，NSFR

$$LR \quad \frac{CET1 + AT1}{エクスポージャー} \geq 3\% + G\text{–}SIB\ サーチャージ$$

$$LCR \quad \frac{適格流動資産}{ストレス期間 30 日の（資金流出－資金流入）} \geq 100\%$$

$$NSFR \quad \frac{利用可能な安定調達額（自己資本・預金等）}{所要安定調達額（貸出などの資金側の項目）} \geq 100\%$$

能）を担っている。経済にとっては重要な機能だが，金融危機時には預金の引き出しが増える一方で貸出は簡単に回収できないため，資金不足になるリスクがある。NSFR はこのようなリスクへの対策である。

　NSFR の分子部分について，個人からの預金額には 90% または 95% をかけた額，企業からの預金には 50% をかけた額を計上することになっている。家計や企業から預金を集めて長期の貸出を行うと，NSFR は 100% を下回ってしまう。一方で，満期 1 年以上の債券（銀行が発行する債券は金融債）によって調達した資金で長期の貸出を行うと，NSFR は 100% になり基準を満たす。NSFR は銀行の預貸業務の見直しのきっかけにもなっている[11]。

### ◆次の危機を止められるのか

　2010 年代の国際金融規制が効果を上げるのかどうかは次の危機ではっきりする。現在のところ，少なくとも危機の原因の 1 つである過剰な金融緩和はヨーロッパや日本で長年にわたって続けられており（第 10 章），イールドハンティングの動きがリスクの高い証券に向かっている[12]。格付けが BB 以下の投資不適格債は 1 兆 3000 億ドルほど発行されているが，その 22% は年金基金などが，13% は保険会社が保有している。ローン担保証券（Collateralised Loan Obligations：CLO)[13] の残高は 2014 年頃から増加しているが，2018 年末には BB 格の CLO のスプレッド（上乗せ金利）が 6% を超える水準にまで上昇している。また，すでに多額の債務を抱えていたり信用履

---

11　NSFR の計算は複雑であるため，NSFR を満たすために銀行が預貸業務を止めるわけではないが，銀行の資金調達に占める預金の重要性がいくらかは低下することにはなる。

12　IMF (2019), Global Financial Stability Report, April 2019；BIS (2019), BIS Quarterly Review, March 2019.

13　格付けの低い企業向け貸出を裏付けとした債券。

歴が不十分であったりする個人や企業に提供されるローンであるレバレッジドローン（leveraged loan）にも資金が流入している。これらの市場では，2018 年は 2007 年よりも脆弱だと評価されている。

途上国では BB 格よりも B 格の国債が増加している。2019 年に入って途上国の株式市場には再び資金が流入し始めたが，この傾向がいつまで続くのかは分からない。

アメリカでは，2020 年代に入って SPAC（Special Purpose Acquisition Company：特別買収目的会社）の問題がクローズアップされている。SPAC とは，上場する時点では投資対象を決めていない投資ファンドであり，まずは SPAC 証券を販売して資金を集め，それから投資対象を探して投資する。発行会社にとっては自由度が高いというメリットがあるものの，投資実態のないファンドも存在し，詐欺が疑われるものもある。

各国の中央銀行や国際機関は，金融市場の状況を評価する金融安定レポート（financial stability report）を定期的に発行し，金融市場を取り巻く問題点やリスク評価をしている。

過剰な金融緩和，イールドハンティング，証券化商品への投資などの問題は 2007 年までの世界と類似点がある。格付けについては，BB 格や B 格のような低い格付けの証券への投資が堂々と行われており，誤った格付けの問題よりも格付けを考慮しない過度なリスクテイキングが問題になりつつある。本書が読者の手に届く前に次の金融危機が生じている可能性もある。金融市場ではこれまで何度もブームとバストが生じており，次のバストが生じること自体は避けられない。問題は人類がより賢くなって金融危機の悪影響を最小限にとどめられるかどうかにある[14]。

---

14　新しい概念や金融工学技術が登場すると，今回は以前とは違う（This time is different）という楽観的な見方が増えるが，実際には過ちを繰り返すことになる。This time is different はラインハートとロゴフの著作の名前であり，金融危機のリスクを論じる際によく引用される。日本語版は，ラインハート・ロゴフ『国家は破綻する』日経 BP 社。

# 第10章
# 金融政策と金融市場

　本章では金融政策の仕組みと金融市場への影響について見ていく。先進国の金融政策は物価の安定を目的に実施され，3つの金融政策手段を組み合わせてイールドカーブをコントロールしている。金融政策がどのように金融市場や経済全体に波及するのか，また国際金融市場にどのような影響を与えるのかを見ていこう。

## 1. 金融政策とは

金融政策は中央銀行（central bank）によって行われる。金融政策は英語でmonetary policyといい，マクロ経済学では通貨量をコントロールする政策だとされている[1]。確かに中央銀行は通貨量のコントロールも行うが，政策金利の変更を通じて金融市場に影響を与えるのが現代的な金融政策であるといえる。

金融政策の目的は国や時代によって異なる。ペッグ制を採用している国では為替レートの安定が何よりも重要であり，ペッグ先の金融政策に合わせる形で政策金利を決めざるを得ない（図表4-11，99ページ）。現在，多くの国では変動相場制を採用しており，為替レートの安定ではなく物価の安定を目的としている。インフレ目標値を定めた金融政策の枠組みをインフレーションターゲティング（inflation targeting）といい，図表10-1のように目標値を定めている国もある。インフレ目標値は先進国では2%近辺と低く，途上国はより高い目標値を掲げている。インフレ率の計測には消費者物価指数（consumer price index）を用いることが多いが，消費者物価指数は真のインフレ率よりもやや高めに出る傾向がある。このような統計のクセを勘案して目標値は0%よりもやや高めに設定されている。

なお，中央銀行の名前は「Bank of 国名」となることが多いが，中国やドイツでは「Bank of 国名」は民間銀行の名前であり，注意する必要がある（ドイツの中央銀行はDeutsche Bundesbank，中国の中央銀行はPeople's Bank of China）。アメリカの中央銀行はFRBと呼ばれることが多く，Federal ReserveやFedとも呼ばれる。

中央銀行の業務は多岐にわたり，金融政策の決定だけでなく銀行券の管理や決済システムの運営なども行う。本書では，中央銀行の業務に関する様々

---

1　経済学の入門書では，金融政策はIS-LMモデルの中で通貨量の変動を通じてLM曲線に影響を与える政策だとされている。LM曲線のシフトが総需要曲線をシフトさせて物価に影響を与える。

**図表 10-1　各国のインフレ目標値**

| 国 | 中央銀行 | 目標値（%） |
|---|---|---|
| オーストラリア | Reserve Bank of Australia | 2.0—3.0% |
| ブラジル | Central Bank of Brazil | 4.5±1.5% |
| カナダ | Bank of Canada | 2.0±1.0% |
| チェコ | Czech National Bank | 2.0±1.0% |
| ユーロ地域 | European Central Bank | 2%以下だが2%近辺 |
| インド | Reserve Bank of India | 4.0±2.0% |
| ケニア | Central Bank of Kenya | 5.0±2.0% |
| ニュージーランド | Reserve Bank of New Zealand | 2.0±1.0% |
| 南アフリカ | South African Reserve Bank | 3.0—6.0% |
| 韓国 | Bank of Korea | 2.00% |
| スウェーデン | The Riksbank | 2.00% |
| イギリス | Bank of England | 2.00% |

出所：Central Bank News ホームページ。

な要素を金融政策デザイン（monetary policy design）として図表10-2のよ
うにまとめておく。

　金融政策運営はマクロ経済学などで扱う金融政策であり，金融政策手段を
用いて金融市場に影響を与え，それがマクロ経済全体に波及していくことで
物価の安定を実現させようとする政策である。銀行を中心としたマネーマー
ケット（短期金融市場）に直接的に影響を与える範囲をミクロ面，より広い
範囲をマクロ面とすると，ミクロ面の金融政策運営は金融政策手段の仕様を
定めて効果的に活用することであり，マクロ面では波及経路の研究や政策効
果の評価手法の開発などが相当する。

　情報政策は中央銀行が発する情報によって市場参加者やより広いマクロの
経済主体の期待形成（expectation，経済に関する人々の予想）に影響を与え
るものである。口開市場操作（open mouth operations）とは，政策金利に関
する見通しなどの情報を金融政策に関する公開書類や講演等を通じてマネー
マーケットの参加者に伝えることで，オーバーナイト金利の誘導を図るもの
である。口開市場操作が失敗すると，政策金利の変更でオーバーナイト金利

**図表 10-2　金融政策デザイン**

| | ミクロ面 | マクロ面 |
|---|---|---|
| 金融政策運営 | 金融政策手段<br>公開市場操作<br>常設ファシリティ<br>準備預金制度 | 目的（数値目標）<br>インフレ率 |
| 情報政策 | 口開市場操作　　アナウンスメント<br>アカウンタビリティ | |
| 金融システム運営 | 決済システム，銀行券，プルーデンス政策<br>危機時の流動性供給 | |

が急激に変化する（ジャンプという）ことになる。アナウンスメントはより広く経済全体に対して中央銀行の経済に対する見方や今後の見通しなどを伝えるものである。インフレ率の今後の推移についての見通しは，労働者と企業の間の賃金交渉などに影響を与える。来年のインフレ率が 2% だという見通しが広がれば，労働者側は賃金交渉で少なくとも 2% の賃金上昇を要求するだろう。情報政策の効果は信認（credibility）に左右される。中央銀行が発した情報が市場参加者や市民に信じてもらえなければ期待形成に影響を与えない。政策見通しなどで誤った情報を流し続ける中央銀行では情報政策は機能しない。

　アカウンタビリティ（accountability）は，議会証言などを通じて金融政策について説明するものである。金融政策に関わる人々（政策委員会のメンバーなど）は選挙によって選ばれていないが，金融政策という重要な事項を決定している。一方で，中央銀行には独立性（central bank independence）が求められる[2]。中央銀行は無制限に通貨を創り出すことができるため，政府の命令を受けない独立性が欠けていると，通貨の過剰発行によるハイパーインフレーションを引き起こすリスクがある。独立性を保証する代わりに説

---

2　中央銀行が政府から独立して数値目標などを定められることを目的独立性（goal independence），金融政策手段を自由に選択できることを手段独立性（instrument independence）という。少なくとも手段独立性を持つことが求められる。インフレ率などの数値目標については政府と協議して決める国もある。

明責任を果たす義務が中央銀行に課せられている。また，インフレーションレポートや銀行サーベイなどの国内外の経済状況や金融市場の状況を分析したレポートを定期的に公表している。

金融システム運営は金融市場や経済社会における決済が円滑に行われることを目的とした政策であり，金融の安定にも関わる政策である。決済システム（settlement system）は中央銀行の口座を通じて資金移動を行う仕組みであり，国内の決済を請け負っている[3]。

中央銀行がどの程度の役割を担うのかは国によって異なり，例えば，ECB（European Central Bank：欧州中央銀行）はユーロ地域内の大銀行の監督を担っており，ストレステストを含む包括査定を実施している[4]。

金融システム運営で重要なのは，金融危機時の流動性供給である。第9章で見たように，金融危機が発生すると金融市場では流動性が枯渇する。本来はより高い価格で取引されるはずの金融商品が投げ売りされることで，売却時の損失が膨らんでしまう。また，流動性が枯渇することでそもそも売却できないという問題も発生する。そこで，中央銀行が買い手となって金融市場に流動性を供給する役割を担う。この政策は金融市場のパニックを最小限に食い止める政策であり，特定の金融機関に対する支援ではない。ただし，モラルハザードを招きやすい政策でもある。流動性の枯渇しやすい金融商品を保有していても中央銀行が購入してくれるという見込みに基づいてリスクを考慮せずに購入される可能性があり，結果として金融市場の脆弱性を高めてしまう恐れがある。そのため，どのような金融商品をどの程度購入するのかなどルールが重要となる。

## 2. 金融政策手段

中央銀行が持つ金融政策手段（monetary policy instruments）は，公開市

---

3　民間の決済システムも併用されている。日本の銀行は日本銀行が提供する日銀ネット，全銀協が提供する全銀システムを併用している。

4　ストレステストとは不況期に銀行の自己資本がどれくらい減少するのかを査定することを指す。

場操作(open market operations),常設ファシリティ(standing facility),準備預金制度(minimum reserve)の3つに分けられる。21世紀に入ると情報政策をより効果的にするためのフォワードガイダンス(forward guidance)を導入する中央銀行が増えている。ここでは,それらの金融政策手段を見ていこう。

◆公開市場操作

公開市場操作は国債などの証券を売買することで資金量の調節を行うものである。中央銀行が証券を購入する操作を買いオペレーション(買いオペ),証券を売却する操作を売りオペレーション(売りオペ)という。証券の買い切り・売り切りをすることは少なく,通常はレポ取引(69ページ)を行う。満期1カ月の買いオペを実施すると,1カ月間資金を供給することができるが,満期が来ると中央銀行は証券を売り戻して資金を取り戻す。そうすると資金は1カ月間だけしか市場に供給されないことになるが,継続的に資金供給を行うためには満期の前に次の買いオペを行えばよい。

2010年代には,各国で量的緩和(quantitative easing)が実施された。国債などの証券を大量に買い切るオペであり,中央銀行が保有する証券が大幅に増加することで貸借対照表(バランスシート)を膨らませる政策でもある。金融危機が発生すると流動性が枯渇するが,量的緩和は流動性を供給する手段として用いられる。そのため,通常では購入しないRMBS関連の証券や社債なども購入することがある。ただし,量的緩和には出口(exit)が困難であるという副作用がある。膨らんだバランスシートを元に戻す過程で証券を売る必要があるが,それが金融引き締め(monetary tightening)だと解

図表10-3 公開市場操作

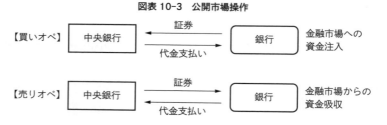

釈されて金融市場が過剰に反応することを恐れるあまり，量的緩和をずるずると続けてしまう。第9章で見たように，過剰な金融緩和は金融危機の原因でもある。

## ◆常設ファシリティ

常設ファシリティはオーバーナイト金利の上下限を画す目的で設置されており，常設ファシリティで設定する金利の引き上げを金融引き締め，または利上げ，金利の引き下げを金融緩和，または利下げという。常設ファシリティには中央銀行から借り入れができる貸出ファシリティ（lending facility）と中央銀行に資金を預け入れる預金ファシリティ（deposit facility）があるが，国によって設置しているファシリティの数は0−2と異なる。2つのファシリティは満期1日，つまりオーバーナイトの資金貸借に使うことができる。銀行は貸出ファシリティから資金を借りて貸出金利を支払い，預金ファシリティに資金を預けて預金金利を得ることができる。常設という名前の通り，いつでも利用できる[5]ように設計されている国が多い。

公開市場操作の買いオペでは中央銀行は資金を提供するが，銀行から見ると借入をしていることになるため金利を支払う。この金利は公定歩合や貸付金利などと呼ばれるが，狭義の政策金利であり，ここでは主要政策金利と呼ぶ。この金利と2つのファシリティの金利を合わせて広義の政策金利となる。3つの金利は図表10-4のように主要政策金利を貸出金利と預金金利で挟む形になる。

資金が必要となった銀行はマネーマーケットで他の銀行から資金を借り入れようとするが，適当な相手が見つからない場合は貸出ファシリティから借り入れる。貸出金利よりも高い金利を提示すれば相手が見つかるかもしれないが，その場合は貸出ファシリティを使う方が借り入れコストを抑えられる。一方，余剰資金をマネーマーケットで運用しようとしている銀行が相手

---

5 銀行は，日中はマネーマーケットを利用しようとするため，常設ファシリティは1日の終わりの時間帯に利用するように設計されていることが多い。

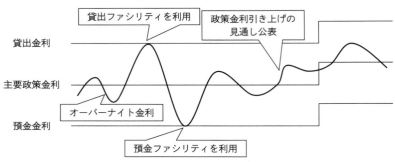

図表 10-4 常設ファシリティ

を見つけられなかったときには，預金ファシリティに預け入れる。預金金利よりも低い金利であれば相手を見つけられるかもしれないが，預金ファシリティを使った方がより多くの金利を稼げる。この仕組みによって，オーバーナイト金利は預金金利と貸出金利で作られた回廊（corridor）の中で推移する。情報政策で政策金利の引き上げに関する情報を公開すると，マネーマーケットの参加者は情報を受け取った時点から新しい予想水準付近で取引を始めるようになる。情報の内容やタイミングを調整することでオーバーナイト金利のジャンプを防いで滑らかに推移するように促している。このような政策が口開市場操作である。

　2010年代には，預金金利をマイナス圏に引き下げるマイナス金利政策（negative interest rate policy）がヨーロッパを中心に採用された。日本銀行も2016年に採用している。マイナス金利政策は，金利を引き下げることで企業の設備投資を促すことが目的とされたが，実際には為替レートの減価を誘導する政策であった。マイナス金利政策の評価は様々だが，著者は経済に悪影響のみを残したと評価している。政策金利をマイナス圏に引き下げても企業は設備投資を増やさない。経済学では借入時の（実質）金利が下がれば下がるほど投資が増えるとされているが，現実には，企業はROEやROIC（Return on Invested Capital：税引き後営業利益を投下資本で割ったもの）が低くなるような投資案件を採用しない。一方で，金利が下がれば下がるほど住宅ローンは増える傾向にあり，次の金融危機の原因の1つになっている[6]。

## ◆準備預金制度

準備預金制度は，銀行が受け入れた預金の一定割合（準備率という。先進国では1%程度）を中央銀行の口座に預け入れさせる制度である。先進国ではほとんど用いられないが，途上国では準備率の引き上げ・引き下げを金融政策手段として実施している。例えば準備率が1%の場合，1000億円の預金を受け入れている銀行は10億円を中央銀行の口座に預け入れる必要がある。準備率が5%に引き上げられると，預入金額は10億円から50億円になり，40億円分の資金を確保する必要が出てくる。証券の売却や新規貸出の停止などで対応すると，経済活動を冷やす効果があり，物価上昇に歯止めをかけられる。

## ◆フォワードガイダンス

フォワードガイダンスは，今後の金融政策の見通しなどを公表することで期待形成をコントロールすることを目指している。インフレ率の見通しや政策金利の見通しなどを公表する中央銀行が増えている。

中央銀行の意図を市場が正確に読み取るために「市場との対話」が重視されている。中央銀行が発する情報を市場が解釈するというのが理想的な状況ではあるが，株式市場などから発せられたメッセージ（短期的な株価急落）などに中央銀行が過剰に反応することも多くなっており，「市場の犬」と評されることもある。子供（金融市場）が飴が欲しいとわめくのに合わせて親がすぐに飴（金融緩和を続ける）を与えれば，子供がイニシアティブを取っていることになる。このような状況では子供をしつけることはできない。中央銀行は金融市場のために政策を行っているのか，市民のために政策を行っているのか，自らに問う必要があるだろう。

---

6 マイナス金利政策を含む過剰な金融緩和の問題点については，川野祐司『ヨーロッパ経済の基礎知識2022』の第13章。

216　第 *10* 章　金融政策と金融市場

## 3.　金融政策と金融市場

　金融政策は中央銀行内の政策委員会によって決められる。年に 6 − 8 回ほど定期的に開催される会合によって政策金利の引き上げ，変更せず，引き下げが決められる。会合の内容は直後の記者会見などで明らかにされるが，詳細な議事録についてはすぐに公表する国もあれば数十年間公表しない国もある。会合では投票が行われて投票結果を公開する国もあるが，ECB は委員のコンセンサスによって政策を決めるとしている[7]。金融危機などのイベント発生時には緊急会合が開かれたり，各国の中央銀行が連携して政策金利を引き下げたりする。委員は 10 名前後のことが多く，議会承認も不要なため，イベント発生時には素早く政策を実施することができる。

　金融政策は図表 10–6 のように複雑な経路をたどって経済に波及していく。この道筋を波及経路（monetary policy transmission）という。中央銀行が直接的に影響を与えられる範囲は狭く，企業の設備投資や労使間の賃金交渉などはコントロールすることができない。政策金利の変更がオーバーナイト金利に波及し，それが金融市場を通じて実体経済に波及していくのを見守ることになる。図表の右側は中央銀行が全くコントロールできない要因である。例えば資源価格の急上昇は物価の上昇要因となるが，地政学的リスクなどを原因に国内外の商品市場で決まる。資源価格の急上昇に直ちに反応するの

**図表 10-5　各国の金融政策を決める委員会**

| 国 | 中央銀行 | 委員会 |
|---|---|---|
| アメリカ | FRB | FOMC（Federal Open Market Committee：連邦公開市場委員会） |
| イギリス | BoE | MPC（Monetary Policy Committee：金融政策委員会） |
| ユーロ地域 | ECB | 政策理事会（Governing Council） |
| 日本 | BoJ | 金融政策決定会合 |

注：中央銀行名は略称。

---

7　ECB の政策理事会にはユーロ参加各国から委員が参加している。投票を行うと国ごとの意見の対立が顕在化する可能性があるため，それを防ぐためにコンセンサス方式を採っている。

図表 10-6 波及経路

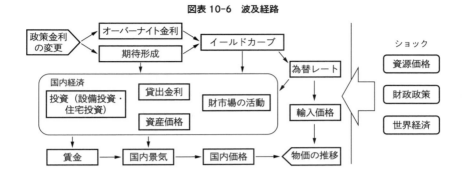

か，しばらく見守ってから対策を講じるのか，その時々の状況によって判断が異なる[8]。小国にとっては例えばアメリカのような大国の金融政策もショックの要因となる。

　政策金利が引き上げられると，オーバーナイト金利も上昇する。それがより長期の金利の上昇にもつながり，企業や家計の資金調達コストを上昇させる。設備投資や住宅投資にとってはマイナス要因となる[9]。外国為替市場では国内金利の引き上げは為替増価要因（日本では円高）となり，輸出にマイナスの影響を与える。輸入面については，1個15ドルの製品を輸入する場合，1ドル＝120円であれば円建て価格は1800円，1ドル＝100円であれば1500円となるように，為替の増価は輸入物価を引き下げる。国内では設備投資の減少や株価の下落などにより国内景気は冷やされる。売り上げを確保するために値下げを実施する小売店が増えると，国内物価が下落する。国内物価と輸入物価の下落は，インフレ率の低下につながる。

　波及経路は非常に複雑であり，その時々でも変化する。例えば，これまで

---

8　資源価格の上昇のような中央銀行にコントロールできない外的ショックによってもたらされるインフレを一次効果（first round effect），国内のガソリン価格や原材料価格の上昇が賃金交渉などに波及して生じるインフレを二次効果（second round effect）という。一般に，一次効果は注視して，二次効果が発生しないように政策対応を取る。

9　政策金利の上昇が企業の調達コストを上昇させて設備投資にマイナスの影響を与えることはほぼ確実だと考えられる。一方で，すでに述べたように政策金利の引き下げが必ずしも設備投資を増加させるとは限らない。金融政策は上昇面と下降面で効果が異なる非線形性（non linearity）を持っているといえる。

国際貿易が活発ではなかった国が貿易を行うようになると，為替レートを経由する経路の重要性が増す。図表 10-6 の左上の政策金利の変更から右下の物価の推移まで 1 年以上かかると考えられている。これをラグ (lag) というが，ラグの長さ自体もその時々で変化するため，幅広い経済指標の監視が欠かせない。ラグが存在するということは，金融政策は先見的 (forward looking) に実施されなければならない。すでにインフレが生じてから利上げをしても効果が出るまでに 1 年以上かかるため，インフレの兆候をつかんだ時点で利上げする必要がある。

◆金融政策とイールドカーブ

図表 3-12（70 ページ）でも見たように，イールドカーブの左端の起点はオーバーナイト金利と同じ水準になる。オーバーナイト金利は政策金利の周辺で推移していることから，政策金利の変更はイールドカーブの左端点を上下にシフトさせることになる。ここでは簡単に，利上げによりイールドカーブは平行に上シフト，利下げによりイールドカーブは平行に下シフトするとしておこう[10]。図表 10-7 左図では，利上げによるイールドカーブの上シフトが描かれている。利上げや利下げは，先進国では 0.25%（25 ベーシスポイント）刻みで実施されることが多い。

図表 10-7 右図では利上げを行いつつ，近いうちに更なる利上げがあると

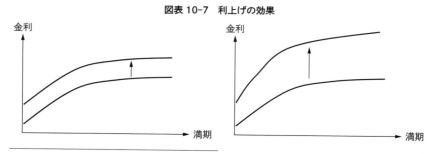

図表 10-7　利上げの効果

---

[10] 実際には，政策金利の変更はイールドカーブの左側で強く働き，右側に行けば行くほど効果が弱くなる。特に 1 年を超えて右側に行くと，金融政策に関する予想よりも債券市場の需給や他の金融商品の動向などに大きく左右されるため，金融政策による影響は小さくなる。

いう情報を公開したため，イールドカーブの傾きも変化している。会合後の記者会見などを通じて市場参加者が更なる利上げを確信すると，より高い金利で資金取引が行われるようになる。イールドカーブは，企業や家計への貸出金利，債券の金利設定などに影響するだけでなく，国際的な資本移動も引き起こす。また，10年物利回りなどは長期金利として利用されており，企業の投資プロジェクトやプライベートエクイティなどから得られる将来の予想収益や，年金や退職金などの将来支払うべき債務の現在価値を求めるために使われる。従業員のために年金や退職金を積み立てている企業もあるが，年金や退職金の支払いは将来発生するため，現時点で必要な金額は現在価値で割り引いて求められる。例えば，20年後に10億円の支払いが必要な企業が現時点で全額準備する場合，金利（割引率）が5%であれば，約3.8億円積み立てておけばよい。3.8億円を金利5%で20年運用すると10億円になるためである。しかし，利下げによる金融緩和を行い長期金利が3%まで下がると，必要な積立額は約5.5億円になり，1.7億円の追加積み立てが必要となる。追加積み立ての資金を捻出するために，投資計画を見直して設備投資額を減らしたり，ボーナスをカットしたりすることもあり得る。設備投資額を減らせばGDPの投資項目が，ボーナスをカットすればGDPの消費項目が減少する。金融緩和によるイールドカーブの下方シフトが景気のマイナス要因を生んでしまうことがある。

　イールドカーブのシフトが他の金融市場に与える影響には，市場予測との乖離も関係する。市場が0.25%の利上げを予想している時に0.50%の利上げを行うと，株価は大きく下落しやすい。金融商品の価格は金融政策や企業業績などの予想値に基づいて取引されているため，予想と異なるサプライズに大きく反応してしまう。特に，金融緩和を市場が強く予想している時，市場が金融引き締めの見送りを予想している時には，中央銀行が政策の決定をためらうことがある。このような状況が続けば，中央銀行は市場の犬になってしまう。中央銀行には毅然とした態度が求められる。

◆金融政策と国際金融市場

　アメリカのような大国の金融政策は，国際金融市場にも大きな影響を及ぼす（図表 8-2，172 ページ）。ここでもう一度振り返っておこう。

　アメリカの FRB が金融緩和を続けて金利が低下すると，アメリカから途上国へと資本（資金）が流出する。アメリカ人が途上国に投資するだけでなく，アメリカに投資していた途上国の投資家が資金の一部を自国や他の途上国に振り向ける。途上国では株式，債券，不動産市場などに資金が流入し，起業や設備投資も活発になる。GDP は上昇してインフレ圧力も高まるため，金融政策には引き締め圧力が高まる。好況期の利上げは大きな問題とはならず，むしろ先進国からのさらなる資本流入につながる。こうして各市場でブームが生じることもある。しかしその背後で自国通貨の増価によって輸出競争力が徐々に弱まっていく。途上国の経済ブームによって資源の需要が高まると，資源国（鉱物だけでなく農産物も含めた輸出国）では輸出増加によるブームも生じて賃金の上昇圧力も高まる。

　アメリカで利上げ局面に入ると，これまでの動きが徐々に逆転する。資金は途上国からアメリカへと移動する。途上国経済のブームからバストが意識されるようになり，途上国の金融市場では売りが優勢となる。投資プロジェクトへの資金は枯渇し，景気は悪化する。一方で，資本が流出すると途上国通貨は減価して輸入物価が上昇する。ここで，途上国の中央銀行は困難な状況に陥る。国内景気を考慮すれば利下げが妥当ではあるものの，自国通貨が大きく減価して輸入物価が上昇していれば利上げを考慮しなければならない。途上国ではエネルギーの他に工業製品なども輸入に頼っている国が多

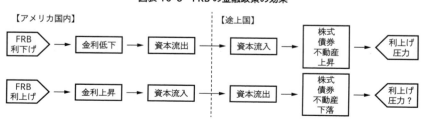

図表 10-8　FRB の金融政策の効果

く，為替レートの減価による輸入物価の上昇圧力は先進国よりもはるかに強い。特に，ドルや SDR などにペッグしている国では利上げは必須条件になる。しかし，為替レートやインフレ率安定のための利上げは国内経済をますます冷やすことになる。このようなサイクルは南米でよくみられるが，その他の地域の途上国でも見られるようになってきている。

2015 年 12 月に FRB が利上げサイクルに入ってから，南米だけでなくトルコやインドなどの途上国でもこのような問題が発生した。特に，アルゼンチンでは 2018 年以降金利が 40−70% の間で推移した。途上国が FRB の金融政策のサイクルから抜け出すには，生産性[11] の向上が欠かせない。利下げ局面で流入した資金を研究開発や適切な産業政策に生かすことができれば，経済の外部依存度を下げることができる。生産性の向上問題は資源国では特に重要性が高い。資源国では経済ブーム時に賃金が上昇しやすいが，不況期になっても賃金を引き下げることは難しく，国際競争力が大幅に低下する。このような状況をオランダ病というが，労働市場改革に加えて産業構造の近代化などを推し進める必要がある。

---

11 　生産性を測る指標の一つに，全要素生産性（Total Factor Productivity：TFP）がある。OECD の統計サイト（途上国のデータは少ない）などでデータを見ることができる。

# 第11章

# 国際金融投資

　本章では，読者も含めた個人を対象にした国際金融投資について見ていく。個人は非常に長期のタイムホライズンを持っており，ライフステージに合わせた資金管理が必要となる。まずは，個人の資産とライフステージの関係を見た後に，ノルウェーのGPFGのポートフォリオを分析する。その後，国際金融投資に関わるトピックや税について見ていく。

## 1. なぜ国際金融投資が必要か

個人は非常に長いタイムホライズンを持っている。様々なライフイベントでまとまった資金が必要となるが，借入と投資の計画は数十年に及ぶ。個人は子供時代，現役時代，退役時代とライフステージを通過するが，それぞれのステージで経済状況や資金計画が異なる。資産を次の世代に相続させることを考えると，タイムホライズンは一生を超えて続くことになる。欧米では多くの企業がファミリー企業であり，企業を保有するファミリーが数百年に渡って資産を管理している。年金基金や大学の財団なども永続的に活動することを前提に，長期の資産管理を行っている。このような長期の資産管理で重要なのは購買力を維持することである。インフレ率が 2% の場合，36 年で物価が 2 倍になる[1]。現金を壺に入れて地面に埋めて保管するような資産管理では，購買力は 36 年で半分になる。これは資産が半分になったことと同じであり，適切な資産管理とはかけ離れている。少なくともインフレ率と同じだけの収益を上げる資産運用が必要であり，個人であっても身を守るために，ギャンブルではなくルールに基づいた資産運用を実践しなければならない。

また，資産を 1 カ国で運用することにも危険がある。例えば日本は過去 100 年で戦争に参加し，敗戦やハイパーインフレーションを経験している。ブームとバストを経験し，バストからの回復には長い時間がかかっている。複数の国で資産を運用することでリスクを分散させることができる。今後の成長が見込める途上国を加えることで，世界経済の成長の果実を得ることができる。国際的な分散投資はかつては個人にとって非常に難しかったが，現在ではより容易に実行できるようになっている。

---

1　この計算には 2 倍の法則を用いている。2 倍の法則は，（年数）×（増加率）= 72 で表され，複利計算（65 ページ）されるものに応用できる。インフレ率が 2% の場合，72 年で物価は 4 倍，108 年で物価は 8 倍（= 2 × 2 × 2）になる。

## ◆個人のライフステージ

　図表11-1のように，個人は人生で3つのステージを通過する。子供時代には消費活動を行うが，所得がない。家族などに頼って生活することになる。現役時代は労働や金融投資から所得を得て，消費活動と貯蓄を行う。消費と貯蓄のバランスが退役時代の経済水準を決める。退役時代には再び所得がなくなる。年金などの社会保険や現役時代に築いた資産を消費活動に充てる。退役時代の終了は人生の終了を意味し，資産が残っていれば相続が発生する。

図表 11-1　ライフステージと資金

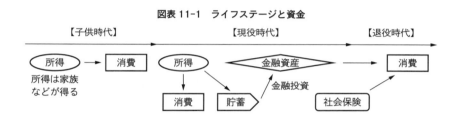

　現役時代では所得を消費と貯蓄に配分するが，現役時代にどの程度のコストが必要となるのかを概算できれば計画的に金融投資できるようになる。そのためには，何歳くらいの時に，どこで，何をしていたいのか，というライフプランを立てる必要がある。大学生の読者であれば，30歳の時にどこで，何をしていたいのかを考えてみるとよい。どの場所で，どのような住居に住んでいるのか，どんな仕事をしているのか，パートナーや家族の構成などを考えてみて，それでは25歳の時にはどうする必要があるのか，大学卒業までには何をする必要があるのか，本書を読んでいる今年は何をする必要があるのか，と逆算してみればよい。人生は変化に富んでいるので現在の計画通りにはならないが，現時点で長期的な資金計画，つまりマネープランを立てておけば不測の事態にも対処しやすい。ライフプランが変わればマネープランもそれに合わせて修正すればよい。

　現役時代には，住宅と子育てが大きな資金負担となる。住んでいる場所や生活スタイルによって大きく変わるが，数千万円の負担になる[2]。ライフプランに応じた簡単な貸借対照表を考えてみるといいだろう。住宅ローン，教

育ローン，奨学金の返済などが負債側に，金融資産や実物資産が資産側に来る。退役時代に備えた金融資産の形成も現役時代に行うことになる。所得を消費，借入金返済，貯蓄に配分する必要があり，消費に使える予算に応じてライフスタイルを調整する必要がある。また，不測の事態に備えてどの程度の保険が必要なのかも考える必要がある。一般に日本人は保険に入りすぎているといわれている。

退役時代には所得が激減するだけでなく，年齢が高くなるにつれて医療費が必要になり，収支のバランスが崩れやすくなる。現役時代から退役時代に移る際にライフスタイルを見直し，100 歳を目安にマネープランを再計算するとよい。退職金などでまとまった資金が手に入ると，安易な消費活動に回しやすい。3000 万円の退職金も，30 年間の退役時代を考えれば年間 100 万円しか使えない。退役時代の医療費を節約するためには，子供時代や現役時代に健康な生活を送って健康寿命を延ばすことで対策できる。

## ◆アセットマネジメントの基本式

子供時代に能力を高め，現役時代にはその能力を所得に変換する。高い水準の技術などを修得すれば所得が高くなることが分かっている。所得が高ければ高いほど，現役時代に消費や貯蓄に回せる金額が高くなる。能力を経済学の流儀に則って人的資本と呼ぶことにすると，個人のアセットマネジメント（asset management）は人的資本と金融資産を管理することだといえる。働くことで人的資本を所得に変換し，所得の一部が金融資産に加わる。しかし，私たちが持つ資産には時間もある。生まれた瞬間に最も多くの時間を持ち，その後は刻々と減少する。私たちは時間を余暇などに使う消費，勉強など能力を高めるための投資，所得を得るための労働に配分する。人的資本と労働時間から所得が生まれ，所得の一部が金融資産に配分される。金融資産からも金利収入などを得ることができ，消費と貯蓄（再投資）に配分できる。

---

2 子育て費用は 18 歳までで 1 人当たり 600 – 2000 万円ほどかかる。詳しくは川野祐司『キャッシュレス経済』文眞堂，第 7 章。

時間も含めたアセットマネジメントの基本式は，

資産＝時間＋人的資本＋金融資産

で表される。子供時代には時間を消費と投資に配分し，時間を投資に配分すると人的資本が得られる。子供時代は人生の中で最も人的資本を高めやすい時期であり，子供時代を通じて蓄積した人的資本が現役時代の所得に大きく影響する。

現役時代には時間を労働，消費，投資に配分する。人的資本と労働をかけ合わせることにより所得を得ることができる。所得を増やすためには人的資本か労働時間を増やせばよいが，労働時間よりも人的資本の方が所得の増加率が高い。現役時代にも時間を投資に配分して人的資本を増やすことができるが，投資効率は子供時代よりも悪くなり，同じ時間を投資に費やしても追加的な人的資本の蓄積率は低くなる。所得は消費と貯蓄に配分し，貯蓄された分が金融資産に加わることになる。金融資産は適切な資産運用によってインフレ率を上回って増加させることができる。

退役時代には時間を消費に配分する。退役時代にも勉強して教養や専門知識を深めることができるものの，退役しているのでそれを所得に結び付けることができない。退役時代の勉強は趣味ということになる。所得は年金などの社会保険に頼ることになり，企業が提供する年金基金から受け取ることもあるが，一般に十分に消費できる額がカバーされていない。そのため，現役時代の資産運用が生活水準の鍵を握ることになる。

図表 11-2　ライフステージとアセットマネジメント

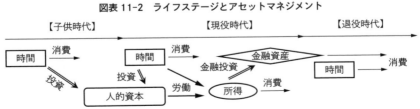

## 2. ポートフォリオ

資産の配分比率をポートフォリオというが，基本的な考え方は分散投資にある。例えば，勤め先企業の従業員持ち株会[3]に参加するのは分散投資の考え方に反している。勤め先企業が破綻すれば，職を失い株式の価値もゼロになる。ポートフォリオは資産全体で考える必要がある。まだ若くて時間が多く残されている場合には，時間を所得に変換するチャンスが多く残されていることから，よりリスクの高い金融商品を購入することができる。金融危機で価格が大幅に下がっても働くことで金融資産を回復させることができるだけでなく，価格が回復するまで長期間保有することもできる。しかし，時間があまり残されていない場合には，リスクの高い投資の割合を下げた方がよい。リスクの高い投資をして金融危機で大幅に価格が下がったところに病気にかかり突然多額の資金が必要になることもあり得る。

金融投資を始めるのは現役時代に入ってからになるが，現役時代の所得の特徴や所得の源泉は人によってそれぞれ異なり，その結果，金融商品のポートフォリオも異なる。公務員のような賃金の安定した職業の人は，所得が債券の金利収入と同じ性質を持っているため，株式などに投資をすることで分散投資を実現できる。主な所得が不動産収入である人も株式の比率を高めるが，不動産と株式はGDPファクターの面では同じような動きをすることに注意する必要がある。株式の比率を高める場合には外国株式を検討するべきだろう。一方で，スタートアップ企業を設立した人は，株式や金融派生商品のように所得の変動幅が大きいため，金融投資では債券の割合を増やすことでバランスを取る。また，ライフプランによってもポートフォリオは変化する。35年などの長期ローンの住宅ローンを借り入れる場合には，株式よりも

---

3　従業員で資金を出し合って自社株式を購入する団体。自社株の価格が上昇すると収益が増えることから，企業から見るとコストゼロでストックオプションを従業員に実施することと同じ効果が得られる。2001年に破綻したアメリカのエネルギー企業エンロンでは，多くの従業員が現在のDC（確定拠出年金）で自社株を購入していたが，エンロンの破綻で職と金融資産を同時に失った。

債券の割合を高めた方がよい。不況期に賃金がカットされたり職を失ったりして住宅ローンの返済が行き詰まるリスクを抱えているため，不況期に価格が上昇しやすい債券を保有して資産と負債のバランスを取る必要がある[4]。

　読者の多くは所得や生活の基盤が日本国内にあるだろう。その場合には，ポートフォリオには外国の金融商品を加えることで分散投資を実現できる。例えば S&P500 の ETF は日本でもアメリカ（NYSE Arca 市場）でも購入することができるが，日本で発行されている S&P500 インデックスは円建てであり，日本の発行金融機関に対するカウンターパーティリスクがあり，日本経済の動向に左右される。例えば日本でハイパーインフレーションが発生した場合，円建ての ETF の購買力は急減するため，アメリカ市場でドル建ての ETF を購入した方が分散投資になる。

◆ GPFG のポートフォリオ

　ここではノルウェーの SWF である GPFG のポートフォリオを見てみよう[5]。GPFG は図表 1-6 で見たように世界最大の SWF であり，シンプルなポートフォリオやルールでよい成績を上げていることで知られている。1998年から 2020 年までの年率リターンの平均は 6.29% と巨大投資ファンドとしてはまずまずの成績を上げている[6]。図表 11-3 は 1998 年以降のリターンの推移であるが，株式のリターンは上下に大きく振れていることが分かる。IT バブルが崩壊した 2000 年，同時多発テロがあった 2001 年，ワールドコムの破

---

4　例えば，子供の大学進学時にはより多額の資金が必要となるため，その時期に満期となるように債券を購入することも考えられる。これは，資産側と将来の負債側のデュレーションを一致させるイミュナイゼーションである。

5　本章では以下のレポートを参照した。Norges Bank Investment Management, Annual report 2020; Responsible investment 2020; Return and risk 2019; Real estate investments 2018; GIPS report 2020.

6　投資ファンドは巨大化するにつれてリターンが低くなる傾向にある。投資規模が小さいうちは高いリターンを上げる銘柄や金融商品を選択できるが，規模が大きくなるとそのような銘柄や金融商品を買い占めてしまい他のものを買わざるを得なくなり，リターンが低くなる。GPFG はリターンを高めるために経費率を抑える工夫をしており，過去 5 年の平均経費率は 0.052% と非常に低い。GPFG がベンチマークに使っている FTSE Global All Cap Index などと比較すると，1998 年以降，年率で 0.25% ベンチマークを上回っている（アルファを獲得している）。

# 第 11 章 国際金融投資

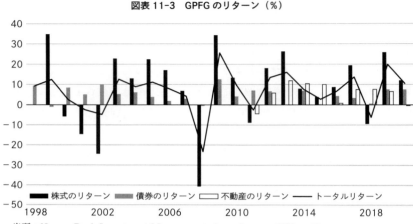

**図表 11-3　GPFG のリターン（％）**

出所：Norges Bank Investment Management, Annual report 2020, p. 19.

綻などがあった 2002 年，リーマンショックの 2008 年，ギリシャ危機の 2011 年，12 月に株価が急落した 2018 年に株式のリターンがマイナスになり，トータルのリターンもマイナスに振れている。一方で，債券のリターンは比較的安定しており，ほとんどの期間でプラスを維持している。

　第 9 章で見たように，2008 年は多くの資産クラスで大幅なマイナスを記録した。GPFG でも株式で －40.71％，債券で －0.54％ を記録している。GPFG の設定したベンチマークでは株式 －39.56％，債券は ＋6.06％ になるはずだったため，ポートフォリオ管理に問題があったといえる。GPFG はその後内部の改革に着手した。2011 年からは債券ポートフォリオの割合を削って不動産にも最大 5％ 資金を配分することにしている。2018 年末時点のポートフォリオは株式 72.8％，債券 24.7％，不動産 2.5％ となっている（図表 11-4）。為替予約や金利スワップなどの金融派生商品も活用している。株式は 70 カ国，債券は 26 通貨建てに投資しているが，上位 3 カ国で 50％ 以上，上位 10 カ国で 80.5％ を配分している。

　GPFG のポートフォリオから学べる点は，第 1 に株式 60％／債券 40％ の基本ポートフォリオを参考にすればよいこと，第 2 に国際分散投資は先進国を中心に 3 カ国でも十分なこと，第 3 に不動産も含めたオルタナティブ投資は

必要ないことである。株式60％/債券40％の基本ポートフォリオでは，好況期には株価が値上がりして株式のリターンが高くなる一方で，金利が上昇して債券価格が下落するため債券のリターンは低くなる。不況期には株価は大きく値下がりするが，金利が低下して債券のリターンは高くなることで株式のマイナスをカバーできる（図表11-5）。債券からは金利収入が得られるた

図表11-4　GPFGのポートフォリオ上位10カ国（2020年末，％）

| 国 | 合計 | 株式 | 債券 | 不動産 |
| --- | --- | --- | --- | --- |
| アメリカ | 41.6 | 30.0 | 10.5 | 1.1 |
| 日本 | 8.9 | 5.9 | 3.0 | 0.0 |
| イギリス | 7.0 | 5.1 | 1.5 | 0.4 |
| ドイツ | 5.6 | 3.2 | 2.3 | 0.1 |
| フランス | 5.4 | 3.4 | 1.5 | 0.5 |
| 中国 | 3.8 | 3.8 | 0.0 | |
| スイス | 3.7 | 3.2 | 0.4 | 0.1 |
| カナダ | 2.5 | 1.4 | 1.1 | |
| オーストラリア | 2.1 | 1.4 | 0.7 | |
| 韓国 | 1.8 | 1.4 | 0.4 | |

出所：Norges Bank Investment Management, Annual report 2020, p. 30.

図表11-5　株式60％/債券40％ポートフォリオのリターン

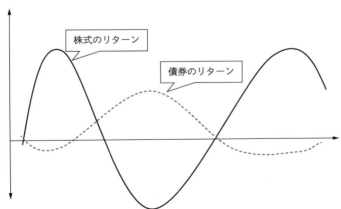

め，好況期でも一定の収益が見込めることからマイナス幅が株式よりも小さくなっている。

　GPFG は非常に多くの銘柄に投資しており，北米だけでも2101銘柄，全世界で9123銘柄に投資している。図表11-6のようにマイクロソフトやアップルのような大企業に多くの資金を投じている。個人ではこれほど多くの銘柄に分散投資できないが，S&P500のようなインデックスファンドに投資すればGPFGを模倣できることになる。

　日本から投資するのであれば，国内株式，アメリカ株式，その他の株式（イギリスなどの先進国か途上国の株価指数），債券指数に投資すればよいことになる。ただし，日本やヨーロッパではマイナス金利政策が採られており，債券価格が人為的に引き上げられているため，ポートフォリオには多く組み込まない，または，全く組み込まないことを検討すべきであろう。日本国内株式であれば個別銘柄を選択してもよい。日本には株主優待制度があり，自社製品などを株主に送る企業も多い。投資の楽しみの1つだといえるが，株主優待を目当てに購入される銘柄は食品やレジャー関連など内需関連銘柄が多く，十分な分散投資ができない可能性がある。後述するように日本では投資に適したファンド（投資信託）が少ないために，日本株の個別銘柄投資は避けられない。業種等を分散させることでTOPIXなどのインデックスを模倣することができるが，どれだけ分散投資しても株式投資そのものに由来するシステマティックリスク（systematic risk）は残る。株式投資にはリスクがあるからこそリターンを得ることができる。タイムホライズンが長

**図表11-6　GPFGの保有株式上位10銘柄（2020年末，億クローネ）**

| 企業名 | 保有金額 | 企業名 | 保有金額 |
|---|---|---|---|
| Apple | 1853.4 | Facebook | 6762.4 |
| Microsoft | 1478.9 | Taiwan Semiconductor | 660.9 |
| Amazon.com | 1243.3 | Roche Holding | 591.3 |
| Alphabet | 973.4 | Samsung Electronics | 566.0 |
| Nestlé | 770.3 | Alibaba Group Holding | 555.6 |

出所：Norges Bank Investment Management, Annual report 2020, p.41.

期に渡る個人は，長期的なリスクを取って長期的なリターンを目指すべきであり，短期的な利益を望むのはすべてギャンブルである。日本ではテーマ投資などが推奨されているが，これは短期志向のギャンブルと同じであり，本書で解説しているアセットマネジメントとは対極にある。

◆インデックスファンド

　ETF（Exchange Traded Fund：上場投資信託）またはインデックスファンドは，株価指数などに連動するように設計されているファンドであり，個人でも少額で購入することができる。図表11-7の世界の巨大ETFは経費率が非常に低く，低コストでインデックス投資が実現できる。

　第1位のSPDR（スパイダー）S&P500はState Street（図表1-5の第6位のファンド会社）が提供している。Black Rock（図表1-5第1位）のiSharesやVanguard（図表1-5第2位）もS&P500のETFを提供しており，いずれも人気がある。その他にはNasdaq指数に連動するInvesco QQQの他，先進国，途上国などの指数に連動するETFが上位を占めている。これらを選べば，国際的な分散投資も容易に行える。債券や不動産に投資するETFもあ

**図表 11-7　ETF 資産額上位 10 銘柄（2021 年 5 月）**

| シンボル | ETF | 資産額 | 経費率 | ESG スコア |
|---|---|---|---|---|
| SPY | SPDR S&P 500 ETF | 3642.4 | 0.09 | 5.67 |
| IVV | iShares Core S&P 500 ETF | 2787.1 | 0.03 | 5.67 |
| VTI | Vanguard Total Stock Market ETF | 2396.3 | 0.03 | 5.39 |
| VOO | Vanguard S&P 500 ETF | 2218.1 | 0.03 | 5.65 |
| QQQ | Invesco QQQ | 1555.2 | 0.20 | 5.24 |
| VEA | Vanguard FTSE Developed Markets ETF | 1000.0 | 0.05 | 7.15 |
| IEFA | iShares Core MSCI EAFE ETF | 946.6 | 0.07 | 7.21 |
| AGG | iShares Core U.S. Aggregate Bond ETF | 874.0 | 0.04 | 6.21 |
| VTV | Vanguard Value ETF | 808.8 | 0.04 | 6.29 |
| IEMG | iShares Core MSCI Emerging Markets ETF | 801.9 | 0.11 | 4.73 |

注：資産額は億ドル，経費率は％，ESG スコアは 10 点満点。
出所：ETFdb.com ホームページ。

234　第 11 章　国際金融投資

り，資産クラスごとの分散投資も行える。

　インデックスファンド投資では，銘柄選択やタイミング選択をする必要が
ない。また，少額で購入できるため，積み立て投資をすることもできる。積
み立て投資とは毎月一定額を投資する方法であり，ドルコスト投資法ともい
う。20 年など長期の投資期間が残っている人にとっては，金融危機のように
価格が大きく下がるイベントは，より安くより多く積み立てることができる
絶好の買い場となる。投資経験が豊富な投資家であれば，図表 6-16（141
ページ）で紹介したプロテクティブプットやボラティリティ投資も併用で
き，金融危機によるパフォーマンスの悪化を防ぐことができる。

　金融投資で高いパフォーマンスを上げるには，価格の低い金融商品を買っ
て価格の高い金融商品を売ればよい。非常に簡単な原理だが，実行するのは
非常に難しい。株式 60%/債券 40% の基本ポートフォリオを維持するには，
株価が上昇した時に株式を売って債券を買い，金融危機の最中に株式を買っ
て債券を売る必要がある。ほとんどの市場参加者は株価が上昇すると株式を
買い，株価が下落すると株式を売る。2008 年にも本来はもっと高い価格であ
るはずのサブプライム関連証券が投げ売りされている。また，2018 年 12 月
には株価が大きく下落したが，株式を売った投資家が多かったからこそ下落
が継続した。


## 3.　国際金融投資のトピック

### ◆ ESG 投資

　ESG とは，環境（Environment），社会（Social），企業統治（Governance）
の頭文字をつないだ用語であり，社会的責任（Corporate Social
Responsibility：CSR）をもって活動する企業に投資を行い，また，投資活動
を通じて企業が社会的責任を果たすように促すものである。金融の力を使っ
て社会を改善させようとする動きであるともいえる。国際的な ESG 投資の
動向については，GSIA（The Global Sustainable Investment Alliance）が隔
年で Global Sustainable Investment Review を発表している。2018 年版によ

ると，世界の持続可能投資は 2018 年に 30.7 兆ドルに達している。持続可能投資は，環境に悪影響を及ぼす企業[7] などから投資を引き上げるネガティブスクリーニング（negative/exclusionary screening），環境や社会への貢献度が高い企業に積極的に投資するポジティブスクリーニング（positive/best-in-class screening），OECD（経済協力開発機構），ILO（国際労働機関），国連，ユニセフなどが設定するビジネス慣行に関する最低基準を満たしている企業に投資する規範スクリーニング（norms-based screening），自社の金融投資ルールとして ESG 企業への投資を一定割合含める ESG 統合（ESG integration），持続可能な農業やグリーンテクノロジーなどへの投資を行う持続可能性投資（sustainability themed investing），地域の問題を解決するための投資であるインパクト・コミュニティ投資（Impact/community investing），株主として企業とコミュニケーションを取り ESG に配慮した企業活動を促すエンゲージメント（corporate engagement and shareholder action）[8] の 7 分野からなる。

　次ページ図表 11-8 のように 7 分野の中では，ネガティブスクリーニング，ESG 統合，エンゲージメントが盛んであり，持続可能性投資やインパクト・コミュニティ投資は非常に少ない。現時点では大企業を対象に ESG 投資が進められていることが示唆される。全体の 46% を占めるヨーロッパでは規範やエンゲージメントなどが盛んであり，全体の 39% を占めるアメリカではポジティブスクリーニングや持続可能性投資の割合が高い。どちらかといえば，ヨーロッパは投資ユニバース（全銘柄）から投資に適さない銘柄を排除する傾向があり，アメリカでは投資ユニバースの中から投資に適した銘柄を発掘しようとする傾向がある。

　GPFG は保有ポートフォリオの $CO_2$ 排出量をレポートしており，投資先企業がどれくらいの $CO_2$ を排出しているのか把握することで，排出量削減に向

---

7　株式だけでなく債券や貸出なども対象となる。

8　企業は自らの統治をどのように行っているのか公表を求められており，機関投資家はどのような基準で投資を行っているのかを公表を求められている。日本では，前者をコーポレートガバナンスコード（corporate governance code），後者をスチュワードシップコード（stewardship code）と呼ぶ。

236 第11章 国際金融投資

図表 11-8 世界の持続可能投資 (2018年, 兆ドル)

| | 投資額 | 2018年の地域別シェア (%) | | | |
|---|---|---|---|---|---|
| | | ヨーロッパ | アメリカ | 日本 | その他 |
| ネガティブスクリーニング | 19.8 | 55 | 40 | 1 | 5 |
| ポジティブスクリーニング | 1.8 | 36 | 60 | 3 | 1 |
| 規範スクリーニング | 4.7 | 77 | na | 6 | 17 |
| ESG統合 | 17.5 | 28 | 54 | 7 | 12 |
| 持続可能性投資 | 1.0 | 17 | 77 | 1 | 5 |
| インパクト・コミュニティ投資 | 0.4 | 28 | 66 | 2 | 4 |
| エンゲージメント | 9.8 | 56 | 18 | 13 | 12 |

注:投資額は複数項目での重複あり。シェアは四捨五入の関係で100にならないことがある。
　　na はデータなし。
出所:GSIA, 2018 Global Sustainable Investment Review, pp. 10-11.

けたダイベストメント (divestment) やエンゲージメントに取り組んでいる。ダイベストメントとは,株式を売却したり債券の入札を拒否したりすることで企業計画の変更を促す投資戦略である (図表 11-9)。すでに海底油田開発プロジェクトや石炭火力発電所建設計画などが世界各地で撤回されており,投資活動による社会の改善は理論上の問題ではなくビジネス上の実際的な問題として認識されている。個人も ESG スコアの高いインデックスファンドや ESG 関連の ETF を購入することで持続可能投資に参加することができる。

　ESG 投資についてはパフォーマンスの高さが宣伝されているが,注意が必要である。GPFG の環境関連投資のリターンは 2010 年以降で 4.5% であったが,MSCI Global Environment Index の 7.3% と比較するとパフォーマンスは悪い。また,全産業から算出される FTSE Global All Cap Index は 9.2% を記録しており,GPFG の ESG 投資のパフォーマンスの悪さが際立つ。この原因として,ダイベストメントによる分散投資効果の低下が考えられるが,現時点ではダイベストメントを実施している業種は少なく,前述したように株式だけでも 70 カ国の 9000 銘柄を保有していることから,ESG 投資が分散投資の効果を低下させたとはいえない。一方で,ESG 投資をすることによっ

**図表 11-9　GPFG のダイベストメント**

| | |
|---|---|
| 2002 年 | 対人地雷を生産している Singapore Technologies Engineering を除外 |
| 2005 年 | 西サハラで活動している Kerr–McGee Corp を除外 |
| 2009 年 | たばこ関連投資を除外 |
| 2012 年 | パームオイル（115 ページ）関連の投資削減 |
| 2014 年 | オイルサンドとセメント関連の投資削減 |
| 2015 年 | 石炭火力発電関連の投資削減 |
| 2016 年 | 石炭企業を除外 |

出所：Norges Bank Investment Management, Responsible investment 2018, p. 103.

て，ESG の基準を満たさないがパフォーマンスのいい銘柄を排除していることは事実である。成長性の高いブラック企業を集めたファンドは非常に高いパフォーマンスを示すだろう。金融投資によって社会を改善させるという目的のために，利益さえ上がれば社会のことはどうでもいい，というスタイルの投資に比べてパフォーマンスを一部犠牲にしていることになる。

　なお，パフォーマンスはベンチマーク（48 ページ）を基準にして求められる。日本では TOPIX，アメリカでは S&P500 がベンチマークに使われることが多いが，この 2 つには大きな違いがある。TOPIX は東証に上場しているすべての銘柄から算出されているため，衰退産業や退出寸前の銘柄も含まれている。一方で，S&P500 は時価総額が 82 億ドル以上，市場で日々十分に取引されていること，少なくとも 4 四半期に渡って黒字決算などの条件を満たさないと構成銘柄に選ばれない。S&P500 は優良企業から作成されたインデックスであり[9]，TOPIX を上回るよりも S&P500 を上回る方が難しい。

#### ◆税と手数料

　税と手数料は金融投資のパフォーマンスを低める要因となる。通信技術の発展に伴って金融商品の売買手数料は劇的に低下したが，日本では手数料の低下が十分でない分野がある。それは投資信託であり，日本では購入手数

---

9　このようなインデックスをスマートベータ（smart beta）と呼ぶことがある。

料，運用機関に支払う信託報酬，売買委託手数料，投資信託を売却するときにかかる信託財産留保額などの手数料がある。購入時の手数料が3%程度，信託報酬が1.5%程度という投資信託も多い。図表11-7のインデックスファンドの多くは購入時や売却時の手数料はゼロであり，経費率も0.1%程度と低い。

図表11-10は手数料がパフォーマンスに与える影響をグラフ化している。いずれも100万円を年率3%で30年間運用するが，ケース1は購入時手数料0%で信託報酬は年0.5%，ケース2は購入時手数料3%で信託報酬は年1.5%である。ケース2では購入時にすでにケース1を下回っているが，わずか1%の手数料の差が30年後には139%もの差を生み出している。

税も金融投資のパフォーマンスを低下させる。脱税をするわけにはいかないが，税制をうまく利用してポートフォリオのパフォーマンスを向上させることができる。日本では，金融投資を行うためには証券会社に口座を開くことが多いが，口座には課税口座，非課税口座，税繰り延べ口座がある。課税口座は株式などの売却益や配当益に20.315%が課税される（特定口座の場合。一般口座では利益は総合課税になるため所得額により税率が異なる）。非課税口座はNISA口座や積み立てNISA口座であり，年間の買い付け額には制限があるものの売却益や配当益は非課税になる。税繰り延べ口座はDC

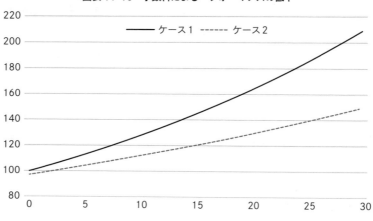

図表11-10　手数料によるパフォーマンスの低下

（Defined Contribution：確定拠出型年金）や iDeCo（イデコ）[10] であり，金融投資による収益には課税されるが，実際の課税は 60 歳になるまで延期される。

　一般的には，よりハイリスクハイリターンの金融商品を非課税の NISA 口座や課税繰り延べの DC に入れておき，よりローリスクローリターンの金融商品を課税口座に入れておくことでポートフォリオ全体の税コストを減らすことができる[11]。DC や iDeCo では口座提供金融機関が準備する投資信託や ETF，定期預金などしか購入することができず，自由度が低い。60 歳までの期間が長ければ長いほど，株式を中心とした長期の投資果実を受け取れるような金融商品を選択すればよい。注意点としては，日本の NISA 口座は特定口座などと損益通算ができない，5 年でロールオーバーするかどうか判断しなければならないなど使い勝手の悪さもある。この点も考慮してポートフォリオを考える必要がある。

### ◆長期の投資を継続するために

　長期の収益率を高めるためには配当や分配金がない金融商品を選択すべきである。配当金や分配金には課税される。1 年間に 10 万円の配当金を得ても税引き後の手取り額は約 8 万円になり，8 万円全てを再投資したとしても配当金がない銘柄のパフォーマンスには及ばない。税は手数料と同じ効果を持つ。しかし，長期に渡って金融投資を続けるためにはインセンティブが欠かせない。配当金や分配金の一部（例えば 25%）は金融投資のご褒美として消費に充てて，残りの部分を再投資するような戦略も検討したい。

　インデックスファンドで長期運用する顧客は金融機関にとっては最も収益

---

10　DC は加入者本人が運用方法を支持する年金であり，毎月の拠出額（掛け金）は一定だが将来受け取る年金額は運用成績によって異なる。DC は企業や団体が提供しているが，勤め先が提供していない場合は個人向け DC である iDeCo に加入できる。国民年金のように受取額が決まっている年金を確定給付型年金（Defined Benefit：DB）という。

11　DC や iDeCo では，拠出金額が税控除の対象となり，拠出額に応じて所得税などが減額になる。リスクのある金融商品を絶対に購入したくない場合でも，定期預金などで拠出すればその分だけ税コストが下がる。

性が低い。そのため，テーマ性投資，金融派生商品を内包した金融商品などを短期間で売買させようとする。2017年にはフィデューシャリーデューティー（fiduciary duty：受託者責任）への取り組みが進み顧客本位の営業活動が進められているとはいえ，退役時代のための金融投資には投資情報も金融機関の営業マンも必要ない。

　日本の個人の間ではスワップなど金融派生商品を内包したETFも盛んに取引されている。価格が日経平均などのインデックスの値動きと逆になるインバース型のETFや価格がインデックスの数倍の割合で変動するETFなどに人気がある。このような商品にはポートフォリオのリスクやリターンの管理に使えるものもあるが，カウンターパーティリスクがあることには注意が必要である。金融危機などのイベントが発生すると，流動性が枯渇して金融派生商品の取引が行えなくなったり，スワップ先が破綻してしまったりするリスクがある。その場合，ETFを売却できなくなったり，ETF発行企業が破綻して価値がなくなったりする可能性もある。ETFに似た商品にETN（Exchange Traded Note：上場投資証券）もあるが，ETNの発行企業は裏付けとなる資産を保有しないため，発行企業破綻時の損失リスクはETFよりも高い。

　企業の破綻以外にも注意点がある。2015年に上場された，NEXT NOTES S&P500 VIXインバースETNはVIX指数と逆の動きをするETNだったが，2018年2月に早期償還による上場廃止となり，多くの投資家が損失を被った。

　金融論や国際金融論は学んだ内容をすぐに実践に活かせる分野であり，金融の知識はギャンブルのためではなく，身を守り，長期的な購買力を維持し，豊かな人生を送るために活用できる。本書が国際金融論の修得だけでなく，読者のマネープランにも役立つことを願っている。

# 索　引

【アルファベット】

AML/CFT　165
API　148
BFT　163
BIS　83
　　—規制　201
BoE　216
CAPM　42
CBOT　114
CCP　126, 138
CDO　191
CDS　76, 123, 191, 196
CLO　204
CME　33, 183
CRB 指数　107
CSR　44, 234
CoCo 債　59, 199
DC　238
DJIA　34, 45, 46
DLT　160
ECB　71, 99, 216
EONIA　69
ESG　47, 234
ESTER　69, 131
ETF　47, 233
ETN　47
EUROSTOXX　47
FF4　43
FF レート　69
FOMC　216
FRA　144
FRB　71, 216

FSB　197
FTSE100　47
GDPR　166
GPFG　12, 229, 236
G–SIBs　202
HFT　13, 179
ICE　114
ICO　154
IFRS　36
ISDA　76, 122
KYC　165
LCR　203
LIBOR　131
LME　110
LR　203
M&A　20
MBS　106
MMF　200
NASDAQ　33
NSFR　203
NYSE Arca　33
OIS　132
OTC　122
PBR　39
PER　41
PPP 為替レート　97
REIT　105
RMBS　106, 191
ROA　39
ROE　39, 214
ROIC　40, 214
S&P500　42, 45, 46, 179, 232, 233, 237
　　—VIX　46, 47

242　索　引

SDGs　63
SDR　22, 84
SIFI s　200
SOFA　131
STO　154
SWF　12
SWIFT　157
　——gpi　159
TBTF　200
TOPIX　42, 45, 46, 237
This time is different　205
WTI　108

【ア行】

アカウンタビリティ　210
アクティブ　11, 180
アセットマネジメント　226
アルゴリズム取引　13, 179, 183
アルファ　48, 127, 179, 180
暗号通貨　81, 150
イーサリアム　152
イスラム金融　63
イミュナイゼーション　55, 229
医療保険　9
イールドカーブ　69, 217, 218
イールドハンティング　193, 204
インカムゲイン　21
インシュテック　147
インデックスファンド　10, 179, 180, 232
インフラ債　62
インフレーションターゲティング　208
インフレリスク　104
インフレ連動債　60
エキゾチックオプション　133, 136
エクスポージャー　7, 124, 198
エンゲージメント　235
エンジェル　118
円建て　89
欧州中央銀行　71
大型株　43

オーバーナイト金利　69, 70, 217
オプション　133
　——価格　137
オフチェーン　156
オペレーショナルリスク　183

【カ行】

外貨準備　22
外国為替市場　80
外債　61
介入　87, 189
カウンターパーティリスク　123, 197, 200,
　　240
価格発見機能　180
格付け　67, 191, 193
格付機関　67
課税口座　238
株価指数　173
株式　26
　——市場　28, 32
カーボンニュートラル　115
為替媒介通貨　81, 159
為替レート　81, 84
機関投資家　11
期間変換機能　203
貴金属　110
議決権　26, 27
期待形成　70
希薄化　27
キャッシュフロー　55
　——計算書　38
キャップフロア　123
キャピタルゲイン　21
休場　30
銀行　4
　——以外の金融仲介機関　200
　——型　15
金融安定レポート　205
金融監督　197
金融危機　190

索　引　**243**

金融システム　14
金融収支　20
金融政策　208
　──デザイン　209
金融の安定　197
金融派生商品　22
金融包摂　150
金利キャップ　141
金利スワップ　130
金利の非負制約　71
金利平価説　95
クラウド　148
　──ファンディング　147, 154
クラスタリング　173
グリーンフィールド　20, 91
グリーンボンド　62
クローズ　139
グロース株　43, 175
経常収支　18
決済システム　211
減価償却費　38
現在価値　65, 219
公開株式　27
公開市場操作　212
行動経済学　182
購買力平価説　96
小型株　43
顧客確認　149, 162
国際会計基準　36
国際金融機関　13
国際収支統計　17
国際送金　153, 157
コーポレートガバナンスコード　118, 235
コマーシャルペーパー　57
コールオプション　134
コルレス取引　157
コンタンゴ　129

【サ行】

債券　52

債権者　52
裁定取引　13, 93, 94, 177, 184
最適通貨圏　99
再保険　10
債務者　52
先物取引　127
差金決済　125
サブプライム危機　190
サプライズ　219
サンクコスト　21
残存期間　54
時価総額　6
自己資本　201, 202
資産クラス　172, 195
市場型　15
市場との対話　215
市場の犬　215, 219
システマティックリスク　232
システミックリスク　200
実効為替レート　93
質への逃避　181
シニア　191
資本移転収支　20
シャープレシオ　49
準備預金制度　215
証券化　191
証券会社　7
証券投資　21, 91
上場　27
常設ファシリティ　213
商品　91, 107
情報生産機能　5
ショック　76, 185
ショート　139, 175
　──ボラティリティ　178, 185
信認　210
信用リスク　66
スケーラビリティ　156
スタートアップ企業　118
スチュワードシップコード　235

**244　索　引**

ステークホルダー　118
ストックオプション　228
ストラドル　139
ストレステスト　211
スプレッド　72
スポットレート　64, 95
スマートコントラクト　152, 162
スマートベータ　237
スワップ　129
スワップション　142
正規分布　194
税繰り延べ口座　238
政策金利　213
生存バイアス　119, 178
生体認証　166
生命保険　8
ゼロサム　124, 129
セントラルカウンターパーティ　126
相関係数　34
増資　27
相対取引　125
損益計算書　38
損害保険　8
ゾンビ企業　15

**【夕行】**

第一次所得収支　19
貸借対照表　36, 201
第二次所得収支　20
ダイベストメント　44, 236
タイムホライズン　11, 93, 197, 224
ダウ工業株指数　34
ダウ工業株平均　45
ダークプール　181
タームプレミアム　70
地政学的リスク　93
長短スプレッド　72
直接投資　20, 91
通貨危機　188
通貨スワップ　130

——協定　189
ディストレスト　119, 177
出口　212
デフォルト　52, 66, 76
デュレーション　12, 55, 229
テールリスク　195
転換社債　57, 177
天候デリバティブ　9, 143
伝播　181, 190
東京証券取引所　28
投資適格　67
投資不適格　67, 204
投資ユニバース　235
独立性　210
トランザクション型　16
取引所取引　125
トリレンマ　98
ドルコスト投資法　234
ドル建て　89
トレードタームズ　163

**【ナ行】**

ナスダック　32
日経平均株価　34, 45, 46
日経平均先物　35
ニューヨーク証券取引所　32
値嵩株　45
のれん　37

**【ハ行】**

バイアウト　117
バイ＆ホールド　197
排出権取引　144
配当性向　42
波及経路　216
バスケット通貨　84, 189
バーゼルⅢ　201
パーセンテージポイント　92
破綻確率　67
バックワーデーション　129

索　引　**245**

パッシブ　10, 180
バランスシート　36
バリュー株　43, 175
バリューチェーン　90
非課税口座　238
非公開株式　28
ビットコイン　151
ファクター　43, 172, 197
ファットテイル　173, 195
ファンダメンタルズ　44
フィアットマネー　152
フィッシャー式　92
フィデューシャリーデューティー　240
フィンテック　146
フォワードガイダンス　215
複利　65
プットオプション　134
プライベートエクイティ　28, 117
プライベートバンキング　5, 148
ブラウンフィールド　20
フラッシュクラッシュ　182
フリーキャッシュフロー　39
ブレークイーブンインフレ率　74
ブレント　108
プレーンバニラオプション　133
ブロックチェーン　152, 161
プロテクション　76
プロテクティブプット　140, 234
分散投資　173, 191, 195, 228, 236
平均回帰　11, 49
ベイルアウト　199
ベイルイン　199
ベーシスポイント　77, 218
ベータ　42, 127
ペッグ制　208
　──度　87
ヘッジ　61, 124
　──ファンド　12, 175
ベンチマーク　48, 178, 237
ベンチャーキャピタル　16, 118

変動相場制　208
　──度　86
変動利付債　60
貿易金融　22, 163
貿易サービス収支　18
保険会社　8
ポートフォリオ　48, 228
ボラティリティ　43, 47, 87, 140, 173, 178

【マ行】

マイナス金利政策　214, 215
マーケットインパクト　43
マーケットテイカー　179
マーケットメイカー　179
摩擦　3
マーシャル＝ラーナー条件　90
マネープラン　225
マネーマーケット　69, 213
満期　53
銘柄　29
メザニン　191
モメンタム　44
モラルハザード　15, 199, 211

【ヤ行】

優先株　27

【ラ行】

ライフプラン　225
ラグ　218
ランダムウォーク　49
リスク回避度　35
リスクプレミアム　7
リップル　153, 159
流動性　104, 196, 211
量的緩和　212
リレーションシップ型　15
レアアース　91, 112
レアメタル　112
レグテック　148

劣後債　52, 60
レバレッジ　13, 175
レバレッジドローン　204
レポ取引　69, 212
ロボアドバイザー　148
ロールオーバー　52, 64

ロング　139, 175

## 【ワ】

割引債　56
割引配当モデル　41
割引率　66, 219

**著者紹介**

川野　祐司（かわの・ゆうじ）

1976年生まれ。大分県出身。東洋大学経済学部国際経済学科教授。2016年より現職。2005-2006年三菱経済研究所研究員，2014年より一般財団法人国際貿易投資研究所（ITI）客員研究員。日本証券アナリスト協会認定アナリスト。専門は，金融政策，ヨーロッパ経済論，国際金融論。

主要著書：
キャッシュレス経済—21世紀の貨幣論—（文眞堂，2018年）
ヨーロッパ経済の基礎知識2022（文眞堂，2021年）
いちばんやさしいキャッシュレスの教本（インプレス，2019年）

これさえ読めばすべてわかる
国際金融の教科書

| 2019年 9 月25日　第1版第1刷発行 | 検印省略 |
| 2021年 9 月25日　第1版第2刷発行 | |

著　者　川　野　祐　司

発行者　前　野　　　隆

発行所　株式会社　文　眞　堂
東京都新宿区早稲田鶴巻町533
電話 03（3202）8480
FAX 03（3203）2638
http://www.bunshin-do.co.jp/
〒162-0041 振替 00120-2-96437

製作・美研プリンティング
©2019
定価はカバー裏に表示してあります
ISBN978-4-8309-5049-0 C3033

## 好評既刊

**ミクロ経済学とマクロ経済学をこれ一冊で！ 公務員試験などの受験勉強にも！**

これさえ読めばサクッとわかる
# 経済学の教科書

川野祐司 著

A5判・ソフトカバー・238頁　　　　2020年7月15日発行

要点のみをギュッと詰め込み，やさしく解説。計算問題では途中の過程も詳しく載っています。58問の演習問題を解きながら読み進めることで，経済学部以外の人でも短期間で経済学をマスターできます。公務員試験などの受験勉強にも使えるテキストです。公式とグラフを一気に復習できる課題付き。

定価 2640 円（本体 2400 円＋税）

【主要目次】
Part I　ミクロ経済学［第1講 完全競争市場／第2講 消費者行動の理論／第3講 生産者行動の理論／第4講 完全競争市場の効率性／第5講 不完全競争市場／第6講 ゲーム理論／第7講 公共財・外部効果／第8講 情報の経済学］
Part II　マクロ経済学［第9講 GDPとマクロ経済／第10講 財市場の分析／第11講 通貨市場の分析／第12講 IS－LMモデル／第13講 労働市場の分析／第14講 総需要・総供給／第15講 経済成長論／第16講 開放経済／第17講 政府の役割と経済政策／第18講 経済学は有用か演習問題］

**全ページがフルカラーとなったヨーロッパ経済のスタンダード 待望の最新版！**

# ヨーロッパ経済の基礎知識 2022

川野祐司 著

A5判・ソフトカバー・300頁　　　　2021年4月15日発行

2020年代の最新のヨーロッパ経済を分かりやすく解説したテキスト。全ページカラーでグラフや写真が見やすくなりました。41の国・地域をカバーし，各国の経済・社会・文化・観光など幅広く解説。EUの仕組みと経済政策から，最新のフィンテック事情まで，ヨーロッパのことが何でも分かる1冊です。

定価 3025 円（本体 2750 円＋税）

【主要目次】
第Ⅰ部　EUの経済政策［第1章 ヨーロッパ経済の今／第2章 EUの仕組み／第3章 EUの経済政策／第4章 EUの長期戦略］
第Ⅱ部　ヨーロッパの国々［第5章 ドイツとフランス／第6章 ベネルクス・イギリス・アイルランド／第7章 北欧諸国／第8章 南欧諸国／第9章 中欧・バルカン諸国／第10章 東欧諸国］
第Ⅲ部　ユーロ［第11章 ユーロの基礎知識／第12章 ユーロの金融政策／第13章 ユーロの金融政策の歩み／第14章 ヨーロッパの金融市場］